U0926731

汽车服务业系列丛书

汽 车 评 估

张克明 主编

机 械 工 业 出 版 社

本书着重介绍了与汽车评估有关的知识、技能和方法。

本书的主要内容有：汽车评估概述、汽车评估基础知识、汽车技术状况的鉴定、汽车的维修作业及维修价格、汽车价格的评定与估算等。

本书的读者对象主要是汽车评估行业的从业人员，欲从事二手汽车买、卖交易的各界人士，各大、中专院校相关专业的师生，汽车服务业其他相关人员等。

图书在版编目（CIP）数据

汽车评估/张克明主编. -北京：机械工业出版社，2002.9
（2015.9重印）（汽车服务业系列丛书）
ISBN 978-7-111-10765-1

Ⅰ.汽…　Ⅱ.张…　Ⅲ.汽车-评估　Ⅳ.U46

中国版本图书馆CIP数据核字（2012）第058120号

机械工业出版社（北京市百万庄大街22号　邮政编码100037）
责任编辑：朱　华　版式设计：霍永明　责任校对：刘秀芝
封面设计：姚　毅　责任印制：李　洋
北京振兴源印务有限公司印刷
2015年9月第1版第12次印刷
148mm×210mm · 7.25印张 · 211千字
标准书号：ISBN 978-7-111-10765-1
定价：16.00元

凡购本书，如有缺页、倒页、脱页，由本社发行部调换

电话服务	网络服务
社服务中心：（010）88361066	教材网：http：//www.cmpedu.com
销售一部：（010）68326294	机工官网：http：//www.cmpbook.com
销售二部：（010）88379649	机工官博：http：//weibo.com/cmp1952
读者购书热线：（010）88379203	**封面无防伪标均为盗版**

前　言

随着改革开放的不断深入和市场经济的蓬勃发展，我国的汽车保有量正以每年15%的速度递增，如此庞大的汽车市场极大地促进了与之相伴的汽车服务业的发展。

目前，为汽车服务的各类企业星罗棋布，遍及全国的城镇乡村，已经形成了门类齐全、结构合理、能够满足社会各方需求的汽车服务网络，成为人们不可缺少的行业。同时越来越多的汽车服务企业，更加注重从业人员素质的提高和现代科学技术的应用，为企业的发展后劲增加更多的投入，以适应现代化汽车服务业发展的需要。

为适应形势的发展和满足社会的需要，我们推出了一套汽车服务业系列丛书。首批推出的有《汽车美容》、《汽车拆卸与装配》、《汽车电工》、《汽车评估》。今后我们还将不断推出新的图书，以满足社会的需要。

《汽车评估》一书由张克明主编，张凯良审稿。参与本书整理及编写工作的还有韩希国、侯建党、宋玉喆、赵常复、张丽娟、于颖。

由于时间仓促和水平有限，不妥之处在所难免，欢迎广大读者批评指正。

编　者

目　录

第一章　汽车评估概述

第一节　汽车评估的概念、目的及其主客体

一、汽车评估的概念

汽车评估是由评估机构或专业评估人员，根据特定的目的，遵循客观经济规律和公正的原则，按照法定的标准和程序，运用科学的方法，对汽车的现时价格进行评定和估算。其核心是对汽车在某一时点的价格进行估算。

由定义可知，汽车评估由六大基本要素组成，即汽车评估的目的、评估的主体、客体、估价标准、评估规程和评估方法。其中评估的目的表明为什么要对汽车进行评估，它直接决定估价标准和制约评估方法。评估的主体是指汽车的鉴定和评估的承担者。评估的客体是指被鉴定和评估的车辆。评估标准是指评估采用的价格计量标准，是对评估价值的质的规定，它对评估方法的选择具有一定的约束。评估规程是指汽车评估必须遵循的规则程序。评估方法是确定汽车评估值的具体手段与途径，它既受价格计量标准的制约，又要根据实际可用资料来选择。

二、汽车评估的目的

汽车评估的目的是说明为什么要对汽车进行鉴定估价，评估的结果应能够正确地反映车辆的价值及其波动。它是汽车评估业务的基础，决定了汽车估价标准的采用，并在一定程度上制约着评估途径和方法的选择。其具体目的主要包括以下几种：

1．汽车所有权的转让

在汽车交易过程中，买卖双方对交易价格的期望值是不同的。为了维护交易双方的权益，确定合理的价格，就需要对汽车进行评估，并以评估价格作为买卖双方的参考底价。

2．企业的产权变动

企业的产权变动，如合资经营、合作经营、企业联营、企业合并、分设或兼并、企业出售、企业租赁等。在进行上述涉及企业产权的资产业务时，必须进行资产评估。在资产中如包括车辆的话，应按照有关规定，对车辆的价格进行评估。

3. 抵押贷款

银行为了确保贷款安全，要求贷款人以汽车作为贷款抵押物，从而给予贷款人以与汽车价格相适应的贷款。因此，要求专业评估人员对汽车的价格进行评估。可以说，在这种情况下，银行贷款的安全性在很大程度上取决于评估的准确性。

4. 诉讼咨询服务

当事人遇到涉及车辆的诉讼时，往往需要委托专业评估人员对车辆进行评估。评估结果有助于当事人把握事实真象，又为法院判决提供现时价值依据。

5. 汽车的拍卖

对企业破产清算的车辆、执法机关的罚没车辆、抵押车辆、海关获得的抵税和放弃车辆等，都需进行价格评估，从而为拍卖提供参考底价。

6. 税收

按照国家的有关规定，以税收为目的，对汽车的交易价格进行评估。

三、汽车评估的主客体

1. 汽车评估的主体

汽车评估主体是指汽车评估业务的承担者，即从事汽车评估的机构及专业评估人员。由于汽车评估直接涉及当事人双方的权益，是一项政策性、专业性都很强的工作，因此无论是对专业评估机构，还是对专业评估人员都有较高的要求。

按照我国政府于 1991 年 11 月颁布的《国有资产评估管理办法》第九条规定，资产评估公司、会计师事务所、审计事务所、财务咨询公司，必须获有省级以上国有资产评估资格证书，才能从事国有资产评估业务。对其他所有制的资产评估，也要比照《国有资产评估管理办法》的规定执行。

评估机构是由专业汽车评估人员构成的。汽车评估人员的素质，对评估工作水平和评估结果的质量有至关重要的影响。汽车专业评估人员必须掌握一定的资产评估业务理论，熟悉并掌握资产评估的基本原理和方法。具有一定的政策水平，熟悉并掌握国家颁布的与汽车交易有关的政策、法规、行业管理制度及有关的技术标准。具有一定的汽车专业知识和实际的检测技能，能够借助必要的检测工具，对汽车的技术状况进行准确的判断和鉴定。具有较高的收集、分析和运用信息资料的能力及一定的评估技巧。具备经济预测、财务会计、市场、金融、物价、法律等多方面的知识。具有良好的职业道德，遵纪守法、公正廉明，保证汽车评估质量。此外，汽车评估的从业人员还需经过严格的考试或考核，取得国家劳动和社会保障部颁发的《旧机动车评估定价师》证书。

2. 汽车评估的客体

汽车评估的客体是指被评估的车辆。汽车评估的一个主要目的，就是在汽车的交易过程中，准确地确定汽车价格，并以此作为买卖成交的参考底价。根据国内贸易部于 1998 年 3 月发布的《旧机动车交易管理办法》的规定，以下车辆不允许进行交易：

（1）已经办理报废手续的各类机动车。

（2）虽未办理报废手续，但已达到报废标准或在一年时间内（含一年）即将报废的各类机动车。

（3）未经安全检测和质量检测的各类旧机动车。

（4）没有办理必备证件和手续，或者证件手续不齐全的各类旧机动车。

（5）各种盗窃车、走私车。

（6）各种非法拼、组装车。

（7）国产、进口和进口件组装的各类新机动车。

（8）右转向盘的旧机动车。

（9）国家法律、法规禁止进入经营的其他各种机动车。

此外，车辆上市交易前，必须先到公安交通管理机关申请临时检验，经检验合格，在其行驶证上签注检验合格记录后，方可进行交易。检验被交易车辆的车架号码和发动机号码的符号、数字及各种外文字母的全部拓印，发现不一致或改动、凿痕、锉痕、重新打刻等人为改变或毁坏的，对车辆一律扣留审查。

第二节 汽车评估的假设及价格计量标准

一、汽车评估的假设

汽车评估假设是与汽车评估标准有着密切联系的概念。汽车评估过程中所采用的理论和方法，都是建立在一定的假设条件上的。如果其假设前提不同，所适用的评估标准也就不同，评估结果也会大相径庭。汽车评估的假设有以下三种：

1. 继续使用假设

继续使用假设是指汽车将按现行用途继续使用，或将转换用途继续使用。这一假设的核心是强调汽车对未来的有效性。

对于可继续使用的汽车的评估与不能继续使用的汽车的评估，所采用的价格计量标准是不同的。例如，对一辆可继续使用的处于在用状态的汽车进行评估时，一般采用重置成本法评估其处于在用状态的价值，其评估值包括车辆的购买价及运输费用等。但如果汽车无法继续使用，只能将其拆零出售，以现行市价法评估其零件的变现值，并且还需扣除拆零费用。两者的评估值显然不同。再如，一辆正在营运的汽车，以收益现值法评估其价值，设为10万元，但如果该汽车所属的企业因破产被强制清算拍卖，就只能以清算价格法评估其价值，其价格肯定会大大低于10万元。

在采用继续使用假设时，需考虑以下几个条件：

(1) 车辆尚有显著的剩余使用寿命。这是继续使用假设的最基本的前提要求。

(2) 车辆能用其提供的服务或用途满足所有者或占有使用者经营上期望的收益，这是投资者持有或购买车辆的前提条件。

(3) 车辆的所有权明确，能够在评估后满足汽车交易或抵押等业务需要。这同时也是转换用途的前提条件。

(4) 充分考虑车辆的使用功能，即无论车辆的现行用途，还是转换用途继续使用，都是在法律许可的范围内，按车辆的最佳效用使用。

(5) 车辆从经济上和法律上允许转作他用。

2. 公开市场假设

公开市场假设是指被评估的车辆可以在完全竞争的交易市场上，按市场原则进行交易，其价格的高低取决于该汽车在公开市场上的行情。

不同类型的车辆，其性能、用途不同，市场程度也不一样。一般情况下，用途广泛的车辆比用途狭窄的车辆市场活跃，因此也越容易通过市场交易实现其最佳效用。这里所谓的最佳效用是指车辆在法律许可的范围内，被用于最有利的用途，可取得最佳经济效果。在汽车评估时，对于具备在公开市场上进行交易的条件的车辆，做公开市场假设，并根据车辆所在的地区、环境条件及市场的供求关系等因素确定其最佳用途。按车辆的最佳用途进行评估，有助于实现车辆的最佳效用。

3. 清偿假设

清偿假设是指车辆所有者由于种种原因，以拍卖的方式出售车辆。这种情况下的汽车交易，与公开市场下的交易具有两点显著区别：一是交易双方的地位不平等，卖方是非自愿地被迫出售；二是交易被限制在较短的时间内完成。因此，汽车的价格往往明显低于继续使用或公开市场假设下的价格。

二、汽车评估的价格计量标准

汽车评估的价格计量标准，是汽车评估价值形式上的具体化。在汽车的评估中，汽车的价格可以通过以下四种价格计量标准进行估算：重置成本、收益现值、现行市价及清算价格。对于同一辆汽车，采用不同的价格计量标准，会产生不同的价格。这些价格分别从不同的角度，反映了汽车的价值特征。这些价格不仅在质上不同，在量上也存在较大的差异。在汽车评估中，必须根据评估的目的，选择汽车评估适用的价格计量标准。

1. 重置成本及其价格计量标准

(1) 重置成本是指在现行条件下（市场条件与技术条件），按功能重置车辆，并使其处于在用状态所耗费的成本。

重置成本与历史成本一样，都是反映车辆在购置、运输、注册、登记等购建过程中全部费用的价格。只是重置成本以现行价格和费用标准作为计价依据。车辆在全新状态下，即刚购买时，其重置成本与历史成本是一致的。但由于车辆被或长或短地保留了一段时期，在此期间，不论是否使用，车辆的价值、技术等因素都可能发生变化，从而影响车辆的重置更新费用，使车辆的重置成本与历史成本发生差异。

汽车重置成本以功能重置为依据，但由于对现行技术条件利用不同，可分为复原重置成本与更新重置成本。两者的区别在于：复原重置成本是指按照与被评估车辆的材料、制造标准、设计结构等相同的条件，以现时价格购置相同的全新车辆所需的全部成本。更新重置成本是指利用新材料、新设计、新技术标准等，以现时价格购置相同或相似功能的全新车辆所支付的全部成本。两者的共同点在于：均按现行市价与费用标准核计成本。

一般情况下，进行重置成本计算时，如果可以同时取得复原重置成本和更新重置成本，应选用更新重置成本。如果不存在更新重置成本，再考虑选用复原重置成本。

重置成本作为资产计价概念，不是以重置全价，而是以重置净价为依据。重置净价只是重置全价扣除各种损耗的余额。

(2) 重置成本是被评估车辆处于在用状态或可使用状态时的价值，因此适用重置成本价格计量的前提条件有以下两条：

1) 车辆已完成购置过程，处于可使用状态，或正处于营运之中。

2) 可继续使用。车辆可以按重置成本计价，不仅仅是车辆处于在用状态，更重要的是社会承认处于在用状态的车辆对未来经营的有效性。车辆对未来经营的有效性可以完全不受过去和现在是否有效的影响。

2. 收益现值及其价格计量标准

(1) 收益现值是指根据车辆未来的预期获利能力，以适当的折现率将未来收益折成现值。从“以利索本”的角度看，收益现值就是为获得车辆取得预期收益的权利所需支付的货币总额。在折现率相同的情况下，车辆未来的效用越大，获利能力越强，其评估值就越大。投资者购买车辆时，一般要进行可行性分析，只有在预期回报率超过评估时的折现率时，才可能支付货币购买车辆。

（2）适用收益现值价格计量的前提条件。车辆可以按其预期收益的现值进行评估的前提条件，是车辆投入使用后可连续获利。

3．现行市价及其价格计量标准

（1）现行市价又称变现价格，是指车辆在公开市场上的销售价格。由于是对预期投入市场车辆的评估，因此，这里的“销售”可以是实际销售，也可以是模拟销售。

现行市价的最基本特征是价格源于公平市场。所谓公平市场，即充分竞争的市场，卖方不存在对市场垄断，买卖双方的交易行为都是自愿的，都有足够的时间与能力了解市场行情。

（2）适用现行市价的前提条件。车辆以现行市价价格进行计量评估时，需具备以下两个基本条件：

1）需要存在一个充分发育、活跃、公平的汽车交易市场。

2）与被评估车辆相同或类似的车辆在市场上有一定的交易量，能够形成市场行情。

4．清算价格及其价格计量标准

（1）清算价格是指企业由于破产等原因，以变卖车辆的方式来清偿债务或分配剩余权益状况的车辆价格。显然，清算价格是非正常的市场价格。它与现行市价相比，两者的根本区别在于：现行市价是公平市场价格；而清算价格是非正常市场上的拍卖价格，这种价格由于受到期限限制和买主限制，一般大大低于现行市价。

（2）适用清算价格计量的前提条件。适用于清算价格计量的汽车评估业务主要有企业破产清算，以及因抵押、典当等不能按期偿债而导致的车辆变现清偿等。

5．各种价格计量标准的联系与区别

重置成本价格与现行市价价格的联系主要表现在，决定重置成本的因素与决定现行市价的最基本因素相同，即现有条件下，生产功能相同的车辆所花费的社会必要劳动时间。但是现行市价的确定还需考虑其他与市场相关的因素。一是车辆功能的市场性，即车辆的功能能否得到市场承认。例如，一辆设计及制造质量都很好的专用汽车，尽管它在某一特定领域内具有很强的功能，但一旦退出该领域，其功能就难以完全被市场所接受。二是供求关系的影响。现行市价价格随供求关系的变化，将会出现波动。由此可见，现行市价与重置成本的区别在于：现行市价以市场价格为依据，车辆价格受市场因素约束，并且其评估值直接受市场检验；而重置成本只是模拟条件下重置车辆的现行价格。

现行市价价格与收益现值价格在价格形式上有相似之处，两者都是评估公平市场价格。但是两者的价格内涵不同，现行市价主要是车辆进入市场的价格计量；而收益现值主要是以车辆的获利能力进入市场的价格计量。

现行市价价格与清算价格均是市场价格，两者的根本区别在于：现行市价是公平市场价格；而清算价格是非正常市场上的拍卖价格，一般大大低于现行市价。

第三节 汽车评估的特点、原则及基本程序

一、汽车评估的特点

(1) 由于汽车数量多、单价大、型号复杂、情况各异，所以汽车评估以单辆为对象，以保证评估的真实性和准确性。

(2) 以技术鉴定为基础。由于汽车的类别、型号各异，技术含量高，因此对汽车的评估需以技术鉴定为基础，判断车辆的损耗程度。

(3) 必须把握汽车的价值特点，包括对车辆的价值构成要素及其变化规律的认识和了解。

二、汽车评估的原则

1. 汽车评估的工作原则

汽车评估的工作原则是评估机构与评估工作人员在评估工作中应遵循的基本原则。主要有：独立性原则、客观公正性原则、科学性原则、专业性原则。

(1) 独立性原则。独立性原则是指汽车评估人员应始终坚持第三者立场，不为当事人的利益所影响。评估机构应是独立的社会公正性机构，不能为评估业务中的任何一方所拥有，也不隶属于任何一方。遵循这一原则，可从组织上保证评估不受有关利益方的干扰和委托者意图的影响。

(2) 客观公正性原则。客观公正性原则要求评估结果应以充分的事实为依据。这就要求评估者在评估过程中以公正、客观的态度收集有关数据与资料，并要求评估过程中的预测、推算等主观判断建立在市场与现实的基础之上。此外，为了保证评估的公正、客观性，按照国际惯例，评估机构收取的劳务费用应只与工作量相关，不与被评估车辆的价值挂钩，并应受到公众的监督。

(3) 科学性原则。科学性原则是指在汽车评估过程中，必须根据特定目的，选择适用的标准和科学的方法，制定科学的评估方案，使汽车评估结果准确、合理。

科学性原则首先要求评估标准的选择以特定的评估目的为依据。尽管实现标准的评估方法有多种，但是不能以技术方法的多样性和可替代性，来模糊评估标准的惟一性，影响评估结果的科学性。

其次，科学性原则要求评估方法科学。评估方法的选择与运用既要受评估标准的约束，又要根据可资利用的条件、数据以及被评估车辆的技术状态，选择最能达到评估标准的方法。

再次，科学性原则要求汽车评估程序科学合理。在实际的汽车评估过程中，应根据评估的自身规律和国家的有关规定，结合具体评估业务的实际情况，确定科学的评估程序。这样，就会降低评估成本，提高评估效率。

(4) 专业性原则。专业性原则是指汽车评估人员必须具有良好的教育背景、专业知识、实践经验和职业道德。汽车评估人员的专业技术水平，是保证汽车评估方法正确，评估结果公正的技术基础。

2. 汽车评估的经济原则

汽车评估的经济原则是指在汽车评估过程中，进行具体技术处理的原则。它是汽车评估原则的具体体现，是在总结汽车评估经验以及市场能够接受的评估准则的基础上形成的。主要包括：预期收益原则、替代原则、最佳效用原则。

(1) 预期收益原则。预期收益原则是指在对营运性车辆评估时，车辆的价值可以不按照其过去形成的成本或购置价格决定，但必须充分考虑它在未来可能为投资者带来的经济效益。车辆的市场价格，主要取决于其未来的有用性或获利能力。未来效用越大，评估值越高。

预期收益原则要求在进行评估时，必须合理预测车辆的未来获利能力及取得获利能力的有效期限。

(2) 替代原则。替代原则是商品交换的普遍规律，即价格最低的同质商品对其他同质商品具有替代性。据此原理，汽车评估的替代原则是指在评估中，面对几个相同或相似车辆的不同价格时，应取较低者为评估值，或者说评估值不应高于替代物的价格。这一原则要求评估人员从购买者角度进行汽车评估，因为评估值应是车辆潜在购买者愿意支付的价格。

(3) 最佳效用原则。最佳效用原则是指若一辆汽车同时具有多种用途，在公开市场条件下进行评估时，应按照其最佳用途来评估车辆价值。这样既可保证车辆出售方的利益，又有利于车辆的合理使用。

三、汽车评估的基本程序

汽车评估作为一个重要的专业评估领域，情况复杂、作业量大。在进行汽车评估时，应分步骤、分阶段地实施相应的工作。从专业评估角度而言，汽车评估大致要经历以下几个阶段：

1. 搜集和整理有关资料

在进行评估时，主要应搜集整理以下几方面的资料：

(1) 反映待评车辆情况的资料。包括车辆的原价、折旧、净值、预计使用年限、已使用年限、车辆的型号、完好率等。

(2) 证明待评车辆合法性的有关资料。如车辆的购车发票、行驶证、号牌、运输证、准运证以及各种车辆税费、杂费的缴纳凭证等。

2. 设计评估方案

设计评估方案是对车辆评估的实施所进行的周密计划、有序安排的过程，主要包括以下内容：

(1) 整理委托方提供的有关资料，向委托方了解车辆的有关情况。

(2) 根据车主要求的评估目的，确定计价标准和评估方法。拟定具体的工作步骤和作业进度，确定评估基准日和具体的日程安排。

(3) 设计并印制评估所需要的各类表格。

3. 对车辆进行现场检查和技术鉴定

由汽车评估人员和专业技术人员对汽车的技术性能、结构状况、运行维护、负荷状况和完好程序等进行鉴定，结合功能性损耗、经济性损耗等因素，据以作出技术鉴定。评估人员应根据汽车的技术鉴定，尽可能在工作现场对被评估车辆作出成新率的判断。因为完成对车辆成新率的鉴定工作，是完成车辆现场检查工作的一个重要标志。

4．评定与估算

一方面继续收集所欠缺的资料，另一方面要对所收集的数据资料进行整理。根据已确定的评估价格标准和评估计算方法，对车辆进行评估，确定评估结果。

5．核对评估值，撰写评估报告

对汽车评估的各主要参数及计算过程进行核对。在确认评估结果准确无误的基础上，填写评估报表，撰写评估报告。

第二章　汽车评估基础知识

第一节　汽车的类型及型号编制规则

一、汽车的类型

按照我国国家标准，汽车可分为七大类型：载货汽车、越野汽车、自卸汽车、牵引汽车、专用汽车、客车、轿车。

1.载货汽车

载货汽车主要指用于运送货物，也可牵引全挂车的汽车。载货汽车分微型、轻型、中型和重型四种。

（1）微型货车是在公路运行时，其制造厂规定的最大总质量小于或等于1.8t的载货汽车。

（2）轻型货车是在公路运行时，其制造厂规定的最大总质量大于1.8t但小于或等于6t的载货汽车。

（3）中型货车是指在公路运行时，其制造厂规定的最大总质量大于6t但小于或等于14t的载货汽车。

（4）重型货车是指在公路运行时，其制造厂规定的最大总质量大于14t的载货汽车。

2.越野汽车

越野汽车指的是主要用于坏路或无路地区的、全轮驱动的、具有高通过性的汽车，也可作牵引挂车用。越野汽车分轻型、中型、重型和超重型四种。

（1）轻型越野汽车是指在越野运行时，其制造厂规定的最大总质量小于或等于5t的越野汽车。

（2）中型越野汽车是指在越野运行时，其制造厂规定的最大总质量大于5t但小于或等于13t的越野汽车。

（3）重型越野汽车是指在越野运行时，其制造厂规定的最大总质量大于13t但小于或等于24t的越野汽车。

(4) 超重型越野汽车是指在越野运行时，其制造厂规定的最大总质量大于 24t 的越野汽车。

3. 自卸汽车

自卸汽车是指以运输货物为主且具有可倾卸货厢的汽车。自卸汽车分轻型、中型、重型和矿用四种。

(1) 轻型自卸汽车是指在公路运行时，其制造厂规定的最大总质量小于或等于 6t 的自卸汽车。

(2) 中型自卸汽车是指在公路运行时，其制造厂规定的最大总质量大于 6t，且小于或等于 14t 的自卸汽车。

(3) 重型自卸汽车是指在公路运行时，其制造厂规定的最大总质量大于 14t，且最大轴载质量小于或等于 13t 的自卸汽车。

(4) 矿用自卸汽车是指主要用于矿区和工地的，其制造厂规定的最大轴载质量大于 13t 的自卸汽车。

4. 牵引汽车

牵引汽车是指专门或主要用于牵引挂车的汽车，分半挂牵引汽车和全挂牵引汽车两种。

(1) 半挂牵引汽车是指可以牵引半挂车的汽车。

(2) 全挂牵引汽车是指可以牵引全挂车的汽车。

5. 专用汽车

专用汽车是指装有专用设备、具有专用功能、承担专门运输任务或特种作业的汽车。专用汽车分厢式、罐式、起重举升、仓栅式、特种作业五种。

(1) 厢式汽车是指车厢为独立的厢式封闭结构，亦可制成与驾驶室连成一体的整体封闭式结构。其内部装有专用设施，用于载运人员、货物或承担专门作业的专用汽车。

(2) 罐式汽车是指装有罐状容器，用于运输液体、气体或粉状物质的专用汽车。

(3) 起重举升汽车是指装有起重举升设备或有升降作业台的专用汽车。

(4) 仓栅式汽车是指具有仓笼、栅栏式结构的车厢，用于运送牲类、管材类及轻泡货物等的专用汽车。

(5) 特种作业汽车是指装有特殊设备，用以完成特殊作业的专用汽车。

6. 客车

客车是指具有长方箱形车厢，主要用于载送人员及其随身行李物品的汽车。客车的结构有单层的、双层的，有铰接的，也有牵引挂车结构的。可分为微型、轻型、中型、大型、特大型客车五种。

(1) 微型客车是指车长小于或等于 3.5m 的客车。

(2) 轻型客车是指车长大于 3.5m 但小于或等于 7m 的客车。

(3) 中型客车是指车长大于 7m 但小于或等于 10m 的客车，又可分为中型城市客车、中型长途客车、中型旅游客车、中型团体客车四种。

1) 中型城市客车是指用于城市或城郊载运乘客及其随身物品的中型客车。车内设有座位和供乘客站立与走动的通道。

2) 中型长途客车是指用于城市之间载运乘客及其随身物品的中型客车。车内无专供乘客站立的位置，有存放乘客行李物品的设施。

3) 中型旅游客车是指用于载运乘客观光游览的视野开阔、乘坐舒适、设备齐全的中型客车。

4) 中型团体客车是指用于载运职工上下班和公务用的中型客车。

(4) 大型客车是指车长大于 10m 的客车，又可分为大型城市客车、大型长途客车、大型旅游客车、大型团体客车四种。

1) 大型城市客车是指用于城市或城郊载运乘客及其随身物品的大型客车。车内设有座位和供乘客站立与走动的通道。

2) 大型长途客车是指用于城市之间载运乘客及其随身行李物品的大型客车。车内无专供乘客站立的位置，有乘客存放行李物品的设施。

3) 大型旅游客车是指用于载运乘客观光游览的视野开阔、乘坐舒适、设备齐全的大型客车。

4) 大型团体客车是指用于载运职工上下班和公务用的大型客车。

(5) 特大型客车是指铰接客车或双层客车。

1) 铰接客车是由铰接装置相连接且相互连通、乘客可在其间走动的两个刚性车厢体所组成的客车。

2）双层客车是具有上下两层座位的客车。

7. 轿车

轿车是指用于载运人员及其随身物品，而且座位布置在两轴之间的四轮汽车。轿车有微型、普通级、中级、中高级和高级五种。

1）微型轿车是指发动机排量小于或等于 1L 的轿车。

2）普通级轿车是指发动机排量大于 1L 但小于或等于 1.6L 的轿车。

3）中级轿车是指发动机排量大于 1.6L 但小于或等于 2.5L 的轿车。

4）中高级轿车是指发动机排量大于 2.5L 但小于或等于 4L 的轿车。

5）高级轿车是指发动机排量大于 4L 的轿车。

二、国产汽车产品型号编制规则

1988 年国家颁布了 GB9417—1988《汽车产品型号编制规则》。汽车型号应能表明汽车的厂牌、类型和主要特征参数等。该项国家标准规定，国产汽车型号均应由汉语拼音字母和阿拉伯数字组成。汽车型号包括如下三部分：

首部——由 2 个或 3 个汉语拼音字母组成，是识别企业名称的代号。例如 CA 代表第一汽车制造厂，EQ 代表第二汽车制造厂。

中部——由 4 位阿拉伯数字组成。左起首位数字表示车辆类别代号，中间两位数字表示汽车的主要特征参数，最末位是由企业自定的产品序号，如表 2-1 所示。

尾部——分为两部分，前部由汉语拼音字母组成，表示专用汽车分类代号，例如 X 表示厢式汽车、G 表示罐式汽车等。后部是企业自定代号，可用汉语拼音字母或阿拉伯数字表示。基本型汽车的编号一般没有尾部，其变型车（例如采用不同的发动机、加长轴距、双排座驾驶室等）为了与基本型区别，常在尾部加 A、B、C 等企业自定代号。

三、内燃机产品的名称和型号编制规则

我国于 1991 年对内燃机名称和型号编制方法进行了重新审定，并颁布了国家标准（GB725—1991）。该标准的主要内容如下：

（1）内燃机产品的名称均按所采用的燃料命名，如柴油机、汽油机、煤气机、沼气机、双（多种）燃料发动机。

表 2-1 汽车型号中 4 位阿拉伯数字代号的含义

首位数字表示车辆类别		中间两位数字表示各类汽车的主要特征参数	最末位数字表示
载货汽车	1	表示汽车的总质量（t）①数值	企业自定产品序号
越野汽车	2		
自卸汽车	3		
牵引汽车	4		
专用汽车	5		
客　　车	6	表示汽车的总长度（0.1m）②数值	
轿　　车	7	表示发动机的工作容积（0.1L）数值	
	8		
半挂车及专用半挂车	9	表示汽车的总质量（t）①数值	

① 当汽车总质量大于 3t 时，允许用 3 位数字。

② 当汽车总长度大于 10m 时，计算单位为 m。

（2）内燃机型号由阿拉伯数字、汉语拼音字母和 GB1883 中关于气缸布置所规定的象形字符号组成。

（3）内燃机型号由下列四部分组成：

首部——产品特征代号，由制造厂根据需要自选相应字母表示，但需经行业标准化归口单位核准、备案。

中部——由缸数符号、冲程符号、气缸布置形式符号和缸径符号组成。

后部——结构特征和用途特征符号，以字母表示。

尾部——区分符号。同一系列产品因改进等原因需要区分时，由制造厂选用适当符号表示。

内燃机型号的排列顺序及符号所代表的意义如下：

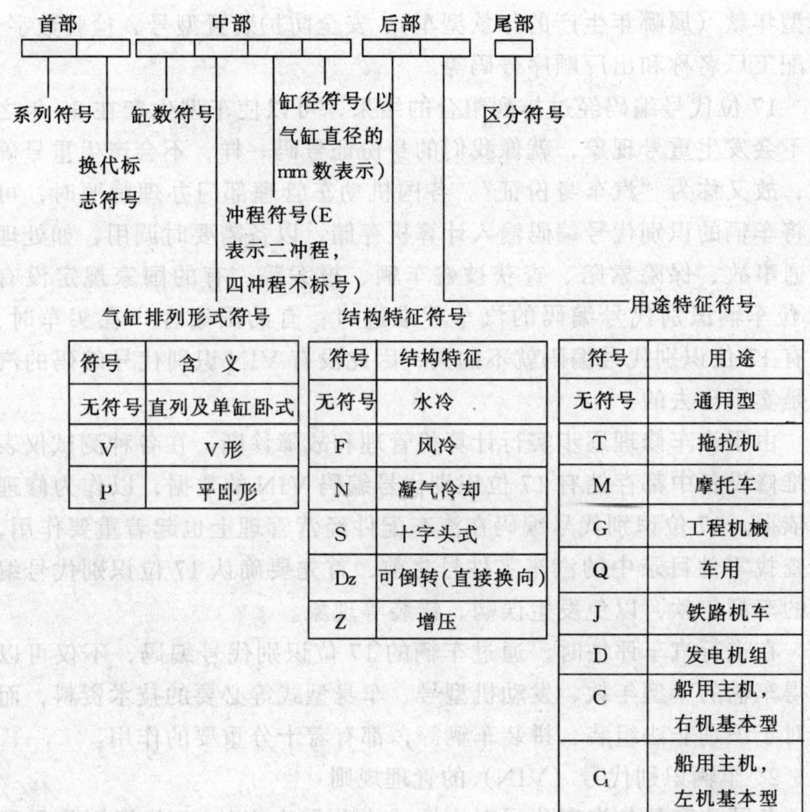

符号	含 义
无符号	直列及单缸卧式
V	V形
P	平卧形

符号	结构特征
无符号	水冷
F	风冷
N	凝气冷却
S	十字头式
Dz	可倒转(直接换向)
Z	增压

符号	用 途
无符号	通用型
T	拖拉机
M	摩托车
G	工程机械
Q	车用
J	铁路机车
D	发电机组
C	船用主机, 右机基本型
C_1	船用主机, 左机基本型

第二节　车辆识别代号（VIN）编码及车型铭牌的识读

一、车辆识别代号（VIN）编码的识读

1. 车辆识别代号（VIN）编码的作用

现在世界各国汽车公司生产的汽车大部分都使用了 VIN（Vehicle Identification Number）车辆识别代号编码。“VIN 车辆识别代号编码”由一组字母和阿拉伯数字组成，共 17 位，又称为 17 位识别代号编码。它是识别一辆汽车不可缺少的工具。

VIN 的每位代码代表着汽车的某一方面信息参数。按照识别代号编码顺序，从 VIN 中可以识别出该车的生产国家、制造公司或生产厂家、车的类型、品牌名称、车型系列、车身型式、发动机型号、车型年款（属哪年生产的年款型车）、安全防护装置型号、检验数字、装配工厂名称和出厂顺序号码等。

17 位代号编码经过排列组合的结果，可以使车型生产在 30 年之内不会发生重号现象，就像我们的身份证号码一样，不会产生重号确认，故又称为“汽车身份证”。各国机动车管理部门办理牌照时，可以将车辆的识别代号编码输入计算机存储，以备需要时调用，如处理交通事故、保险索赔、查获被盗车辆、报案等。有的国家规定没有 17 位车辆识别代号编码的汽车不准进口；有的国家客户在买车时，没有 17 位识别代号编码就不购买，因此没有 VIN 识别代号编码的汽车是卖不出去的。

由于汽车修理逐步实行计算机管理和故障诊断，在各种测试仪表和维修设备中都存储有 17 位识别代号编码 VIN 的数据，以作为修理的依据。17 位识别代号编码在汽车配件经营管理上也起着重要作用，在查找零件目录中的汽车零件号之前，首先要确认 17 位识别代号编码的车型年款，以免发生误购、错装等现象。

在进行汽车评估时，通过车辆的 17 位识别代号编码，不仅可以获得车辆的车型年款、发动机型号、车身型式等必要的技术资料，而且对于识别非法组装、拼装车辆等，都有着十分重要的作用。

2. 车辆识别代号（VIN）的管理规则

各国政府及各汽车公司对本国或本公司生产的 17 位识别代号编码都有具体规定。各国的技术法规一般只规定车辆识别代号的基本要求，如其应由 17 位代号编码组成；字母和数字的尺寸、书写形式、排列位置和安装位置都有相应规定，并且应保证 30 年内不会重号。除对个别符合的含义有硬性规定外，其他不作硬性规定，而由生产厂家自行规定其代表的含义等。各国有关车辆识别代号的技术法规各有差异，也有共同之处，如美国的技术法规规定车辆识别代号的第⑨位必须是工厂检查数字；而 EEC（欧洲共同体）指令将 17 位代号编码分成三组（WMI、VDS、VIS），只对每一组的含义范围作了规定。对于识别代号编码的位置，美国的技术法规定应安装在仪表板左侧，在车外透过挡风玻璃可以清楚地看到；而 EEC 的技术法规规定识别代号编码应安装在汽车右侧的底盘车架上或标写在厂家铭牌上。

我国于1996年12月25日，由机械工业部发布了《车辆识别代号（VIN）管理规定》。该规定从1997年1月1日起实施。过渡期24个月。1999年1月1日后，适用范围内的所有新生产车必须使用车辆识别代号。该规定的基本内容包括：

（1）车辆识别代号应由三个部分组成：第一部分，世界制造厂识别代号（WMI）；第二部分，车辆说明部分（VDS）；第三部分，车辆指示部分（VIS）。车辆识别代号编码各部分的具体内容如下：

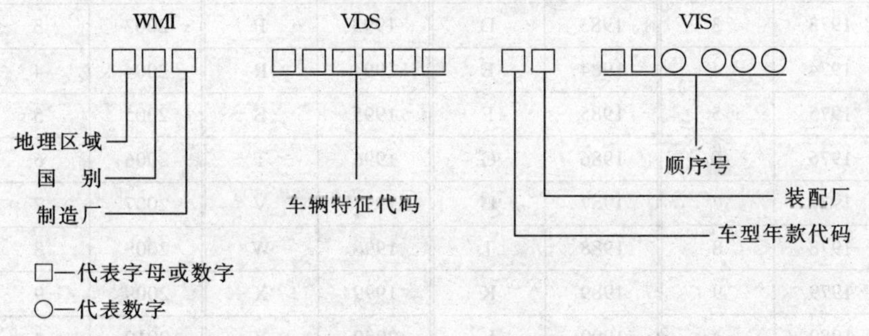

1）第一部分——世界制造厂识别代号，必须经过申请、批准和备案后方能使用。

①世界制造厂识别代号的第一位字码，是标明一个特定地理区域的字母或数字。第二位是标明一个特定地区内的一个国家字母或数字。第一、二位字码的组合将能保证国家识别标志的惟一性。

②世界制造厂识别代号的第三位字码，是标明某个特定的制造厂的字母或数字。第一、二、三位字码的组合，能保证制造厂识别标志的惟一性。

③对于年产量大于或等于500辆的制造厂，世界制造厂识别代号由三位字码组成。对于年产量小于500辆的制造厂，世界制造厂识别代号的第三位字码为数字9。此时车辆指示部分的第三、四、五位字码，将与第一部分的三位字码作为世界制造厂识别代号。

2）第二部分——车辆说明部分，由六位字码组成。如果制造厂不用其中的一位或几位字码，应在该位置填入制造厂选定的字母或数字占位。此部分应能识别车辆的一般特性，其代号顺序由制造厂决定。

3）第三部分——车辆指示部位，由八位字码组成，其最后四位字码应是数字。

①第一位字码应指示年份，年份代码按表 2-2 规定使用。

表 2-2　标示年份的字码表

年份	代码	年份	代码	年份	代码	年份	代码
1971	1	1981	B	1991	M	2001	1
1972	2	1982	C	1992	N	2002	2
1973	3	1983	D	1993	P	2003	3
1974	4	1984	E	1994	R	2004	4
1975	5	1985	F	1995	S	2005	5
1976	6	1986	G	1996	T	2006	6
1977	7	1987	H	1997	V	2007	7
1978	8	1988	J	1998	W	2008	8
1979	9	1989	K	1999	X	2009	9
1980	A	1990	L	2000	Y	2010	A

②第二字码可用来指示装配厂。若无装配厂，制造厂可规定其他的内容。

③如果制造厂生产的某种类型的车辆年产量大于或等于 500 辆，此部分的第三至第八位字码表示生产顺序号；如果年产量小于 500 辆，则此部分的第三、四、五位字码应与第一部分的三位字码一起来表示一个车辆制造厂。

(2) 车辆识别代号中，仅能采用下列阿拉伯数字和大写英文字母：

1　2　3　4　5　6　7　8　9　0

A　B　C　D　E　F　G　H　J　K　L

M　N　P　R　S　T　U　V　W　X　Y　Z

（字母 I、O 和 Q 不能使用）

(3) 车辆识别代号在文件上表示时应写成一行，且不要空格；打印在车辆上或车辆标牌上时也应标示在一行。特殊情况下，由于技术上的原因必须标示在两行上时，两行之间不应有间隙，每行的开始与终止处应选用一个分隔符表示。分隔符必须是不同于车辆识别代号所用的任何字码。

（4）车辆识别代号，应尽量位于车辆的前半部分，易于看到且能防止磨损或替换的部位。

（5）9 人座或 9 人座以下的车辆和最大总质量小于或等于 3.5t 的载货汽车的车辆识别代号，应位于仪表板上。在白天日光照射下，观察者不需移动任一部件，从车外即可分辨出车辆识别代号。

（6）每辆车的识别代号应在车辆部件上（玻璃除外），该部件除修理以外是不可拆的；车辆识别代号也可表示在永久性地固定上述车辆部件上的一块标牌上，此标牌不损坏则不能拆掉。

（7）车辆识别代号的字码，在任何情况下都应是字迹清楚、坚固耐久和不易替换的。

（8）车辆识别代号的字码高度：若直接打印在汽车和挂车（车架、车身等部件）上，至少应为 7mm 高；其他情况至少应为 4mm 高。

3. 车辆识别代号编码的识读举例

（1）中国北京吉普汽车有限公司（BJC）VIN

L E 4 E J 6 8 W A V 5 7 0 0 3 2 1

① ② ③ ④ ⑤ ⑥ ⑦ ⑧ ⑨ ⑩ ⑪ ⑫ ⑬ ⑭ ⑮ ⑯ ⑰

第①位　生产地理地区代码

由 ISO 统一分配亚洲地区代码

中国定为“L”

第②位　生产国家代码

由 ISO 统一分配中国的代码

BJC（北京吉普汽车公司）使用为“E”

第③位　生产厂被批准备案的车型类别代码

4——BJ2021 系列

第④位　厂定最大总质量分级代码

E——1361～1814kg

第⑤位　（按驱动车轮和转向盘位置）车型种类代码

J——4×4 左置转向盘

第⑥位 （对 BJ2020 和 BJ2022 系列）装配类型代码 （对 BJ2021 系列）车型系列代码

6——中档型（用于 BJ2021E 和 BJ2021EL）

第⑦位 车身类型代码

8——4 门金属硬顶

第⑧位 发动机类型代码

W——2.5L 四缸化油器式汽油机

第⑨位 （对 BJ2020 和 BJ2022 系列）工厂检验代码 （对 BJ2021 系列）包装代码

A——BJ2021EL

第⑩位 车辆年度型（年款）代码

V——1997

第⑪位 装配工厂代码

5——BJC（北京吉普汽车有限公司）总装厂

第⑫～⑰位 出厂顺序号代码

第⑫位为日历年的末位数字：7—1997

第⑬～⑰位按照每个日历年的生产顺序从 00001～99999 顺序编排

〔顺序号根据不同装配线和非装配线装配车辆分别编号，可由所在装配车间控制〕

(2) 美国通用汽车公司（GMC）轿车（1983～1994 年）VIN

1	G	1	L	T	5	3	T	6	P	E	1	0	0	0	0	1
①	②	③	④	⑤	⑥	⑦	⑧	⑨	⑩	⑪	⑫	⑬	⑭	⑮	⑯	⑰

第①位 表示生产国代码

1——美国

第②位 生产厂家代码

G——通用汽车公司

第③位 具体生产部门代码

1——雪佛兰车部

第④～⑤位　车型及系列代码

LT——科西佳（Corsica）“LT”

第⑥位　车身类型代码

5——四门轿车

第⑦位　乘客安全保护装置代码

3——手动安全带及驾驶员侧安全气囊

第⑧位　发动机类型代码

T——3.1L　V6　MFI

第⑨位　VIN 检验数代码

第⑩位　车型车款代码

P——1993

第⑪位　总装工厂代码

E——LINDEN，NJ

第⑫～⑰位　出厂顺序号代码

二、车型铭牌的识读

除车辆识别代号（VIN）牌外，一些汽车制造厂家根据本国法规或企业标准，常在车辆的某一位置设有汽车的车型铭牌。以三菱太空汽车为例，其铭牌被铆接在上车架外板（中内）上，如图 2-1 所示。不同类型汽车的车型铭牌，其位置可能有所不同。

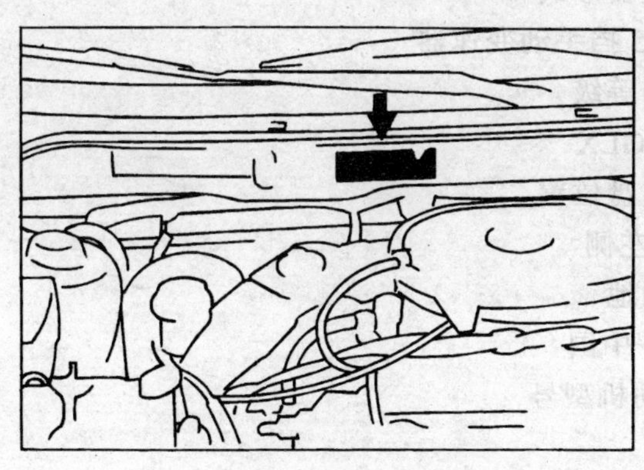

图 2-1　车型铭牌的位置

常见车型标牌的主要内容包括：车型代号、发动机型号、变速器型号、车身颜色代号等。现仍以三菱太空汽车为例，如图 2-2 所示。

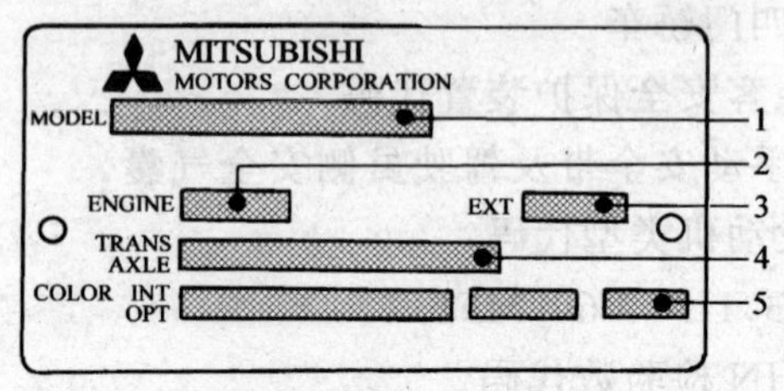

图 2-2 车型铭牌说明

1．车型代号

N31 W L N U L 1C

① ② ③ ④ ⑤ ⑥ ⑦

①改型等级

N31——1834cm^3（发动机排量）

②车型种类

W——厢式轻型客车

③车身外形

L——四车门厢式车身

④变速器形式

N——5 挡手动变速器

⑤装饰等级

U——GLX

⑥转向盘位置

L——左侧

⑦目的地

1C——中国

2．发动机型号

4G93

3．车身外形代号

CA6

4. 变速器型号（F5M22）　主减速传动比（4592）

5. 车身颜色代号（R25）　车室代号（87V）　设备代号（03V）

除车型铭牌外，在车辆的主要部件上，还常设有铭牌或直接刻印有具有特定含义的号码。如在美国通用公司的汽车上，常有选择地给某些部件加上车辆识别代号（VIN）铭牌。此铭牌的目的，就是要通过帮助追查失窃的汽车和回收失窃的部件减少车辆失窃。此铭牌永久性地固定在部件的表面上，其上有 VIN 码，在更换的部件上有字母“R”、制造厂标识和符号“DOT”。在喷漆、防锈处理之前，必须将主要板件、发动机、变速器等上的铭牌盖起来。作业完毕后，应除去遮盖物。如果不能保持铭牌清晰可辨，要承担“联邦汽车防盗标准”的责任，并遭受部件为盗窃品的嫌疑。

第三节　汽车的基本结构

汽车通常由发动机、底盘、车身、电气设备四个部分组成。典型货车的基本结构如图 2-3 所示。

一、发动机

发动机是汽车的动力装置，它将燃料的化学能转变为热能，再把热能转变为机械能，由发动机曲轴向外输出机械功率。它一般是由机体组、曲柄连杆机构、配气机构、燃料供给系、冷却系、润滑系、点火系（汽油发动机采用）、起动系等几部分组成。

下面以东风 EQ1090E 汽车用的 EQ6100—1 型发动机为例，对发动机的基本结构予以简略介绍。EQ6100—1 型发动机的构造如图 2-4 所示。

1. 机体组

东风 EQ6100—1 型发动机的机体组包括气缸盖 4、气缸体 11 及油底壳 14。有的发动机将气缸体分铸成上下两部分，上部称为气缸体，下部称为曲轴箱。机体的作用是作为发动机各机构、各系统的装配基体，而且其本身的许多部分又分别是曲柄连杆机构、配气机构、燃油供给系、冷却系和润滑系的组成部分。气缸盖和气缸体的内壁共同组成燃烧室的一部分，是承受高温、高压的机件。

2. 曲柄连杆机构

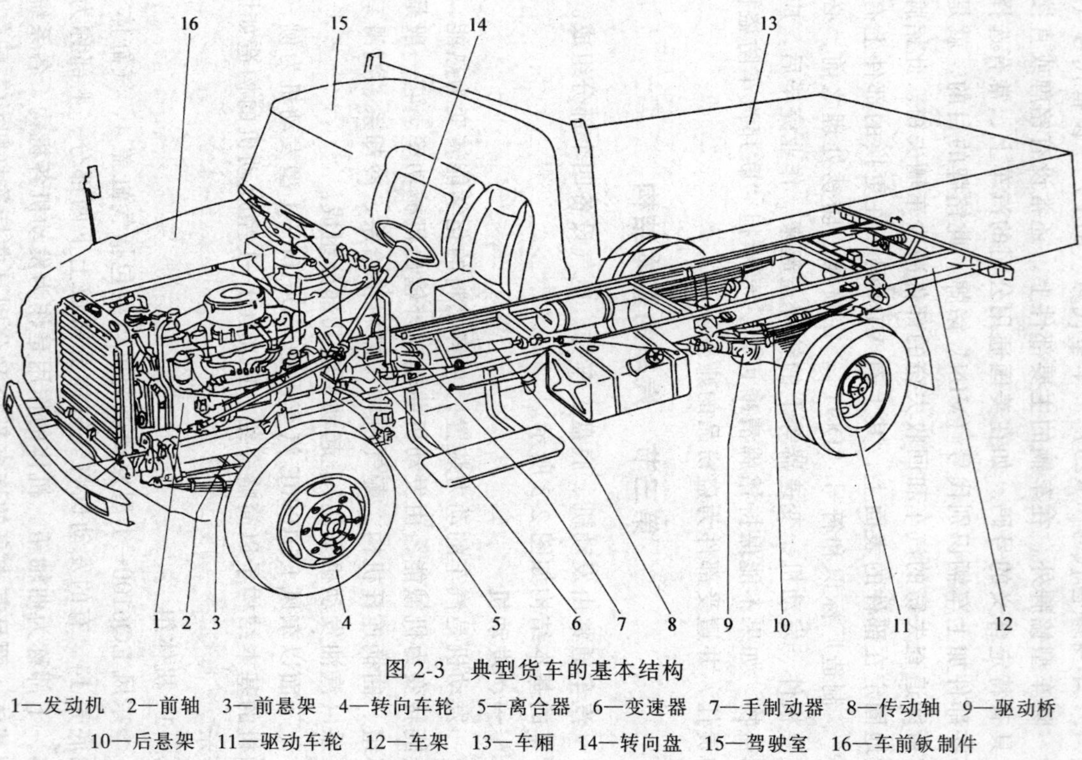

图 2-3　典型货车的基本结构

1—发动机　2—前轴　3—前悬架　4—转向车轮　5—离合器　6—变速器　7—手制动器　8—传动轴　9—驱动桥　10—后悬架　11—驱动车轮　12—车架　13—车厢　14—转向盘　15—驾驶室　16—车前钣制件

曲柄连杆机构包括活塞 23、连杆 31、带有飞轮 9 的曲轴 12 等。这是发动机借以产动力，并将活塞的直线往复运动转变为曲轴的旋转运动而输出动力的机构。

3. 配气机构

配气机构包括进气门 5、排气门 3、挺柱 25、推杆 21、摇臂 20、凸轮轴 10 以及凸轮轴正时齿轮 16（由曲轴正时齿轮 17 驱动）。其作用是使可燃混合气及时充入气缸，并及时从气缸排出废气。

4. 燃油供给系

燃油供给系包括汽油箱、汽油泵 26、汽油滤清器、化油器 7、空气滤清器 19、进气管 6、排气管 8、排气消声器等。其作用是把汽油和空气混合成合适的可燃混合气供入气缸，以供燃烧，并将燃烧生成的废气排出发动机。

5. 点火系

点火系的功用是保证按规定时刻及时点燃气缸中被压缩的混合气。其中包括电源（蓄电池和发电机）、断电器和配电器（组合成为分电器 24）、点火线圈、火花塞等。

6. 冷却系

冷却系主要包括水泵 2、散热器、风扇 1、分水管、气缸体放水阀以及气缸体和气缸盖里铸出的空腔—水套等。其功用是把受热机件的热量散到大气中去，以保证发动机正常工作。

7. 润滑系

润滑系包括机油泵 15、集滤器 28、限压阀、润滑油道、机油粗滤器 27、机油细滤器 29 和机油冷却器等。其功用是将机油供给作相对运动的零件，以减少它们之间的摩擦阻力，减轻机件的磨损，并部分地冷却摩擦零件，清洗摩擦表面。

8. 起动系

起动系包括起动机及其附属装置，用以使静止的发动机起动并转入自行运转。

车用汽油机一般都由上述机构和系统组成。车用柴油机与汽油机的基本结构大致相同，但由于用柴油作燃料，在吸入气缸内的空气被压缩而产生高温高压的情况下，将柴油直接喷入气缸，与高温高压的

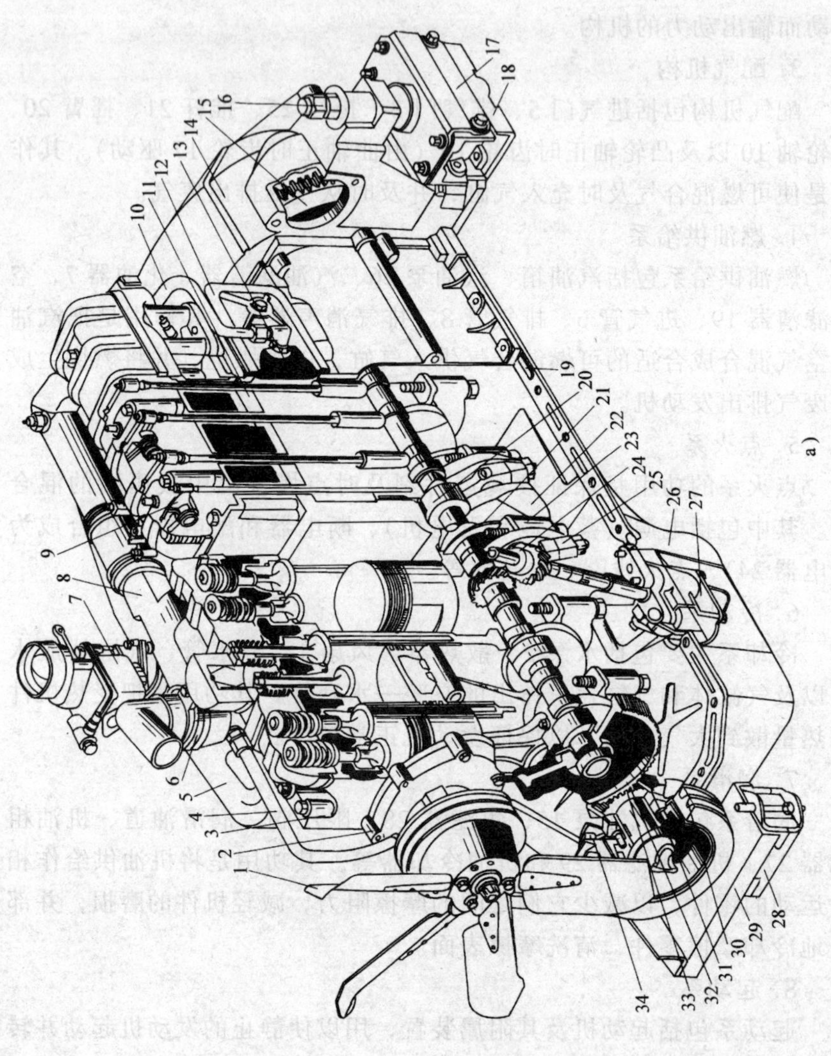

a)

1
2
3
4
5
6
7
8
9
10
11
12
13
14
15
16
17
18
19
20
21
22
23
24
25
26
27
28
29
30
31
32
33
34

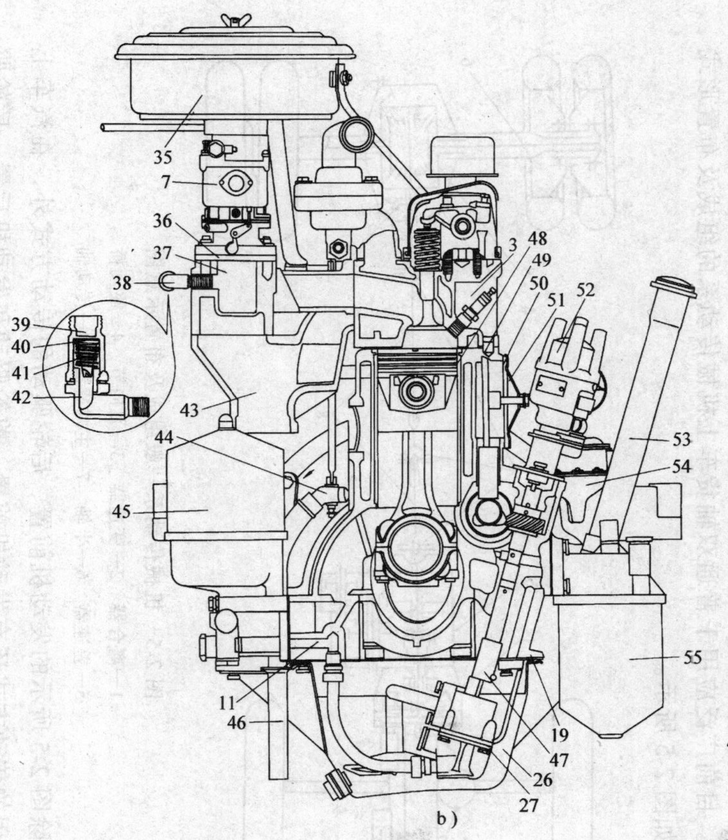

图 2-4　东风 EQ6100—1 发动机结构图

1—风扇　2—水泵　3—气缸盖
4—小循环水管　5—进、排气支管
6、10—曲轴箱通风　7—化油器
8—气缸盖出水管　9—摇臂机构
11—气缸体　12—后挺杆室盖
13—曲轴箱通风挡油板　14—飞轮壳
15—飞轮　16—发动机后悬置螺栓
17—限位板　18—发动机后置软垫
19—油底壳衬垫　20—凸轮轴
21—曲轴止推片　22—曲轴
23—主轴承盖　24、27—机油泵
25—活塞、连杆总成　26—油底壳
28—发动机前置软垫
29—发动机前悬置支架总成
30—风扇带　31—正时齿轮室盖
32—凸轮轴正时齿轮　33—曲轴正时齿轮
34—空气压缩机传动带　35—空气滤清器
36—绝热垫及衬垫　37—进气管
38—曲轴箱通风单向阀　39—阀体
40—单向阀　41—弹簧　42—弯管接头
43—排气管　44—放水阀　45—细滤器
46—出水软管　47—联轴套　48—气缸套
49—定位销　50—挺杆室衬垫　51—挺杆室盖
52—分电器　53—加机油管和盖
54—汽油泵　55—粗滤器

空气混合后自行发火燃烧，产生热能，因此发动机上没有点火系统。此外，柴油发动机的燃油供给系没有化油器，但却有输油泵、喷油泵和喷油器。

二、汽车底盘

汽车底盘是汽车自身的承载部分。它的主要作用是支承车身，接受并传递发动机所发出的动力，使汽车得以行驶。汽车底盘由传动系、行驶系、转向系和制动系四大部分组成。

1. 汽车传动系

汽车传动系的基本功用，是将发动机发出的动力传给驱动车轮。传动系的组成及其在汽车上的布置形式，取决于发动机的形式和性能、汽车总体结构型式、汽车行驶系及传动系本身的结构形式等许多因素。目前广泛应用于普通双轴货车上机械传动系的组成及布置形式一般如图 2-5 所示。

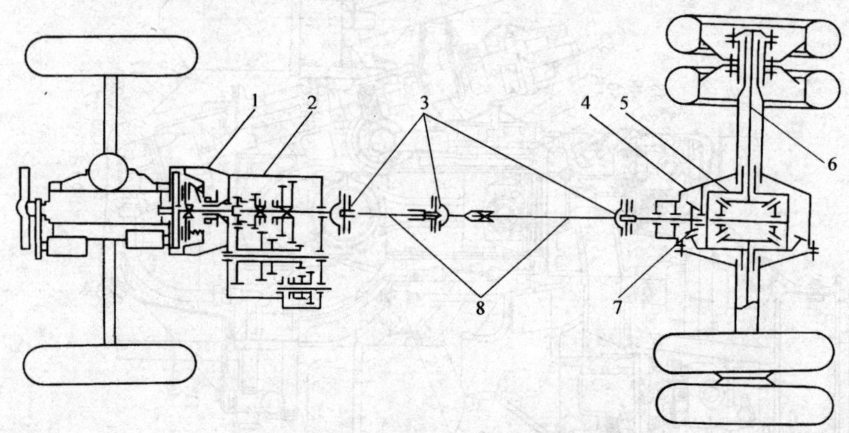

图 2-5 机械传动系一般组成及布置示意图

1—离合器 2—变速器 3—万向节 4—驱动桥
5—差速器 6—半轴 7—主减速器 8—传动轴

除图 2-5 所示的发动机前置、后轮驱动的传动方式外，在汽车上常采用的传动方式还有发动机前置、前轮驱动和发动机后置、后轮驱动等几种。

图 2-6 所示是一种发动机前置、前轮驱动，而且采用独立悬架的

轿车传动系示意图。在图示的传动系中，发动机1，离合器2、变速器3都布置在驱动桥（前桥）的前方，而且三者与主减速器5、差速器6装配成一个十分紧凑的整体，固定在车架或车身底架上。

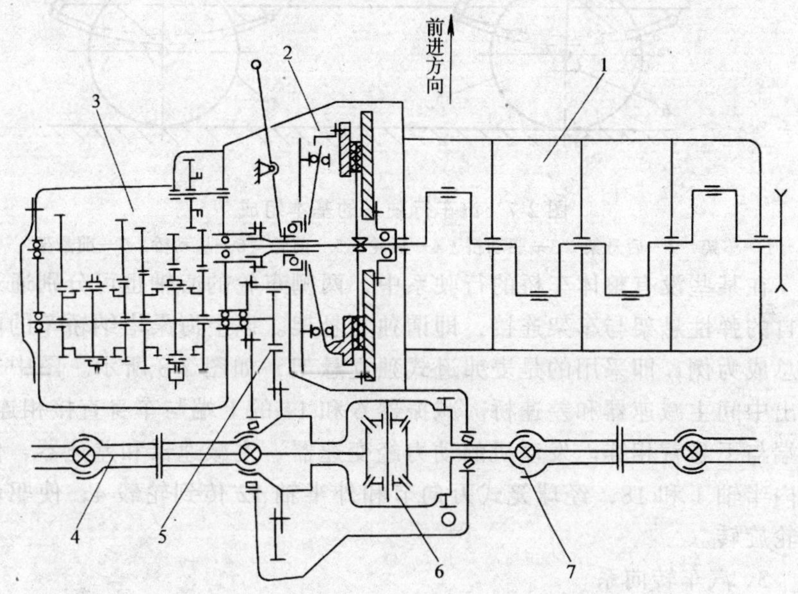

图2-6 发动机前置、前轮驱动的轿车传动系示意图

1—发动机 2—离合器 3—变速器 4—半轴 5—主减速器 6—差速器 7—万向节

2．汽车行驶系

汽车行驶系的功用，是接受由发动机经传动系传来的转矩，并通过驱动轮与路面间的附着作用，产生路面对汽车的牵引力，以保证整车正常行驶。传递并承受路面作用于车轮上的各向反力及其所形成的力矩。尽可能缓和不平路面对车身造成的冲击和振动，保证汽车行驶平顺性，并且与转向系很好地配合工作，实现汽车行驶方向的正确控制，以保证汽车操纵稳定性。

汽车行驶系一般由车架、车桥、车轮和悬架组成，如图2-7所示。车架1是全车的装配基体，它将汽车的各相关总成连接成一整体。车轮5和4分别支承着从动桥6和驱动桥3。为减少车辆在不平路面上行驶时车身所受到的冲击和振动，车架又通过弹性前悬架7和后悬架 2 与车架连接。

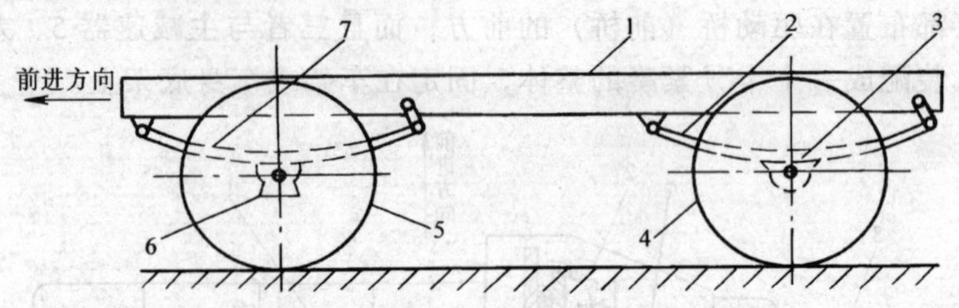

图 2-7　汽车行驶系的基本组成

1—车架　2—后悬架　3—驱动桥　4—后轮　5—前轮　6—从动桥　7—前悬架

在某些没有整体车桥的行驶系中，两侧车轮的心轴也可分别通过各自的弹性悬架与车架连接，即谓独立悬架。以上海桑塔纳轿车的前桥总成为例，即采用的是麦弗逊式独立悬架，如图 2-8 所示。图中未画出中间主减速器和差速桥。减振器 6 和 11 的上端与车身直接相连，下端与下悬臂相连。发动机的动力经变速器、主减速器和差速器，传至内半轴 1 和 18，经球笼式万向节和外半轴 12 传到轮毂 4，使驱动车轮旋转。

3. 汽车转向系

汽车转向系的作用是在驾驶员的操纵下，改变或恢复汽车的行驶方向。按转向能源的不同，转向系可分为机械转向系和动力转向系两大类。

机械转向系以驾驶员的体力作为转向能源，其中所有传力件都是机械的。机械转向系由转向操纵机构、转向器和转向传动机构三大部分组成，其一般布置情况如图 2-9 所示。

动力转向系是兼用驾驶员体力和发动机动力为转向能源的转向系。正常情况下，汽车转向系所需能量，只有一小部分由驾驶员提供，而大部分是由发动机通过转向加力装置提供的。但在转向加力装置失效时，一般还应当能由驾驶员独立承担汽车转向任务。因此，动力转向系通常是在机械转向系的基础上加设一套转向加力装置形成的。图 2-10 所示，即为一种液压动力转向系的示意图。其中属于转向 加力装置的部件是：转向罐9、转向油泵10、转向控制阀11和转

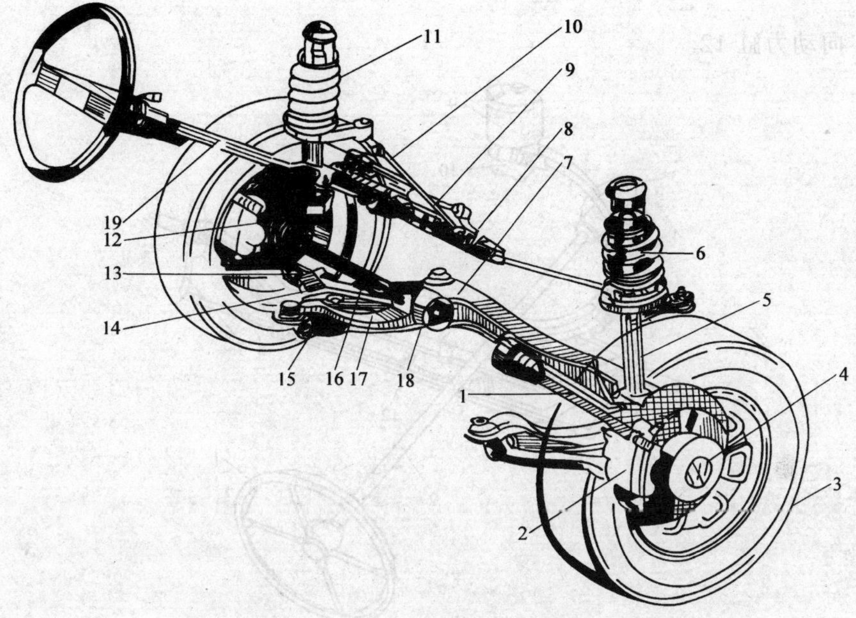

图 2-8　上海桑塔纳轿车前悬架

1—传动轴　2—制动钳　3—车轮　4—外半轴凸缘　5—减振器支柱　6、11—减振器　7—悬架臂前端橡胶金属支架　8—齿条式转向装置　9—转向减振器　10—可调横拉杆　12—外等角速万向节　13—车轮与下悬臂的连接螺栓　14—悬架臂　15—悬架臂后端的橡胶金属轴衬　16—稳定杆　17—副车架　18—内等角速万向节　19—安全转向柱

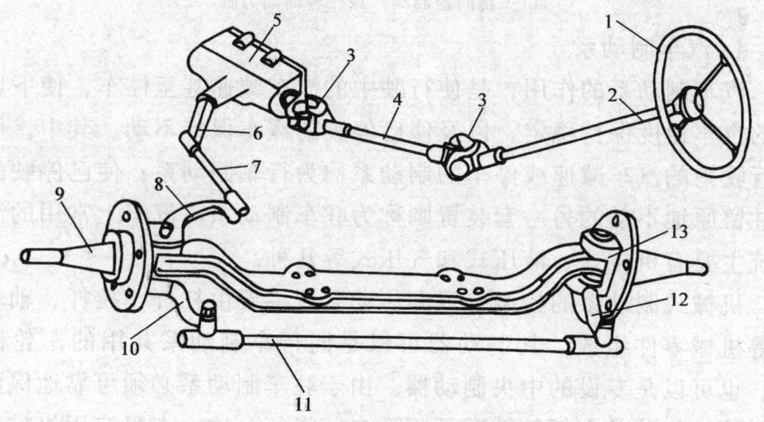

图 2-9　机械转向系示意图

1—转向盘　2—转向轴　3—转向万向节　4—转向传动轴　5—转向器　6—转向摇臂　7—转向直拉杆　8—转向节臂　9—左转向节　10、12—梯形臂　11—转向横拉杆　13—右转向节

向动力缸 12。

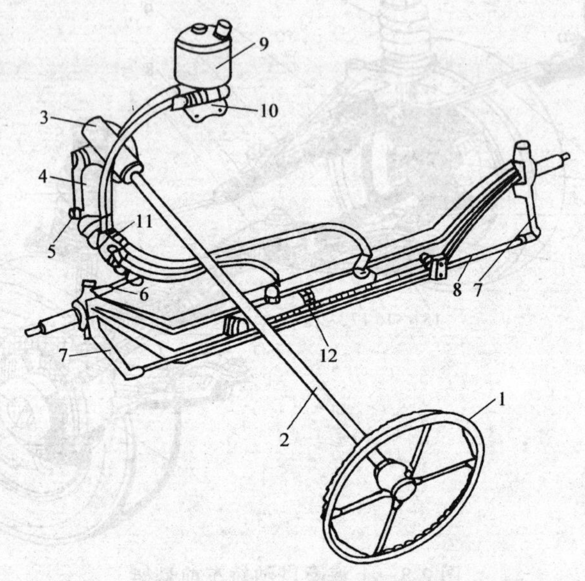

图 2-10　动力转向系示意图

1—转向盘　2—转向轴　3—机械转向器　4—转向摇臂　5—转向主拉杆　6—转向节　7—梯形臂　8—转向横拉杆　9—转向油罐　10—转向油泵　11—转向控制阀　12—转向动力缸

4. 汽车制动系

汽车制动系的作用，是使行驶中的汽车减速甚至停车，使下坡行驶的汽车速度保持稳定，以及使已停驶的汽车保持不动。其中，用以使行驶中的汽车减速或停车的制动系称为行车制动系；使已停驶的汽车驻留原地不动的另一套装置则称为驻车制动系。汽车上常用的制动系统主要有机械式、液压式和气压式等几种。

机械式制动系的控制装置和传动装置主要由杠杆、拉杆、轴、摇臂等机械零件组成。其制动器可以是同行车制动系共用的车轮制动器，也可以是专设的中央制动器。由于驻车制动系必须可靠地保证汽车在原地停驻并在任何情况下不致自行滑行，这一点只有用机械锁止方法才能实现，因此机械式制动系基本上都用于驻车制动。

液压制动系多用于小型或轻型汽车上，它主要由制动踏板、制动总泵、制动分泵、车轮制动器以及油管等机件组成。在一些汽车的制动系中，还包括有真空助力器或真空增压器。以上海桑塔纳轿车为例，其制动系的组成如图 2-11 所示。

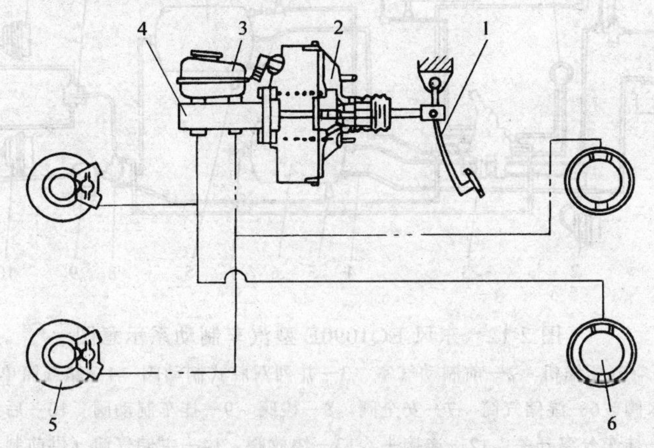

图 2-11　上海桑塔纳轿车制动系统示意图

1—制动踏板　2—真空助力器　3—贮液室　4—串联式双腔制动总泵

5—盘式制动器　6—鼓式制动器（兼驻车制动器）

气压制动系广泛用于中型及大型货车、客车上，它主要由空气压缩机、调压阀、贮气筒、气压表、制动气室、车轮制动器、制动控制阀、制动踏板等机件构成。以东风 EQ1090E 为例，其制动系的组成如图 2-12 所示。

三、汽车车身

汽车车身结构主要包括车身壳体、车门、车窗、车前钣制件、车身内外装饰件和车身附件、座椅以及通风、暖风、冷气、空气调节装置等。在货车和专用汽车上还包括车厢和其他装备。

车身壳体是一切车身部件的安装基础，通常是指纵、横梁和支柱等主要承力元件以及与它们相连接的钣金件，共同组成的刚性空间结构。客车车身多数具有明显的骨架，而轿车车身和货车驾驶室则没有明显的骨架。车身壳体通常还包括在其上敷设的隔音、隔热、防振、防腐、密封等材料及涂层。

车门通过铰链安装在车身壳体上，其结构较复杂，是保证车身的使用性能的重要部件。

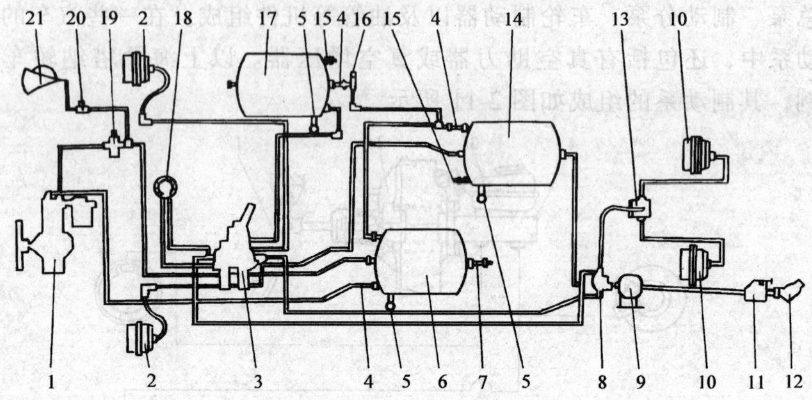

图 2-12　东风 EQ1090E 型汽车制动系示意图

1—空气压缩机　2—前制动气室　3—并列双腔式制动阀　4—储气筒单向阀　5—放水阀　6—湿储气筒　7—安全阀　8—梭阀　9—挂车制动阀　10—后制动气室　11—挂车分离开关　12—连接头　13—快放阀　14—主储气筒（供前制动器）　15—低压报警器　16—取气阀　17—主储气筒（供后制动器）　18—气压表　19—气压调节阀　20—气喇叭开关　21—气喇叭

对轿车和长头式货车或客车来说，车前钣制件包括散热器固定框、发动机罩、翼子板、挡泥板等。

车身外部装饰件主要是指装饰条、车轮装饰罩、浮雕式文字等。车身内部装饰件包括仪表板、顶篷、侧壁、座椅等表面覆饰物，以及窗帘和地毯。

车身附件包括门锁、门铰链、玻璃升降器、各种密封件、风窗刮水器、风窗洗涤器、遮阳板、后视镜、拉手、点烟器、烟灰盒等。现代汽车上还常装有收放机、无线电话、小型冰箱等。

车身内部的暖气、冷风等是维持车内正常环境，保证乘员安全舒适的重要装置。座椅也是车身内部的重要装置之一，由骨架、座垫、靠背和调节机构等组成。

为保证行车，现代汽车上还广泛采用座椅安全带、安全气囊等安全装置。

四、汽车电气设备

汽车电气设备主要包括电源和用电设备两大部分。用电设备中，除发动机上的起动及点火装置外，还包括仪表装置、信号装置、照明

装置、辅助电气设备和配电装置

1. 汽车电源

汽车电源系统由发电机、调压器和蓄电池等组成。它们是随汽车移动的直流电源，其标称电压多为12V制。大功率柴油机汽车上因为起动功率大，多采用标称电压为24V制。蓄电池的主要功用是向起动机和点火装置供电，当发电机不发电或发电不足时也向其他用电设备供电。发电机则是在发动机运转时向车上用电器（不包括起动机）供电，并向蓄电池充电；调压器则能在很大的转速变化范围内限定发电机在14V（12V制）或28V（24V制）上下。

2. 仪表装置

为了帮助驾驶员随时监视汽车各重要部分的工作状况，位于转向盘前方的各种仪表，分别显示着汽车各重要部位的状态参数和汽车运行参数。如发动机冷却液温度、机油压力、燃油箱的燃油量、蓄电池的充放电状态、汽车的行驶速度和行驶里程等。有的车型还装有发动机转速表，帮助驾驶员控制发动机在最有利的转速下工作。还有的车辆装有车速-里程自动记录计，用以记录汽车1～7天的工作运行状态，为运营管理提供准确数据。

3. 信号装置

为了提高汽车行驶和停车的安全性和可靠性，现代汽车均有完善的信号系统。用以提高安全性的公路交通信号是驾驶员向别的车辆和行人发出的，如喇叭、转向信号（危险信号）灯、制动灯、示宽灯、停车灯、倒车灯、蜂鸣器等。而保证机械运行可靠性的信号则是汽车各重要部位向本车驾驶员发出的，如发动机冷却液温度过高（或冷却液不足）报警灯、制动气压过低报警灯、机油压力过低报警灯、燃油量不足报警灯、机油滤清器堵塞报警灯、充电指示灯、驻车制动指示灯、超速报警灯、车门未锁报警灯、排气制动指示灯、差速锁指示灯、排气净化用的催化反应器高温报警灯和蜂鸣器等。

4. 照明装置

为了使汽车在夜间行驶或在能见度很低的浓雾天气行车和工作，必须设置灯光照明系统。前照灯、小灯、尾灯、雾灯、防空灯、室内灯、门控灯、仪表和时钟的照明灯、顶灯、工作灯、牌照灯、阅读灯、行李箱灯等。

5. 辅助电气设备

为了给乘员提供良好的工作条件和舒适的乘座环境，减轻疲劳，保证安全，许多新颖的电气设备逐步成为汽车上必不可少的装置，如风挡玻璃刮水器及洗涤器、暖风电动机、冷却风扇电动机、点烟器、玻璃升降器、电控车门锁、收音机天线升降器、电动座椅移动机构、电动后视镜、电子钟表和音响视听设备、汽车电话等。一般情况下，汽车档次愈高，辅助电气设备便愈完善。

6. 配电装置

由于现代汽车电路日趋复杂，电器的数量和导线总长度日益增加，为了安装、检查的方便，众多复杂的导线都编扎成一定形状和长度的电线束。一般汽车均有发动机罩下线束、仪表盘—组合开关线束、底盘及后车架线束等。

为了便于导线之间的连接准确、牢固，在线束与线束之间，线束与电器总成之间，广泛采用多头或单头插接件，相邻部位的插接件多用不同断面形状、不同颜色加以区分，以避免混淆。同一对插接件均有自锁机构，以防止线束松脱。

由于电路复杂，各用电器所需电流大小相差很大。为了用开关控制大电流的工作，常用中间继电器作为媒介。继电器的控制线圈用小电流控制，而负载电流则从承载能力强的触点间通过，如转向闪光继电器、起动继电器、充电指示灯继电器、刮水器间歇继电器、前照灯继电器、喇叭继电器、空调继电器等。

第四节　汽车的新结构及新技术

为提高汽车的动力性、燃油经济性和操纵性能，改善乘员乘座的舒适性和安全性，现代汽车上采用了许多的新结构和新技术，其中目前使用较普遍、已较成熟的主要有电控汽油喷射系统、自动变速器、电控制动防抱死系统、巡航控制系统等。

一、电控汽油喷射系统

电控汽油喷射系统，借助于各种传感器，将发动机的转速、负荷、起动、加速、减速、冷却液温度、进气温度、进气流量等的变化转换成电信号，输送给电控单元，并与储存数据进行比较后，计算出当时所处工况下所需的喷油量的多少。然后向喷油器发出喷油时间长短的电信号，从而供给与当时工况相匹配的最佳喷油量。

根据控制方式的不同，电控汽油喷射系统有以下几种主要类型：

（1）D型电控汽油喷射系统。其主要特点是用进气压力传感器测出进气压力，然后再结合转速推算出发动机的进气量。

（2）L型电控汽油喷射系统。其主要特点是通过空气流量计直接测量发动机的进气量。

（3）发动机集中控制系统。这是利用一套传感器及电控装置，既可控制喷油，又可控制点火及其他项目的一种电控系统。

在现代汽车上，发动机集中控制系统得了广泛应用。以德国波许（Bosch）公司生产的莫特朗尼克（Motronic）系统为例，其形式如图2-13所示。

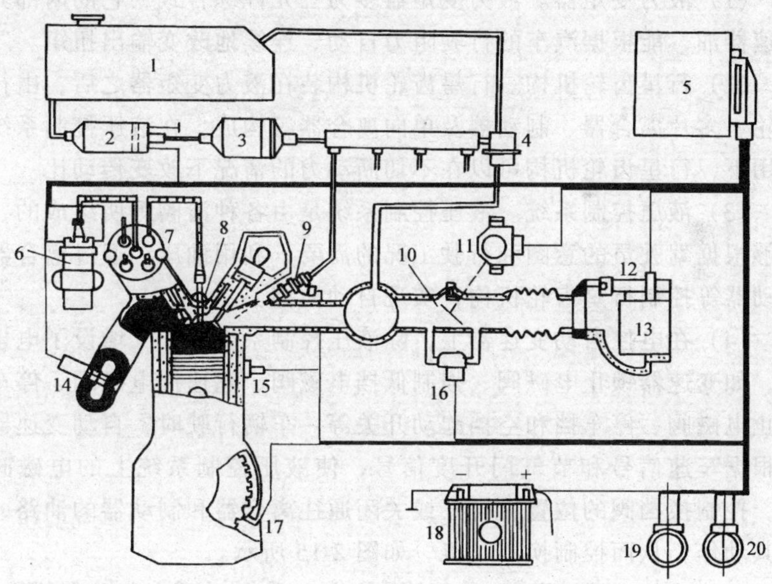

图2-13 莫特朗尼克（Montronic）系统示意图

1—汽油箱 2—燃油泵 3—燃油滤清器 4—燃油压力调节器 5—电控单元 6—点火线圈 7—分电器 8—火花塞 9—喷油器 10—节气门 11—节气门位置传感器 12—空气流量计 13—电位计及进气温度传感器 14—氧传感器 15—冷却液温度传感器 16—怠速调节器 17—曲轴位置传感器 18—蓄电池 19—点火开关 20—空调开关

在上述系统中，由于将点火与喷油同时考虑，因此油耗、功率、工况匹配、排污等性能更加优良。随着电控技术的发展，许多汽车不仅能够同时控制喷油与点火，而且还将废气再循环、怠速、爆燃、燃油蒸发排放等多项内容纳入发动机集中控制范围内，从而使汽车的性能得到进一步的改善。

二、自动变速器

自动变速器能实现自动操纵汽车起步和换挡等功能。它具有自动变速、连续变扭、换挡时不中断动力传递等特点，并具有操作轻便、换挡平稳、乘座舒适、过载保护性能好等优点。采用此类变速器，可以大大减轻驾驶员的劳动强度，提高车辆行驶的机动性、越野性及交通安全性等。自动变速器的典型结构如图 2-14 所示。其结构组成可分为以下五部分：

(1) 液力变矩器。液力变矩器多为三元件综合式，它的内部充满变速器油，能根据汽车的行驶阻力自动、连续地改变输出扭矩。

(2) 行星齿轮机构。行星齿轮机构装在液力变矩器之后，由行星齿轮、多片离合器、制动器及单向离合器等构成。在液压控制系统的作用下，行星齿轮机构可以在不切断动力的情况下改变传动比。

(3) 液压控制系统。液压控制系统是由各种滑阀等所组成的，它能够根据驾驶员的意图和行驶工况的需要，利用油压，通过离合器和制动器等控制行星齿轮机构，实现自动换挡。

(4) 在电控自动变速器上，除液压控制系统外，又增设了电控装置，如变速器锁止电磁阀、强制低挡电磁阀、超速挡电磁阀、停车挡锁止电磁阀、停车挡和空挡起动开关等。车辆行驶时，自动变速器电脑根据车速信号和节气门开度信号，使液压控制系统上的电磁阀工作，控制换挡阀的位置，打开或关闭通往离合器和制动器的油路，操纵其动作，从而控制换挡时机，如图 2-15 所示。

(5) 冷却、滤油装置。油液在传力过程中，因冲击和摩擦生热，又吸了一部热量，使油温升高，降低了传动效率。因此，有必要利用油冷却器对油液降温，使油温保持在 80～90℃ 范围内。工作中产生的杂质也应由油滤器及时清除。

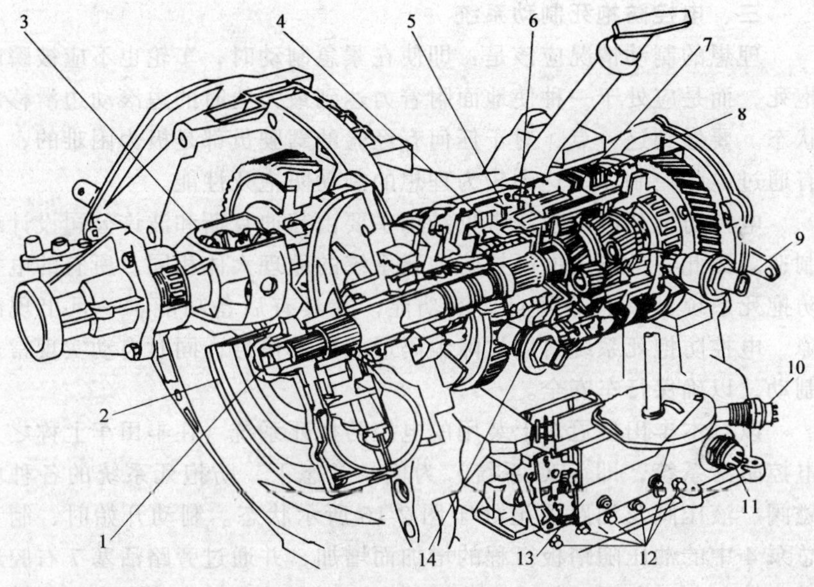

图 2-14　自动变速器的典型结构

1—输入轴　2—液力变矩器　3—差速器　4—低挡离合器　5—超速挡离合器　6—制动器
7—二至四挡离合器　8—行星齿轮机构　9—车速传感器　10—空挡开关　11—停车开关
12—液压孔钉　13—液压控制装置总成　14—涡轮速度传感器

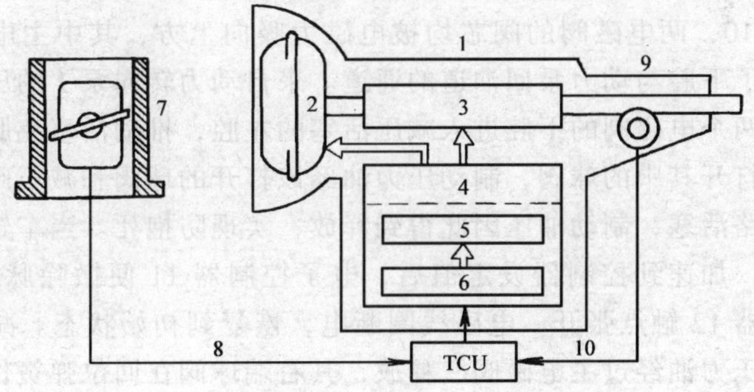

图 2-15　电控自动变速器工作原理示意图

1—自动变速器　2—液力变矩器　3—行星齿轮机构　4—液压控制装置　5—换挡阀
6—电磁阀　7—节气门体　8—节气门位置信号　9—车速传感器　10—车速信号

三、电控防抱死制动系统

理想的制动情况应该是：即使在紧急制动时，车轮也不应被瞬间抱死，而是应处于一种使地面附着力达到最大值时的边滚动边滑移的状态。要做到这一点，对于任何有经验的驾驶员都是极为困难的，只有通过电脑控制才能达到较为理想的制动防抱死性能。

电控防抱死制动系统常见结构主要由邦迪克斯和波许公司设计或制造。因此各种车上的电控防抱死系统的原理大体相同。所有的电控防抱死系统都具有故障自诊断功能，并具有后备功能。一旦出现故障，电控防抱死系统将以故障编码形式显示信号，同时自动实现常规制动，以确保行车安全。

以日本丰田皇冠车上装用的电控防抱死系统（在丰田车上称之为电控防滑系统，即 ESC 系统）为例。常态下，防抱死系统的各种电磁阀、液压阀及油路通道处于图 2-16 所示状态。制动开始时，制动总泵 4 中的油压随踏板行程的增加而增加，并通过旁路活塞 7 右腔通道直接与制动分泵 5 相连。油压越大，则制动力越大（同常规制动相同）。与此同时，受制动的车轮转速状态也通过转速传感器 6 送往电子控制器 11 进行判定。一旦被判定的制动减速度超过拟定值（即认为有抱死倾向），电子控制器 11 即输出一个脉冲信号。该信号使主继电器 12 触点接通。电源电流经主继电器 12 触点流入主电磁阀 9 和分电磁阀 10，两电磁阀的阀芯均被电磁力吸向上方，其中主电磁阀同时封闭了下腔与动力泵回油道的通道。来自动力转向泵 1 的压力油即经过这两个电磁阀的下腔进入减压活塞的左腔，推动活塞克服弹簧力右移，打开其中的球阀，制动压力油经该打开的球阀和减压阀的左腔泄入旁路活塞，制动油压因此得到释放，实现防抱死。当车轮被放松制动后，加速到控制器设定值后，电子控制器 11 便撤除脉冲输出，主继电器 12 触点张开，电磁线圈断电，恢复到初始状态。减压活塞左腔的压力油经过主电磁阀 9 释放，其右端球阀在回位弹簧作用下回位，制动力再度随制动总泵 4 的油压的增加而增加，如此循环，直到车速降低到一定程度后，电子控制器便不再动作。

四、巡航控制系统

汽车在高速公路上长时间行驶时，汽车的运行工况相对比较稳

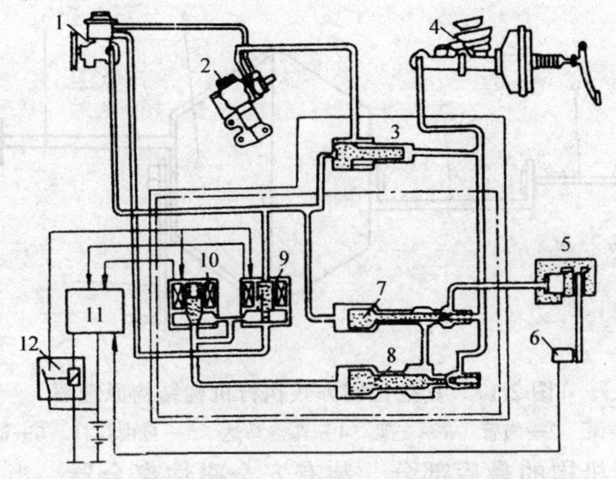

图 2-16　丰田皇冠轿车电控防抱死系统工作原理图

1—动力转向泵　2—动力转向器　3—调整活塞　4—制动总泵

5—制动分泵　6—转速传感器　7—旁路活塞　8—减速活塞

9—ESC 主电磁阀　10—分电磁阀　11—电子控制器　12—ESC 主继电器

定，此时若装有自动行驶系统，将会给驾驶带来很大的方便。打开自动操纵开关，自动行驶系统将根据行驶阻力的变化，自动地增减节气门的开度，从而使汽车的行驶速度保持稳定。这种使汽车能够保定稳定车速的自动行驶系统也就是汽车的巡航控制系统。

巡航控制系统主要由操作开关、车速传感器、巡航控制电脑、执行机构及安全磁性离合器等几部分组成。

目前常见的巡航控制系统的执行机构主要有两种形式：一种是真空控制方式；另一种是步进电机控制方式。图 2-17 所示的是真空控制方式执行机构的结构原理图。巡航控制系统工作时，巡航控制电脑根据车速信号和节气门位置信号，通过改变真空泵转速的方式，改变真空马达的真空度。真空马达是用一个橡胶气室制成的，它在真空度的作用下会收缩内腔，内腔收缩的同时，自由拉杆带动节气门拉线轴向运动，最终达到改变节气门开度的目的。

步进电机执行机构在工作原理上同真空执行机构大体相同，也是在巡航控制电脑的输出信号控制下，使步进电机牵动自由拉杆轴向运动，从而达到改变节气门开度的目的。

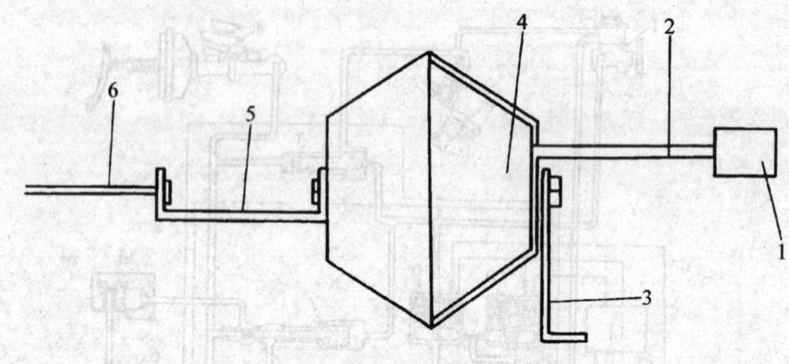

图 2-17 真空控制方式执行机构结构原理图

1—真空泵 2—气管 3—支架 4—真空马达 5—自由拉杆 6—油门拉线

在执行机构的最后部分，装有安全磁性离合器，当踏下制动踏板，或变速器处于空挡，或驻车制动器起作用时，执行装置接到信号后，马上启动安全磁性离合器电路，使安全磁性离合器分离，把巡航控制装置与节气门分隔开来。

为了防止汽车失速飞驰，巡航控制系统设有高速限制电路和低速限制电路。当行驶车速超出上限和下限时，巡航控制系统就自动退出工作状态。

一旦传感器有故障，或者电路断路，由于没有车速信号，低速限制电路视车速为零，并使巡航控制系统停止工作。若执行装置有故障，或者其反馈电路短路，车速可能会急剧变化。为防止出现上述情况，设有车速控制幅度的限制电路，即使在最坏的情况下，也能把车速控制误差限制在一定范围内。

五、其他控制系统

除上述系统和装置外，现代汽车上使用较多或较成熟的系统和装置还有以下几种：

1. 电控动力转向系统

电控动力转向的形式较多，目前有电子控制前轮、后轮及前后四轮转向系统。它们分别显示出不同的优越性，如有的可获得最优化的转向作用力特性，最优化的转向回正特性，改善行驶的稳定性以及节能降低成本的作用；有的主要是为了提高转向能力和转向响应性。有的主要用来改善高速行驶时的稳定性。目前电控动力转向的基本作用，是通过控制转向力，保证汽车停驶或低速行驶时转向较轻便，而高速行驶时又确保安全。轿车动力转向的发展趋势是四轮转向系统，其特点是汽车在转向盘上只作轻微操作及缓慢转动时，或在高速行驶中改变行驶路线时，后轮与转向盘转动方向基本一致，这样行车摆动小，稳定性好。在车辆出入车库，左右转弯行驶及大转弯或调头时，后轮与转向盘转动方向相反，可使汽车轻易转弯，具有较小的转弯半径。电控系统在这里的作用，多是根据行驶工况，调整后轮转向角的大小，达到提高转向特性和转向响应性，以及改善高速行驶的稳定性等目的。

2. 驱动防滑系统

该系统是在制动防抱死系统的基础上开发的，两系统有许多共用组件。该系统利用驱动轮上的轮速传感器，当感受到驱动轮打滑时，控制元件便通过制动装置或油门降低转速，使车轮不再打滑。它可以在起步或弯道中速度发生急剧变化时，改善车轮与路面间附着力，提高其安全性。该装置在雪地或湿滑路面上，较能发挥其特性。

3. 电控悬架系统

该系统能根据不同路面状况和行驶工况，控制车辆高度，调整悬架的阻尼特性及弹性刚度，改善车辆行驶的稳定性、操纵性和乘座的舒适性。

4. 全自动空调系统

该系统突破单一的空气温度调节功能，根据设置在车内外的各种温度传感器（车内温度、大气温度、日照强度、蒸发器温度、发动机冷却液温度等）输入的信号，由电脑进行平衡温度演算，对进气转换风扇、送气转换风门、混合风门、水阀、加热继电器、压缩机、鼓风机等进行控制，根据乘客要求，保持车内的温度、湿度等处于最佳值。

5. 安全气囊系统

该系统是现代汽车上常用的被动安全系统。在车辆相撞时，由电控元件用电流引爆安置在转向盘中央（有的在仪表板杂物箱后边也安装）气囊中的氮化合物，象“火药”似的迅速燃烧产生氮气，瞬间充满气囊，所有动作在0.02s内完成。安全气囊的作用是在驾驶员与转向盘之间、前座乘员与仪表板间形成一个缓冲软垫，避免硬性撞击而受伤。此系统一定要与安全带配合使用，否则效果大为减弱。

6. 信息显示与报警系统

该系统可将发动机的工况和其他信息参数，通过电脑处理后，输出对驾驶员更有用的信息，并用数字显示、线条显示或声光报警。

显示的信息除水温、油压、车速、发动机转速等常见的内容外，还有像瞬时油量、平均耗油量、平均车速、行驶里程、续驶里程、车外温度等。根据驾驶员的需要，可随时调出显示。

监视和报警的信息主要有燃油温度、冷却液温度、油压、充电、尾灯、前照灯、排气温度、制动液液面、驻车制动、车门未关严等，当出现不正常现象或自诊断系统测出有故障时，立即由声光报警。

第五节　汽车的主要技术参数及基本性能指标

一、汽车的主要技术参数

1. 汽车的主要外部尺寸

汽车的主要外部尺寸如图 2-18 所示。图中的主要尺寸如下：

(1) 车长 L。是指垂直于车辆纵向对称平面，并分别抵靠在汽车前、后最外端突出部位的两垂面之间的距离。

(2) 车宽 D。是指平行于车辆纵向对称平面，并分别抵靠在车辆两侧固定突出部分（不包括后视镜、侧面标志灯、转向指示灯、挠性挡泥板、折叠式踏板、防滑链及轮胎与地面接触变形部分）的两平面之间的距离。

(3) 车高 H。是指车辆没有装载且处于可运行状态时，车辆支撑平面与车辆最高突出部位相抵靠的水平面之间的距离。

(4) 轴距 L_1。是指通过车辆同一侧相邻两车轮的中心点，并且垂直于车辆纵向对称平面的两垂线之间的距离。

(5) 轮距 B。同一轴上两端车轮中心平面之间的距离。

(6) 前悬 L_2。是指通过两前轮中心的垂面与抵靠在车辆最前端(包括前拖钩、车牌及任何固定车辆前部的刚性件)，并且垂直于车辆纵向对称平面的垂面之间的距离。

(7) 后悬 L_3。是指通过车辆最后车轮轴线的垂面与抵靠在车辆

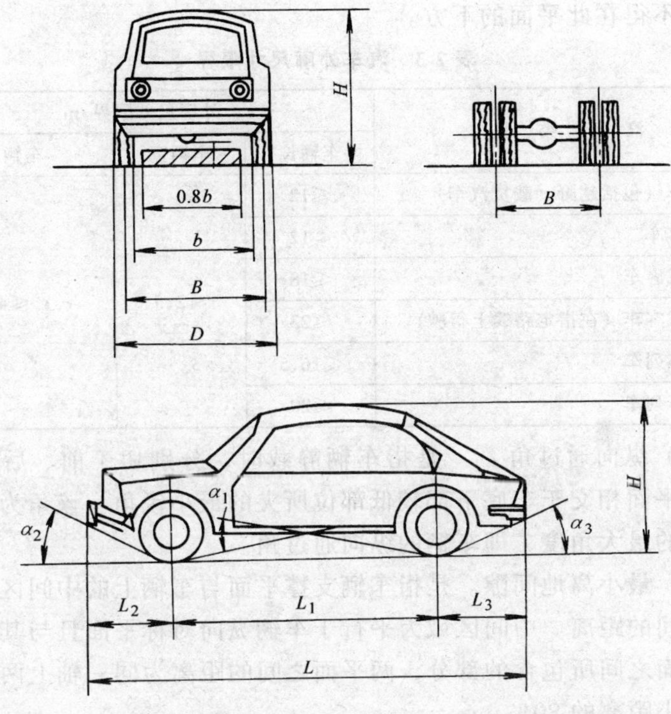

图 2-18 汽车外部尺寸及机动性、通过性参数

最后端（包括牵引装置、车牌及固定在车辆后部的任何刚性部件），垂直于车辆纵向对称平面的垂面之间的距离。

根据国家标准 GB1589—89《汽车外廓尺寸限界》的规定，各种车辆的外廓尺寸不得超出表 2-3 规定的范围。

2. 汽车的机动性和通过性参数

汽车的机动性和通过性参数如图 2-17 所示。图中的主要参数如下：

(1) 接近角 α_2。是指车辆静载时，水平面与切于前轮轮胎外缘的平面之间的最大夹角。前轴前面任何固定在车辆上的刚性部件不得在此平面的下方。

(2) 离去角 α_3。是指车辆静载时，水平面与切于后轮轮胎外缘的平面之间的最大夹角。位于最后车轴后方任何固定在车辆上的刚性部件均不得在此平面的下方。

表 2-3　汽车外廓尺寸限界

汽车类型	外廓尺寸限界/m		
	车辆长	车辆宽	车辆高
载货汽车（包括越野、载货汽车）	≤12	≤2.5	≤4
整体式客车	≤12		
单铰接式客车	≤18		
双铰接式客车（在指定路线上行驶）	≤23		
半挂汽车列车	≤16.5		
全挂汽车列车	≤20		

（3）纵向通过角 α_1。是指车辆静载时，分别切于前、后轮胎外缘的两平面相交于车底下部较低部位所夹的最小锐角。该角为车辆可以超越的最大角度，即车辆的纵向通过角。

（4）最小离地间隙。是指车辆支撑平面与车辆上的中间区域内最低点之间的距离。中间区域为平行于车辆纵向对称平面且与其等距离的两平面之间所包含的部分，两平面之间的距离为同一轴上两端车轮内缘最小距离的80%。

（5）转弯直径。是指当转向盘转到极限位置时，内、外转向轮的中心平面在车辆支承平面上的轨迹圆直径。

3. 汽车转向系统参数

汽车转向轮定位主要通过以下参数来表示：

（1）车轮前束。以汽车前轴两端车轮轮胎内侧轮廓线的水平直径端点作为等腰梯形的顶点，等腰梯形前、后底边的长度之差称为前轮前束。当梯形前底边小于后底边时，前束为正；反之，则为负。车轮的水平直径与汽车纵向对称平面的夹角为前束角。

（2）车轮外倾。经过车轮轴线，且垂直于车轮支承平面的平面内，车轮轴线与水平线之间所夹的锐角，称为车轮外倾角。

（3）主销内倾。在同时垂直于车轮支承平面和汽车纵向对称平面内，由真实（或假想）的转向主销在该平面上的投影与车轮支承平面的垂线所构成的锐角，称为主销内倾角。

（4）主销后倾。过车轮回转中心的铅垂线和真实（或假想）的转向主销轴线在汽车纵向对称平面的投影线所构成的锐角，称为主销后倾角。

（5）最大转角。转向车轮由直线行驶状态转到转向盘极限位置时，车轮中心平面与车辆纵向对称平面所构成的夹角。最大转角分右转最大转角和左转最大转角。

4. 质量参数

汽车主要有以下几个质量参数：

（1）整车干质量。装备有车身、全部电器设备和车辆正常行驶时所需要的辅助设备完整的质量（不包括燃料和冷却液质量）与选装装置质量（包括固定的或可拆装的铰接侧栏板、篷杆、防水篷布及系环、机械的或已加注油液的举升器等）的质量之和。

（2）整车整备质量。整车干质量、冷却液质量、燃料（不少于整个油箱容量的 90%）质量与随车件（包括备用车胎、灭火器、标准备件、随车工具等）质量之和。

（3）最大装载质量。最大货运质量与最大客运质量（包括驾驶员的质量）之和。

（4）厂定最大总质量。整车整备质量与最大装载质量之和。

（5）允许最大总质量。车辆管理部门根据使用条件而规定的最大总质量。

（6）厂定最大装载质量。厂定最大总质量与整车整备质量之差。

（7）允许最大装载质量。允许最大总质量与整车整备质量之差。

（8）厂定最大轴载质量。制造厂考虑到材料强度、轮胎承载能力等因素而核定出的轴载质量。

（9）允许最大轴载质量。车辆管理部门根据使用条件而规定的轴载质量。

二、汽车的基本性能指标

汽车的好坏总是通过具体的性能和性能指标加以评价的。通常所说的汽车基本性能是指动力性、燃料经济性、制动性、通过性、操纵稳定性、平顺性、汽车公害、可靠性及耐久性等。

1. 动力性

汽车的动力性是指汽车行驶的平均速度，也称为行驶性能。动力性能是汽车各项性能中最基本、最重要的一种性能。从获得尽可能高的平均速度的观点出发，汽车动力性主要可用以下三方面指标加以评定：

（1）汽车的最高车速。最高车速是指在良好的水平路面上汽车所能达到的最高行驶速度。当发动机的油门全开，连续换挡加速时，驱动力不久便会和行驶阻力相平衡而达到稳定的行驶车速，这个稳定车速就是最高车速。

（2）汽车的加速时间。汽车加速能力对平均行驶车速有很大的影响，常用原地起步加速时间与超车时间来表明汽车的加速性能。原地起步加速时间，是指汽车由低挡起步并以最大的加速度逐步换至高挡后，到达某一预定的距离或车速时所需的时间。这段时间一般用汽车原地起步加速通过 400m 距离所需的秒数来表示，或用从 0 加速到 80km/h 所用的时间来表示。超车时间系指用最高挡或次高挡从某一中间车速全力加速至某一高速时所需的时间。超车能力目前还没有统一的规定，采用较多的是用最高挡或次高挡由 30km/h 或 40km/h 全力加速至某一高速时所需的时间。也可用加速曲线，即时间与车速曲线、时间与距离曲线全面地反映汽车加速能力。

（3）汽车的爬坡能力。汽车爬坡能力用汽车满载时在良好路面上的最大爬坡度来表示。显然，最大爬坡度是指汽车最低挡的最大爬坡度。最大爬坡度是衡量汽车在山区道路上行驶动力性的主要指标。货车的最大爬坡度一般在 30%即 16.5°左右；越野车要求较高，一般在 60%即 30°左右或更高。轿车通常是在较好的平坦路面上行驶，所以不强调它的爬坡能力。

2. 燃料经济性

汽车燃料经济性，一般用单位里程的燃料消耗量或单位容积燃料的行驶里程来表示。我国规定燃料经济性指标用行驶 100km 所消耗燃料的升数来表示，单位为 L/100km。欧洲的一些国家也采用该指标作为评价汽车燃料经济性的标准。此数值越大，表明汽车的燃料经济性越差。美国采用的评价指标为每加仑燃料能行驶的英里数，单位为 mile/usgal。这个数值越大，汽车的燃料经济性越好。汽车燃料经济性主要可用以下四方面的指标加以判定：

（1）加速燃料消耗量。加速燃料消耗量是汽车按照一定的规程，加速通过一定距离所消耗的燃料数量。它反映了汽车加速行驶时的燃料经济性。

（2）等速燃料消耗量。等速燃料消耗量是汽车保持一定的车速，通过一定距离所消耗的燃料量。它反映了汽车匀速行驶时的燃料经济性。

（3）多工况燃料消耗量。多工况燃料消耗量是汽车按照加速、匀速、减速等规定的工况通过一定距离所消耗的燃料量。其中各种规定的工况都是根据具体的车型在道路上行驶时的实际情况加以概括总结而得到的。因此多工况燃料消耗量能够比较全面地反映汽车行驶的燃料经济性。

（4）平均使用燃料消耗量。平均使用燃料消耗量是把试验车辆投入实际使用，在使用中认真测量汽车行驶里程和燃料消耗量，最后计算出平均燃料消耗量。这是一种“不控制的道路试验”，试验结果能够较好地反映实际情况，但要真正做到准确测量是很困难的，同时还需很长的试验时间。

3．制动性能

制动性能是指汽车在行驶中能人为地强制降低行驶速度并根据需要停车的能力。汽车制动性能是汽车的主要性能之一，制动性能的优良与否直接关系到汽车行驶的安全性。汽车制动性能主要可用以下三方面的指标加以评定：

（1）制动效能。制动效能一般用制动减速度、制动距离和制动力来评价，它是制动性能最基本的评价指标。制动效能是指在良好的路面上，汽车以一定初速度开始制动到停车时的制动距离和制动减速度。汽车年审进行安全检测时，主要检测制动力。GB7258—1997《机动车运行安全技术条件》中规定：汽车总制动力必须大于或等于汽车整备质量的60％。

（2）制动抗热衰退性。制动抗热衰退性能指的是高速行驶或下长坡连续制动时，汽车能够保持制动性能的程度。

（3）制动时汽车的方向稳定性。制动时汽车的方向稳定性通常用汽车按给定轨迹行驶的能力来评价。制动时汽车发生跑偏、侧滑或失去转向能力，则汽车将偏离原来的轨迹。

4. 通过性

汽车的通过性亦称为越野性，是指汽车在满载情况下能以足够高的平均车速通过各种坏路、无路地带（如松软的土壤、沙漠、雪地、沼泽等）、坎坷不平地段和克服各种障碍（陡坡、侧坡、台阶、壕沟、灌木丛等）的能力。汽车通过性与其本身的几何参数（如最小离地间隙、接近角、离去角和纵向通过角）之间有密切的关系。

5. 操纵稳定性

所谓操纵稳定性是指汽车能否按照驾驶人员的意愿自如地加以控制。操纵性是驾驶员以最少的修正而能维持汽车按照给定路线行驶的能力，以及按照驾驶员的愿望操纵转向机构以改变汽车行驶方向的能力。稳定性是驾驶员固定转向盘给定汽车一个行驶方向时，汽车抵御企图改变其行驶方向的外力或外力矩的能力。我国国家标准规定进行操纵稳定性试验时，应测试如下项目：蛇行试验；转向瞬态响应试验；转向回正性能试验；转向轻便性试验；稳态回转试验。

6. 平顺性

平顺性主要是根据乘坐者的舒适程度来评价的，所以平顺性有时也叫做乘坐舒适性。广义的舒适性指车内宽广度、视野、座椅舒适性、车内安静程度和各部位的振动大小等。通常所说的舒适性仅指乘客对振动的适应程度。汽车行驶时，要求对路面有良好的隔振特性，汽车的这一性能称为行驶平顺性。

汽车行驶平顺性的评价方法，通常是根据人体对振动的生理感受和保持货物的完整程度来制定的，并用表征的物理量如频率、振幅、位移、加速度等作为评价指标。

7. 汽车公害

汽车公害一般是指汽车噪声、有害排放物和无线电干扰电波。有害排放物是指汽车排出的一氧化碳、碳氢化合物、氮氧化物和碳烟。

汽车噪声，是以其工作时噪声声压级的分贝数作为评价指标的。汽车排出的一氧化碳、碳氢化合物和氮氧化合物，通常以质量分数或重量比作为评价指标。柴油车排出的碳烟以波许烟度值作为评价指标。汽车无线电干扰电波用其特定频段的场强值作为评价指标。

8. 可靠性

汽车可靠性分为狭义可靠性和广义可靠性。狭义可靠性是指在规定的时间内和规定的条件下，完成规定功能的能力。广义可靠性是指整个寿命周期内和规定条件下，完成规定功能的能力。

汽车可靠性评价指标很多，常用的指标有平均首次故障里程(MTTFF)、平均故障间隔里程（MTBF)、当量故障率、千公里维修时间、千公里维修费用和有效度等。

9. 耐久性

耐久性是指汽车在规定的使用和维修条件下，达到某种技术或经济指标极限时，完成规定功能的能力。一般只有大批量生产的汽车才进行耐久性试验。

第六节　汽车的使用寿命

一、汽车的磨损形式及补偿方式

当单位或个人已购置了车辆之后，不论是否使用都可能产生磨损。一种情况是在汽车的使用过程中，在力的作用下，从其零部件到整个车辆受到摩擦、冲击、振动或疲劳所遭受的破坏；或是汽车在闲置状态下，受自然力作用而产生的锈蚀；或者是因缺乏必要的维护而遭到破坏，这些磨损通常称为汽车的有形磨损（物理磨损)。另一种情况是出现了技术性能更全面、功能更先进的新型汽车，使原有汽车显得陈旧，在功能上落后，经济上使用不合算而产生的贬值，通常称为汽车的无形磨损（精神磨损)。有形磨损使得汽车的运行费用、维修费用增加，服务效果降低；无形磨损引起汽车使用经济效益降低或造成汽车过早淘汰，最终使车辆所有者利益受损。实际上，有形磨损和无形磨损往往是同时存在的，这时称为综合磨损。

汽车的磨损形式不同，其补偿的形式也不尽相同：有形磨损中的可消除磨损可以用大修、更换和现代化改装方式补偿，有形磨损中的不可消除性磨损则只能用更换方式补偿；无形磨损中的使用价值降低可以用现代化改装和更换方式补偿。若无形磨损中汽车的使用价值并未降低，则可继续使用。综合磨损则可根据具体情况，选用大修、更换或现代化改装中的任一种方式补偿。

二、汽车的使用寿命

汽车从开始使用的时间到不能使用的时间的整个时期，称为汽车的使用寿命。

汽车使用寿命的实质，是指从技术和经济上分析，汽车的使用极限的到达。汽车的使用寿命可以用累计使用年数或累计行驶里程数表示。汽车在正常使用过程中，其性能将随着使用年限（或行驶里程）的增加而逐渐下降，使用到一定期限就应报废，这是一种自然规律。

如果无限制地延长汽车的使用寿命，将导致下列不良后果：由于车辆老旧，其动力性、经济性大幅度下降，造成燃、润料消耗增加，维修频繁，耗费大量的配件材料和工时，致使维修费用剧增。车辆平均技术速度下降，造成严重的空气污染及噪声公害；车辆完好率下降，导致运输效率下降，运输成本增高等。

研究汽车使用寿命的意义在于，保持在用车辆具有良好的使用性能，减少公害，节约能源，提高运力，充分提高车辆的社会效益和经济效益。进行汽车评估时，正确理解汽车使用寿命的概念，对于准确判断车辆的尚可使用寿命、合理估测车辆的成新率，从而尽可能准确地确定被评估车辆的价格，都具有重要意义。

1. 汽车使用寿命分类

汽车使用寿命可分为：技术使用寿命；经济使用寿命；合理使用寿命。

它们之间的关系为：

技术使用寿命大于合理使用寿命大于等于经济使用寿命。

(1) 汽车技术使用寿命。汽车技术使用寿命是指从汽车开始使用，直至其主要机件到达技术极限状态而不能再继续修理时的总工作时间或总行驶里程。

汽车技术使用寿命，主要取决于各总成的设计水平、制造质量和使用维修情况。汽车到达技术寿命时，车辆应予报废，其零部件也不能再作备件使用。汽车维修做得越好，汽车技术寿命越会延长，但随着汽车使用时间的延长，汽车维修费也将日益增加。

(2) 汽车合理使用寿命。汽车合理使用寿命是以汽车经济使用寿命为基础，计入国民经济的承受能力和整个社会的节约，所制定的符合国情的使用期限。就是说，汽车已经到达了经济寿命，但是否要更新，还要视国情而定。如更新汽车的来源、更新的资金等因素。为此，国家根据上述情况制定出汽车更新的技术政策。考虑到国民经济的可能性予以修正，规定车辆更新期限。

(3) 汽车经济使用寿命。汽车经济使用寿命是指汽车使用到相当里程，通过全面经济分析，汽车已到达不经济合理的寿命时刻。汽车经济使用寿命是汽车经济效益最佳时机，人们研究汽车的使用寿命应主要研究汽车的经济使用寿命。

国外对汽车经济使用寿命进行了大量的研究工作，据资料介绍，在一辆汽车的整个使用时期内，汽车的制造费用平均约占全部使用期内总费用的15%，而汽车的使用、维修费用则占总费用的85%。如果汽车在长期运用中，能保持其较低的使用维修费用，那么其经济使用寿命则长；反之，则缩短。

许多国家的汽车使用期限完全按经济规律确定，除考虑车辆本身的运行费用增长外，还考虑新车型性能的改进和价格下降等因素。表2-4所示，为部分国家载重汽车的平均经济使用寿命。

表 2-4　部分国家载重汽车平均经济使用寿命

国　别	美国	日本	德国	法国	英国	意大利
平均经济寿命/年	10.3	7.5	11.5	12.1	10.6	11.2

2. 汽车经济使用寿命的指标

汽车经济使用寿命的主要指标有：年限、行驶里程、使用年限和大修次数。

(1) 年限。是指汽车从开始投入运行到报废的年数，做为使用寿命的量标。这种方法除考虑了运行时间外，还考虑了车辆停驶期间的自然损耗问题。这种计量方法虽然比较简单，但是不能真实地反映汽车的使用强度和使用条件，造成同年限车辆之间技术状况差异很大。

(2) 行驶里程。是汽车从开始投入运行到报废期间总的累计行驶里程数，作为使用期限的量标。这种方法反映了汽车的真实使用强度，但不能反映出运行条件和停驶期间的自然损耗。

专业运输车辆，由于其运行条件差异较大，所以年平均行驶里程相差很大。这样，虽然使用年限大致相同，但累计行驶里程相差悬殊。汽车运输企业中，大多数以行驶里程作为考核车辆各项指标的基数。

(3) 使用年限。是把汽车总的行驶里程与平均行驶里程之比所得年限，做为使用年限的量标，即

$$T_{折} = \frac{L_{总}}{L_{年}}$$

式中 $T_{折}$——折算年限（年）；

$L_{总}$——总的累计行驶里程（km）；

$L_{年}$——年平均行驶里程（公里/年）。

年平均行驶里程是用统计方法确定的，与车辆的技术状态、完好率、平均技术速度和道路条件等因素有关。我国城市和市郊运输车辆年平均行驶里程一般为 4 万 km 左右，长途货车为 5 万 km 左右。营运汽车在使用过程中，由于车辆的技术状况、平均技术速度和道路条件等因素不同，年平均行驶里程的差异较大，但车辆的年平均使用强度基本相同。因此，按折算年限基本上可以在全国范围内取得统一指标。这对于社会专业运输和社会零散运输车辆也是适用的。但由于使用强度相差太大，年平均行驶里程也不相同，其使用年限也不相同，社会零散车辆的管理水平、使用水平、维修水平一般都比较低，所以这些车辆不能按运输车辆的指标要求，应相对于专业运输企业车辆的使用寿命做适当的修正。这种（使用年限）表示方法既反映了车辆的使用情况、强度，又包括了运行条件和某些停驶时间较长的车辆的自然损耗。

(4) 大修次数。汽车在使用过程中，当动力性和经济性下降到一定程度，已无法用正常的维护和小修方法使其恢复正常技术状况时，就要进行大修。

运输企业除用里程为量标外，也可用大修次数做为量标。汽车报废之前，截止在第几次大修最经济，需权衡买新车的费用加旧车未折完的损失和大修费用加经营费用的损失，来预测截止到某次大修最经济合算。

对全国来说，采用使用年限这个量标比采用行驶里程更为合理。因为我国地域辽阔，地理、气候、道路条件差异较大，管理水平有高有低。有些省、市，即使是相同的使用年限，车辆的总行驶里程也是有的长、有的短，车辆技术状况也不相同。为此，采用使用年限做为主要考核指标更为确切。从理论上讲，进行汽车评估时，也应采用使用年限做估测车辆成新率的量标。但在实际的汽车评估时，由于被评估车辆里程表的读数可信度不高，而且各省、市的各类车辆的平均行驶里程也难以取得，因此一般情况下，仍以汽车从开始投入运行到评估基准日之间的期限做为评估汽车成新率的主要量标。

3. 影响汽车经济使用寿命的因素

在确定汽车经济使用寿命时，应从提高经济效益的观点进行分析，找出影响汽车经济使用寿命的主要因素。正确理解和分析这些因素，对于汽车评估也具有一定的参考价值。

汽车的经济使用寿命主要受汽车的有形损耗和无形损耗两方面因素的影响。

无形损耗是指由于技术进步、生产发展，出现了性能更好、生产效率更高的新型车，或出现原车型价格下降等情况，促使在用车辆提前更新。实际上是旧车型对新车型的贬值。

有形损耗是指车辆在使用过程中本身的消耗。

有形损耗主要与运输成本有关。

汽车运输成本一般包括：

$$C = C_1 + C_2 + C_3 + C_4 + C_5 + C_6 + C_7 + C_8 + C_9$$

式中 C_1——燃料费用；

C_2——维护、小修费用；

C_3——大修费用；

C_4——基本折旧费用；

C_5——轮胎费用；

C_6——驾驶员工资费用；

C_7——管理费用；

C_8——养路费用；

C_9——其他费用。

其中，$C_5 \sim C_9$ 是与汽车经济使用寿命无关的因素。当使用寿命确定后，C_4 基本是一个定值。只有 C_1、C_2、C_3 是随行驶里程（或使用年限）的增长、车况的下降而增加。因此，应对与汽车经济寿命有关的因素 C_1、C_2、C_3 予以进一步分析。

(1) 燃料费用。汽车随着行驶里程的延长、技术状况逐渐变坏，其主要性能也不断地下降，燃料消耗也不断地增加。根据行车试验燃料费用与行驶里程的变化曲线如图 2-19 所示。

从曲线可以看出：5~6 万 km 处是拐点，拐点后的变化趋势为燃料费用随行驶里程的增加而增加。

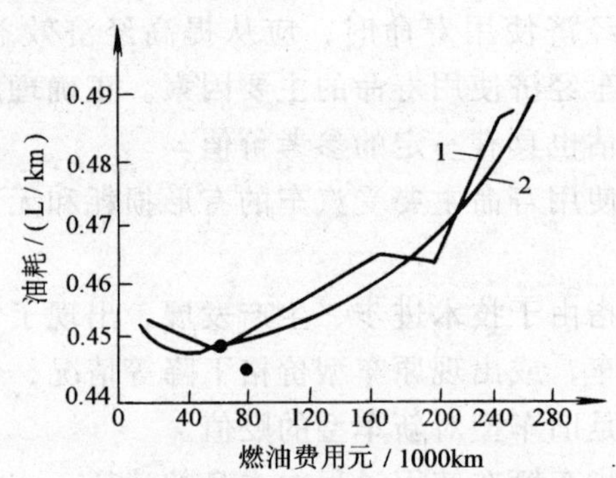

图 2-19　燃料费用与行驶里程的关系曲线

1—实际使用数值曲线　2—理论曲线

(2) 维修费用。维修费用是指汽车在使用过程中，各级维护费用及日常小修费用的总和。它主要由维修过程中实际消耗配件费、工时费和消耗的材料费用来确定。车辆行驶里程增加，各级维护作业中的附加小修项目和日常小修作业项目的费用也随之增加。其变化关系基本上是线性关系，如图 2-20 所示。

即
$$C_2 = a + bL$$

式中　a——维修费用的初始值；

b——由试验的统计资料来确定；

L——累计行驶里程。

公式中的 b 值是维修费用随行驶里程增加的增长程度，不同车

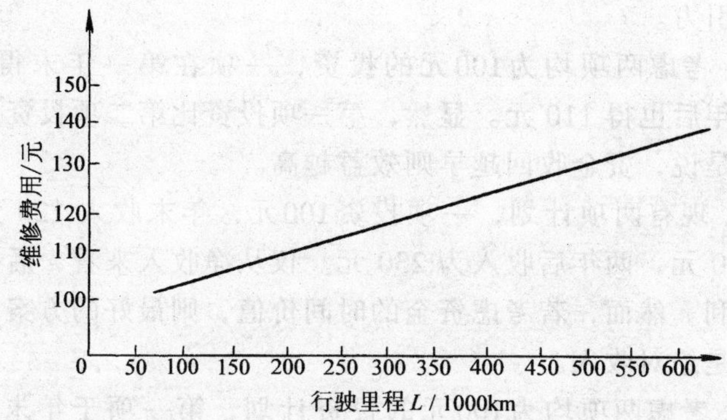

图 2-20 汽车行驶里程与维修费用的关系

型和不同的使用条件 b 值不相同。常把维修费用的增长程度 b 做为确定汽车经济使用寿命的主要依据之一。

(3) 大修费用。汽车在使用过程中，当动力性和经济性下降到一定程度，已无法用正常的维护和小修方法，使其恢复正常技术状况时，就必须进行大修。随行驶里程（或年限）的增长，大修费用将逐渐增加，且大修间隔里程将逐渐缩短。

在计算大修费用时，要把某次的大修费用均摊在此次大修至下次大修的间隔里程段内。即相当于对大修后间隔里程段的投资。

第七节 资金的时间价值及车辆的经济评价

一、资金的时间价值

1. 资金时间价值的重要性

在对一项长期投资计划进行效益评价时，把不同时期的现金收入和支出简单地相加，来计算总收益和总成本，这是不符合实际情况的。只有当投资时间很短时，才可以不考虑资金的时间价值，这时才不致于造成很大的误差。但是，当投资计划的时间比较长时，资金的时间作用及大小就要对投资的效益产生巨大的影响。下面试举几例，说明资金的时间价值的重要性。

例 1：设一项投资为100元，年末成为 120 元。另外一项投资也是 100 元，年末成为 110 元。按照总利润最大的原则选择，前者比后者更有吸引力。

例 2：考虑两项均为100元的投资，一项在第一年末得 110 元，另一项两年后也得 110 元。显然，第一项投资比第二项投资更有吸引力。也就是说，资金收回越早则效益越高。

例 3：现有两项计划，一项投资100元，年末收入 120 元。另一项投资 200 元，两年后收入为 230 元。仅从净收入来看，后一项比前一项更有利。然而，若考虑资金的时间价值，则最好的方案取决于利率，而不是绝对收入。

例 4：考虑两项均为100元的投资计划，第一项于年末可得 120 元，而另一项于第二年末可得 130 元。我们不能只凭两个计划的净收入的差别就认定后一项比前一项好。因为利率、投资的时间及收益的大小都将影响其效益。

从以上例子可以看出，由于资金具有时间价值，所以现在的一笔资金比未来的一笔等额资金更富有价值。为了使发生在不同时点的资金具有可比性，必须把不同时间发生的现金流量换算成某一相同时刻发生的资金量，然后才可以进行加减运算。

2. 几个技术术语的定义

(1) 收益。收益是指净现金流量，即现金流入量减去现金流出量。它尚未扣除投资的资本成本。表现收益大小的方式有两种：

1) 收益的数额——金额。如一辆从事营运的汽车，一年内净收入 5 万元，5 万元就是这辆汽车的收益数额。

2) 收益率。收益率是收益数额对投资数额的比率。它表明每元投资所得的收益。收益多少和投资大小有关。为了比较各项投资收益的大小，用收益率作标准。

$$收益率=\frac{收益}{资本}$$

(2) 现值。现值通常以字母 P 表示。它是指发生在（或折算为）某一特定时间序列起点的现金流量。

(3) 终值。终值也称未来值或将来值，通常以字母 F 表示。它是指发生在（或折算为）某一特定时间序列终点的现金流量。

(4) 等额序列值。等额序列值通常以字母 A 表示。它是指发生在（或折算为）某一特定时间序列各时间期末（不包括零期）并且金额大小相等的现金流量序列，也常称年金。

（5）不等额序列值。不等额序列值通常以字母 At 表示。它是指发生在某一特定时间序列各时间期末，并且金额大小不一定相等的现金流量序列。若现金流量从第二期起逐期等差递增（或减），则称为等差序列值。若现金流量从第二期起按某一固定比例递增（或减），则称为等比序列值（或几何序列值）。

（6）折现率。折现率通常用字母 i 表示。在经济分析中如果不作其他说明，一般指年利率或收益率。

（7）时间。这里的时间是指在等值计算中计算时间价值的期数，通常以年来计。

3．资金时间价值的计算公式

（1）现值与终值的变换公式

1）已知现值 P、折现率 i、时间 n，求终值 F，即有 n 期末的终值 F 与现值 P 的关系为：

$$F = P(1+i)^n$$

简记为

$$F = P\ (F/P,\ i,\ n)$$

式中 $(1+i)^n$ 称终值系数，记为 $(F/P,\ i,\ n)$，其值可查表求得。这种系数符号内，括号中斜线上的符合表示所求的未知数，斜线下的符号表示已知数。系数符号 $(F/P,\ i,\ n)$，表示已知 P、i、n，求 F。

2）已知终值 F、折现率 i、时间 n，求现值 P，即有现值 P 与 n 期末的终值 F 的关系为：

$$P = F \cdot \frac{1}{(1+i)^n}$$

简记为

$$P = F\ (P/F,\ i,\ n)$$

$1/(1+i)^n$ 称为一次支付现值系数，简称贴现系数。系数符号 $(P/F,\ i,\ n)$，表示已知 F、i、n，求 P。

现值 P 与终值 F 的关系如图 2-21 所示。

（2）年金与终值的变换公式

1）已知每年有一个现金流量 A（年金）、折现率为 i，求在 n 年

内积累的资金总量 F，即年金 A 与终值 F 的关系为

$$F = A \cdot \left[\frac{(1+i)^n - 1}{i}\right]$$

简记为 $F = A \cdot (F/A,\ i,\ n)$

$[(1+i)^n - 1]/i$ 称为等额序列终值系数。系数符号 $(F/A,\ i,\ n)$，表示已知 A、i、n，求 F。

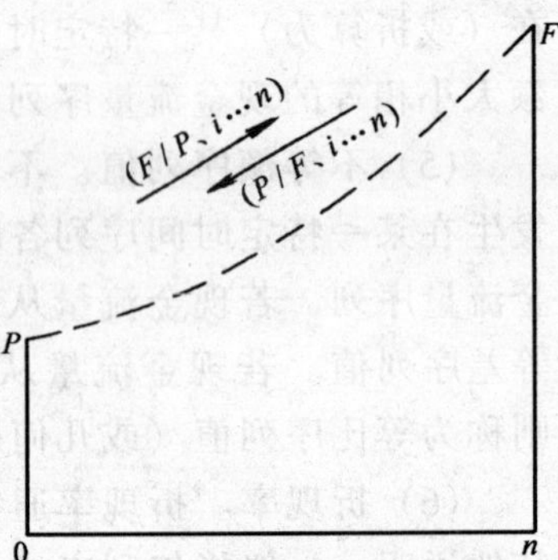

图 2-21　现值与终值的变换

2）为了在 n 年内积累资金 F、收益率为 i，求每年的积累资金 A。即已知终值 F、折现率 i、时间 n，求年金 A，则有

$$A = F \cdot \left[\frac{i}{(1+i)^n - 1}\right]$$

简记为 $A = F \cdot (A/F,\ i,\ n)$

$i/[(1+i)^n - 1]$ 称为等额序列偿债基金系数。系数符号 $(A/F,\ i,\ n)$，表示已知 F、i、n，求 A。

年金 A 与终值 F 的关系如图 2-22 所示。

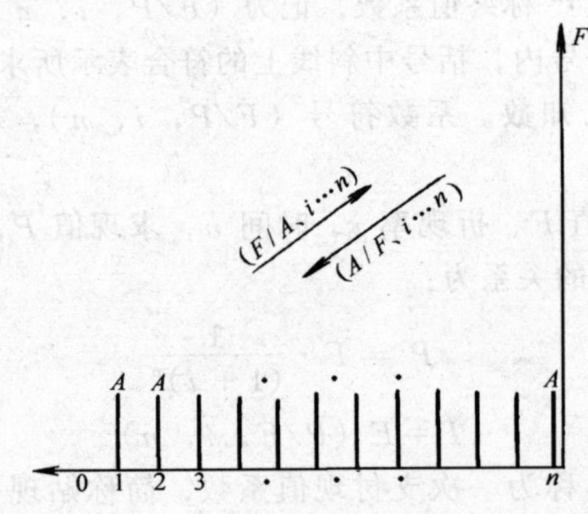

图 2-22　年金与终值的变换

（3）年金与现值的变换公式

1）现在投资金额为 P、收益率为 i，要求在 n 年内全部收回投资，求每年应收回的资金 A。即已知现值 P、折现率 i、时间 n，求

年金 A，则有

$$A = P\left[\frac{i(1+i)^n}{(1+i)^n - 1}\right]$$

简记为 $A = P\ (A/P,\ i,\ n)$

式中 $i\ (1+i)^n/[\ (1+i)^n-1]$ 称为等额序列现值系数。系数符号（A/P，i，n），表示已知 P、i、n，求 A。

2）已知收益率为 i，为在 n 年内每年回收 A 元，求现在的投资 P。即已知年金 A、折现率 i、时间 n，求现值 P，则有：

$$P = A \cdot \left[\frac{(1+i)^n - 1}{i(1+i)^n}\right]$$

简记为 $P = A\ (P/A,\ i,\ n)$

$[\ (1+i)^n-1]\ /i\ (1+i)^n$ 称为等额序列的现值系数。系数符号（P/A，i，n），表示已知 A、i、n，求 P。

年金 A 与现值 P 的关系如图 2-23 所示。

现将各公式及系数列于表 2-5。各系数值在具体计算时可通过查表取得。

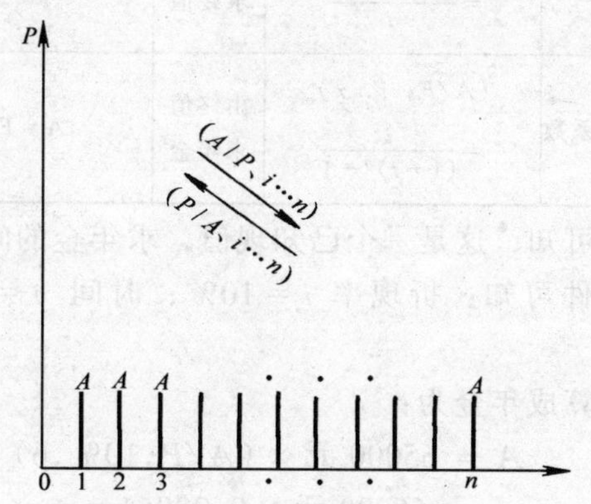

图 2-23 年金与现值的变换

4. 计算举例

例 1：某单位欲购置一辆汽车从事营运业务。该车辆的剩余使用寿命为 6 年，购置全价为 65000 元。据预测，该车辆在使用过程中，每年的总费用支出为 30000 元，每年总收入为 50000 元。假定折现率 10%，试在将车辆的购置全价折算为剩余使用期限内的年金的前提下，估算该车每年的净年金收入。

表 2-5　资金的时间价值及主要系数

系数名称	符　号	用　途	公　式
终值系数	$(F/P, i, n) = (1+i)^n$	由现值求终值	$F=P(F/P, i, n)$
一次支付现值系数（贴现系数）	$(P/F, i, n) = \frac{1}{(1+i)^n}$	由终值求现值	$P=F(P/F, i, n)$
等额序列现值系数	$(P/A, i, n) = \frac{(1+i)^n-1}{i(1+i)^n}$	由年金求现值	$P=A(P/A, i, n)$
资金回收系数	$(A/P, i, n) = \frac{i(1+i)^n}{(1+i)^n-1}$	由现值求年金	$A=P(A/P, i, n)$
等额序列终值系数	$(F/A, i, n) = \frac{(1+i)^n-1}{i}$	由年金求终值	$F=A(F/A, i, n)$
等额序列偿债基金系数	$(A/F, i, n) = \frac{i}{(1+i)^n-1}$	由终值求年金	$A=F(A/F, i, n)$

根据分析可知，这是一个已知现值，求年金的问题。

据已知条件可知：折现率 $i=10\%$；时间 $n=6$ 年；现值 $P=65000$ 元

由现值折算成年金为：

$$A = 65000\text{元}\times(A/P, 10\%, 6)$$
$$= 65000\text{元}\times 0.22961$$
$$\approx 14925\text{元}$$

上式中（A/P，10%，6）的值可通过查表取得，为 0.22961。

由于车辆的年收入为 50000 元，年费用支出为 30000 元，故该车的净年金收入为

$$50000\text{元}-30000\text{元}-14925\text{元}=5075\text{元}$$

例 2：某单位欲购置一辆汽车从事营运业务。该车辆的剩余使用年限为 6 年，购置全价为 65000 元。据预测，该车辆在使用过程中年耗油费用为 15000 元左右、年维护费用为 1000 元左右、其他管理费用为 14000 元左右。假定折现率为 10%，试估算该车辆的现值成本。

根据分析可知，这是一个已知年金，求现值的问题。

据已知条件可知：折现率 $i=10\%$；时间 $n=6$ 年。

车辆每年所需费用合计为

$$15000\text{ 元}+1000\text{ 元}+14000\text{ 元}=30000\text{ 元}$$

即年金 $A=30000$ 元。

由年金折算成现值为

$$\begin{aligned} P &= 30000\text{ 元}\times(P/A,10\%,6) \\ &= 30000\text{ 元}\times 4.3526 \\ &= 130578\text{ 元} \end{aligned}$$

由于购置车辆时，一次性投资的资金为 65000 元，故车辆的现值成本为

$$65000\text{ 元}+130578\text{ 元}=195578\text{ 元}$$

二、车辆的经济评价

1. 车辆经济评价的主要内容

车辆经济评价是评价车辆选型方案的重点内容之一。进行车辆经济评价需要测算车辆的寿命周期费用。车辆寿命周期费用可分为两部分：

(1) 投资费（又称原始费、购置费）。是指一次性支出或集中在短时间内支出的费用。企业自制的车辆包括研究、设计、制造等费用；而外购的车辆则是指车辆的价格、运输费、安装调试费等费用支出。

(2) 使用费（又称维持费）。指的是在整个车辆寿命周期内，为了保证车辆正常运行而定期支付的费用，主要包括燃料能源消耗费、维修费、保险费、车船占用费、直接作业人员的工资等。

2. 车辆经济评价的方法

(1) 投资回收期法，是通过分析计算不同车辆的投资回收期来综合考虑车辆的选型。投资回收期 T 的计算公式为

$$T = \frac{K - r}{R - d}$$

式中 K——车辆投资总额；

r——车辆残值；

R——车辆年净收益；

d——车辆年折旧额。

在其他条件相同的情况下，可选择投资回收期最短的车辆为最佳车辆的选型方案。

(2) 车辆年平均费用法，是根据各个不同的车辆提出备选方案，计算出年平均费用。以最小年平均费用的选购方案，作为优选车辆设备的购置方案。它适用于各个车辆在每年的维修费不同，使用费用不同时，进行的经济评价。车辆年平均寿命费用 C_y 的计算公式如下

$$C_y = \frac{I + \sum_{i=1}^{T_e} C_i}{T_e}$$

式中 I——车辆购置费用（基本投资）；

T_e——车辆的经济使用寿命（年限）；

C_i——车辆在第 i 年的使用费用总额。

(3) 所谓综合效率是指计算车辆寿命周期输出和输入的综合经济效益，根据综合经济效益最大的原则，选择和评价车辆。车辆综合效率 $\beta_{\max}$的计算公式如下

$$\beta_{\max} = \frac{P_{out}}{P_{in}}$$

式中 P_{out}——车辆寿命周期输出；

P_{in}——车辆寿命周期输入。

车辆寿命周期输出，是指保证产量、质量、价格、交货期、安全、环保等条件下所创造的总收入（益）。车辆寿命周期输入是指车辆本身的价值、运输费、安装费和维持费，其中的维持费包括驾驶员或操作者的工资、能源消耗费、维修费、保险费、固定资产税以及车辆损坏停产的损失费等内容。

(4) 用费用换算法进行车辆经济评价时，若涉及的投资或使用费

用金额很大，还应考虑所支付资金的时间价值。费用换算法是在其他条件相同的情况下，结合考虑资金的时间价值，计算车辆的投资费用和使用后的维持费用，并选择总费用最小的车辆为最好的备选车辆。具体方法有年费用法和现值法两种。

1）年费用法。该方法是在考虑资金时间价值的前提下，将车辆购置费用换算成相当于投入使用后每年的支出。然后加上每年的维持费，计算出车辆每年总费用的换算方法。其每年总费用 C_{yt} 计算公式如下

$$C_{yt} = K \frac{i \cdot (1+i)^n}{(1+i)^n - 1} + C_a$$

式中　K——车辆一次投资费用；

C_a——车辆每年维持费；

i——折现率；

n——车辆寿命周期（年）。

其中$\frac{i \cdot (1+i)^n}{(1+i)^n - 1}$为资金回收系数，也可以用符号（$A/P$，$i$，$n$）表示。其数值可按车辆寿命周期 n、折现率 i，直接查表取得。

2）现值法。该方法也是在考虑资金的时间价值的前提下，将车辆使用过程中每年支出的使用费用换算成现值，再加上车辆的购置费，求得车辆寿命周期总费用的现值的换算方法。其计算公式如下

$$C_t = K + C_a \frac{(1+i)^n - 1}{i(1+i)^n}$$

式中　K——车辆一次投资费用；

C_a——车辆每年维持费；

i——折现率；

n——车辆寿命周期（年）。

其中$\frac{(1+i)^n - 1}{i\ (1+i)^n}$为等额序列现值系数，也可以用符号（$P/A$，$i$，$n$）表示。其数值可按车辆寿命周期 n、折现率 i，直接查表取得。

第三章　汽车技术状况的直观检查

汽车技术状况的鉴定，是汽车评估的基础与关键。尽管汽车检测仪器、设备的发展很快，但目前的各种检测仪器、设备都还存在一定的局限性。进行汽车评估时，对于汽车的外部技术状况及工作状态的定性判断，仍主要依靠直观检查法，即依靠专业技术人员的技能和经验，辅之以简单的量器具，对汽车的技术状况进行直观检查。

第一节　汽车技术状况的静态直观检查

一、汽车合法性的核查与确认

为防止非法走私及拼、组装车辆混入汽车交易市场，在进行汽车技术状况鉴定的同时，还应核查汽车的各种证件及税、规费发票的合法性。同时还应对汽车上相关各部分进行核查与确认。

1. 汽车号牌的核查与确认

汽车号牌是由公安车辆管理机关依法对机动车辆进行注册登记核发的号牌。它和机动车行驶证一同核发，其号牌字码与行驶证字码应该一致。各类汽车号牌的规格、颜色、适用范围见表 3-1。核查汽车号牌时，不仅应注意号牌上的字码是否与行驶证上的字码是否一致，而且还应注意号牌上的字迹是否清楚，颜色、规格是否符合要求，以确认汽车号牌是否可靠。

表 3-1　汽车号牌的规格、颜色及适用范围

分类	外廓尺寸/mm	颜色	适用范围
大型汽车	前：440×140 后：440×220	黄底黑字黑框线	总质量 4.5t（含），乘座人数 20 人（含）和车长 6m（含）以上的汽车、无轨电车及有轨电车
小型汽车	440×140	蓝底白字白框线	除大型汽车以外的各种汽车

2. 车辆识别代号（VIN）编码及车型铭牌等的核查与确认

核查车辆识别代号（VIN）编码及车型铭牌所表示的内容与车辆实物是否一致；核查机动车行驶证上的发动机号、车架号码与车辆实物是否一致。如发现不一致或发动机、车架上的号码有改动、凿痕、锉痕、重新打刻、垫支金属块等人为改变或毁坏的，应及时向公安机关报告，扣车审查。

3. 汽车主要总成及部件的核查与确认

观察车身外表面是否平滑、流畅，有无加工痕迹，是否重新喷过油漆；观察车辆内部装饰材料是否平整，有无再装配时所留下的压痕或手印；观察电气线路及各种油、真空、气压等管路布置是否有条理，车辆各部分总成、部件等有无不匹配的现象等。通过上述检查，进一步确认车辆是否存在非法拼装、组装情况。

二、发动机技术状况的静态直观检查

1. 发动机外部状况的检查

观察发动机的外观是否整洁。如果发动机上堆满灰尘，说明该车的日常维护不够；发动机表面特别干净，也可能是车主在此前对发动机进行了特别的清洗，不能由此断定车辆状况一定很好。观察发动机前部的传动带的磨损情况，有无裂纹、油迹，松紧度是否合适；发动机上的各连接件、紧固件及油门拉线、喷油泵供油拉杆等是否有松动、脱落或卡滞等现象。检查发动机的水箱、水泵、气缸体、气缸盖及冷却系统的其他连接部位，各处均不得有漏水现象。用手将水箱进、出水口处的连接软管捏一下，以观察是否有裂痕。检查水箱盖关闭后是否紧密，胶垫是否松脱。观察发动机燃油系统、润滑系统的油路及各连接部位，各处均不得有漏油现象。观察蓄电池壳体上部有无溢出的电解液或白色粉末，蓄电池壳体有无裂纹，加液孔盖的通气孔是否堵塞，两极桩上的电缆连接是否可靠。观察起动机、发电机等处的电气线路连接是否可靠，分电盖上有无裂纹，各缸分火线有无破损，连接是否可靠等。

2. 发动机冷却液及润滑油的检查

打开水箱盖，对冷却液进行检查。如果冷却液中掺有锈水，则应注意检查冷却系统是否有渗漏部位。检查发动机润滑油量。拿出油尺，检查润滑油液面高度。如润滑油液面过高，且油液混浊，很可能是气缸垫破裂，水箱内的冷却液进入油底壳与润滑油结合形成乳浊液；润滑油液面过低，则可能是缸套与活塞环之间密封不严，发动机运转过程中润滑油窜入燃烧室。用手试机油的黏性，观察有无沙砾，以确定是否需要更换。

三、汽车底盘技术状况的静态直观检查

1. 传动系的检查

检查离合器踏板的自由行程是否符合整车技术条件的有关规定；离合器摩擦片是否装反、油污或被烧焦、铆钉是否松动；个别压力弹簧是否疲劳折断；膜片弹簧是否疲劳开裂；分离拨叉支点是否磨损；分离轴承是否磨损等。对于采用液压操纵机构的离合器，还应注意液压系统是否存在泄漏。

检查变速器盖周边、壳体侧盖周边、加油螺塞处、放油口螺塞处、轴承盖处及车速表软轴安装位置有无明显漏油痕迹；换挡控制机构是否调整不良、连接处是否磨损等。

检查传动轴、中间轴及万向节等处有无裂纹和松动；传动轴是否弯曲、传动轴轴管是否凹陷；万向节轴承是否因磨损而松旷，万向节凸缘盘连接螺栓是否松动等。

检查驱动桥桥壳是否有铸造缺陷或裂纹；驱动桥加油口螺塞、放油口螺塞及油封、各接合面等处是否可见明显的漏油痕迹，通气孔是否堵塞等。

检查飞轮、离合器、变速器、传动轴及驱动桥等处的固定螺栓是否松动。

2. 转向系的检查

检查转向盘与转向轴的连接部位是否松旷；转向器垂臂轴与垂臂连接部位是否松旷；纵、横拉杆球头连接部位是否松旷；纵、横拉杆臂与转向节的连接部位是否松旷；转向节与主销之间是否松旷。检查转向节与主销之间是否配合过紧或缺润滑油；纵、横拉杆球头连接部位是否调整过紧或缺润滑油；转向器是否无润滑油或缺润滑油。检查转向轴是否弯曲，其套管是否凹瘪。对于动力转向系统，还应检查动力转向泵驱动带是否松动；转向油泵安装螺栓是否松动；动力转向系

统油管及管接头处是否存在损伤或松动等。

3. 行驶系的检查

检查车辆的车架是否有弯、扭、裂、断、锈蚀等损伤；车架上的螺栓、铆钉是否齐全、紧固。

检查车辆前、后桥是否有变形、裂纹等。

检查车辆钢板弹簧是否有裂纹、断片和碎片现象；两侧钢板弹簧的厚度、长度、片数、弧度、新旧程度是否相同；钢板弹簧U形螺栓和中心螺栓是否松动；钢板弹簧销与衬套的配合是否松旷。检查减振器是否漏油；减振弹簧是否有裂纹。

检查车桥和悬架之间的各种拉杆和导杆是否变形；各接头和衬套是否松旷和移位。

检查车轮轮毂轴承是否松旷；轮胎螺母和半轴螺母是否齐全、紧固。检查同一轴上的轮胎型号和花纹是否相同；轮胎型号是否符合规定要求。检查轮胎的磨损情况。轿车轮胎胎冠上的花纹深度不得小于1.6mm；其他车辆转向轮的胎冠花纹深度不得小于3.2mm，其余轮胎胎冠花纹深度不得小于1.6mm。检查车轮的横向和径向摆动量。检查时顶起前桥，将百分表的触点与轮胎胎冠外侧接触，用手前、后摆动轮胎，测量其横向摆动量。将百分表移至轮胎上方，使百分表触点与轮胎胎冠中部接触，用撬杠往上撬动轮胎，测量其径向摆动量。总质量小于或等于4.5t的汽车车轮的横向和径向摆动量不得大于5mm，其他车辆不得大于8mm。

4. 制动系的检查

检查制动踏板的自由行程是否符合有关技术条件的规定。检查液压制动系统的总泵、分泵、管路或管路接头处是否漏油；油管是否凹瘪。检查制动液是否变质。检查真空助力装置的真空管有无损伤。检查气压制动系的储气筒气压是否达到规定气压；气压制动管路是否凹瘪。检查驻车制动系统的缆线有无卡滞、锈蚀等。

四、车身及电气系统的静态直观检查

1. 车身的外部检查

检查车身是否发生碰撞损伤。站在车辆前部观察各接缝，如出现不直、缝隙大小不一、线条弯曲、装饰条有脱落或新旧不一，说明车身曾经修理过。检查发动机罩、车门等开闭的灵活性和锁止机构功能。检查车身金属的锈蚀程度，主要应检查的部位有车窗、水槽底板、各接缝处等。如锈蚀严重，说明该车较旧。检查车身油漆的脱落情况。查看排气管、镶条、车窗等处是否有多余的油漆。如果有，说明该车做过喷漆处理。用手敲击车身，如敲击发脆，说明此处在喷漆之前没有补过腻子；如敲击发闷，则说明在喷漆之前此处补过腻子。也可用磁铁沿车身表面移动，如遇到磁力突然减少的位置，即说明此处局部补过腻子。车身表面补腻子处，往往有凹坑、焊缝或擦伤等缺陷，腻子过厚处，较易出现“卷皮”现象。

2. 车厢内部的检查

检查车厢内部装饰物的新旧程度。观察车厢内的座椅是否破旧下凹，其调整机构是否正常，座椅安全带是否正常、可靠。检查车厢内的地毯或胶板是否破旧。揭开地毯或胶板，查看车厢底板是否潮湿、锈蚀。检查车厢内的仪表板是否为原装的。仪表板及各种开关上的标志是否清晰。检查刮水器、洗涤器、音响装置、玻璃升降器、电动后视镜及转向柱倾斜、升降机构等工作是否正常。

3. 电路线束及照明、信号、仪表装置的检查

检查汽车电路线束有无烧焦或破损。检查电路线束的连接和固定是否可靠；各线束插接器是否脏污、氧化，接触是否可靠。检查电路线束是否碰到过热、转动部件或有无被发动机排出的废气吹到的可能。检查线束是否有足够的伸缩余地；穿过金属板孔时，是否有护套保护。检查照明、信号、仪表装置是否齐全，型号、规格是否符合要求。依次接通上述各装置的控制开关，检查上述装置能否正常工作。

第二节　汽车技术状况的动态直观检查

一、发动机技术状况的动态直观检查

发动机是汽车的心脏、动力的来源。汽车的动力性、经济性和可靠性等性能指标都直接与发动机有关。由于发动机结构复杂、工作条件极差，因而故障率最高，往往成为汽车技术状况检查的重点对象。根据 GB 7258—1997《机动车运行安全技术条件》的相关规定，在进行发动机技术状况的动态直观检查时，主要应注意以下一些内容。

1. 发动机的动力性能

汽车行驶时动力不足、加速不灵、转速不能提高到应有的范围，爬坡时功率不足。不管上述哪种故障现象出现，均说明汽车功率不足。产生上述现象的主要原因是发动机功率下降，但离合器打滑、制动拖滞等传动、制动系统的故障，往往也是造成汽车功率不足的原因。因此，在确定发动机动力性能是否下降之前，应对离合器、制动器等的技术状况进行检查。

在公路上运行的车辆，随着使用时间和运行里程的增长，发动机零部件的磨损以及点火系、供油系、冷却系、润滑系工作不良，都会引起发动机功率下降。因此，发动机功率可以表明发动机技术状况的好坏。正常使用情况下，发动机功率下降，一般说明其零部件磨损，特别是气缸活塞组零件的磨损，因间隙增大，漏气量增加，致使发动机功率下降。气门与气门座磨损烧毁、密封性变差或配气相位改变，也会影响发动机的功率。此外，点火系和供油系失调以及冷却系、润滑系不正常等因素，都将导致发动机动力性能下降，甚至发生技术故障。

2. 发动机怠速运转情况

怠速工况下，发动机应在规定的转速范围内稳定地运转。如果怠速转速过高或运转不稳定，说明发动机怠速不良。对于汽油发动机，怠速不良的原因主要有点火正时、气门间隙、配气正时或怠速调整不当；真空漏气；曲轴箱通风单向阀不密封或卡阻，怠速时不能关闭；废气再循环装置或燃油蒸发排放装置（如果安装）的误动作；点火系统或供油系统工作不良；气缸压缩压力过低或各缸压缩压力不一致等。

对于柴油发动机，怠速不良的原因主要有供油正时、气门间隙、配气正时或怠速调整不当；燃油中有水、气或粘度不符合要求；各缸柱塞、出油阀偶件及喷油器工况不一致，或是调速器锈蚀、松旷、弹簧疲劳、供油拉杆对应的拨叉或齿扇松动等，导致各缸喷油量或喷油压力不一致；气缸压缩压力过低或各缸压缩压力不一致等。

3. 润滑油压力

润滑油压力正常是保证发动机正常润滑的重要条件。发动机运转过程中，驾驶员可通过机油压力表观察润滑油压力的变化。一般地说，在发动机怠速运转时，润滑油压力应不低于98kPa（lkgf/cm^2）；中速运转时，润滑油压力应在196～392kPa（2～4kgf/cm^2）范围内。

润滑系工作正常，而润滑油压力不足，是由于曲轴主轴承或连杆轴承磨损的缘故。曲轴主轴承间隙每增加0.01mm，润滑油压力大约降低9.8kPa（0.1kgf/cm^2）。因此，可以根据润滑油压力判断发动机各轴承的磨损情况。但润滑油压力的变化，只能表明发动机曲轴轴承总的技术状况，而不能分别诊断出某一道轴承的磨损情况。

4. 发动机运转时的排气烟色

发动机技术状况良好、气缸内可燃混合气燃烧正常时，排气管排出的废气一般呈淡灰色。若发动机气缸密封性不良或空滤器堵塞，汽油发动机点火不正时或混合气过浓；柴油发动机供油不正时或喷油量过多、喷雾质量差时，均会导致气缸内混合气燃烧不完全，使一部分未燃完的燃油形成游离碳，悬浮在燃气中，随废气一起排出，形成黑烟。

当润滑油油面过高或粘度过稀、活塞环或缸套磨损过多、活塞环弹力过小或装反、进气门与其导管松旷等，均可能导致气缸窜润滑油，使排气呈蓝色。润滑油油面高时，仅会造成发动机一度排蓝烟，油面降低后，蓝烟即会消失。进气门与其导管松旷所导致的排蓝烟，现象较为轻微。由于活塞环、气缸磨损等造成气缸上润滑油，是排蓝烟的主要原因。因此，发动机排蓝烟的现象，可用来评价气缸活塞组的密封性。

当燃油中有水、发动机缸套裂纹或缸垫破损，使冷却液进入气缸时，水蒸气随废气排出，呈白色。气缸工作温度太低时，气缸内的少量燃油经过雾化，蒸发，却未能着火燃烧，蒸发的燃油随废气排出，也会形成白色的烟雾。

5. 发动机运转时的声响

技术状况良好的发动机，运转过程中仅能听到均匀的排气声和轻微的噪声，这是正常的声响。如果在发动机运转过程中，伴随有其他声响（如间歇发出金属敲击声、连续的发出金属敲击声或摩擦声等），即表明发动机运转异常。所伴随的声响，即为异响。异响标志发动机某一机构的技术状况已发生变化，其中某些异响尚可预示发动机可能即将发生事故性损伤。所以，对发动机异响的诊断是对汽车技术状况动态直观检查的一个十分重要的内容。

发动机常见的异响，主要有曲轴主轴承响、连杆轴承响、活塞敲缸响、气门响、气缸漏气响、正时齿轮响、汽油机点火敲击响、柴油机着火敲击响等。

（1）曲轴主轴承响

1）发动机突然加速时，发出沉重而有力的“哨、哨、哨”或“刚、刚、刚”的金属敲击声，严重时机体发生很大振动。

2）响声随发动机转速的提高而增大，随负荷的增加而增强，产生响声的部位是在缸体下部的曲轴箱内。

3）单缸断火时响声无明显变化，相邻两缸同时断火时响声明显减弱。

4）温度变化时响声无变化。

5）机油压力明显降低。

6）若是后道轴承发响，声音一般钝重发闷。

7）若是前道轴承发响，声音一般较轻、较脆。

8）在低速下微抖节气门，若听到较沉重的“咯噔”、“咯噔”的响声，这种声音可能是曲轴轴向窜动时出现的响声。

曲轴主轴承异响的主要原因是主轴承盖固定螺钉松动；主轴承减磨合金烧毁或脱落；主轴承和轴颈磨损过多，轴向止推装置磨损过多，造成径向和轴向间隙过大；曲轴弯曲；润滑油压力太低或润滑油变质等。

（2）连杆轴承响

1）当发动机突然加速时，有“哨、哨、哨”连续明显、轻而短促的金属敲击声，是连杆轴承响的主要特征。

2）轴承严重松旷时，怠速运转也能听到明显的响声，且润滑油压力降低。

3）发动机负荷变化时，响声随负荷增加而加剧。

4）单缸断火时响声明显减弱或消失，但复火时又能立即出现，即具有所谓响声“上缸”现象。

5）温度变化时响声不变化。

连杆轴承异响的主要原因是连杆轴承盖的固定螺栓松动或折断；连杆轴承减磨合金烧毁或脱落；连杆轴承或轴颈磨损过多，造成径向间隙太大；润滑油压力太低、润滑油变质或曲轴内通连杆轴颈的油道堵塞等。

（3）活塞销响

1）发动机在怠速、低速和从怠速向低速抖动节气门时，可听到清脆而又连贯的“嗒、嗒、嗒”的金属敲击声。

2）响声随转速的升高和负荷的增加而增大。

3）温度变化时，对响声稍有影响但影响不大。

4）润滑油压力不降低。

5）单缸断火时响声明显减弱或消失，复火瞬间响声又出现或连续出现两个响声。

活塞销异响的主要原因是活塞销与连杆小头衬套配合松旷；衬套与连杆小头衬套孔配合松旷；活塞销与活塞上的销座孔配合松旷。

（4）活塞敲缸响

1）发动机在怠速或低速运转时，在气缸上部发出清晰而明显的“嗒、嗒、嗒”的金属敲击声，而中速以上运转时响声减弱或消失。

2）发动机温度变化时响声亦变化。

3）多数情况下响声冷车时明显，热车时减弱或消失，但个别原因造成的活塞敲缸响反而在温度升高后加重。

4）响声严重时，负荷越大响声也越大，但润滑油压力不降低。

5）单缸断火时响声减弱或消失。

活塞敲缸异响的主要原因是活塞与气缸壁配合间隙大；活塞与气缸壁间润滑条件太差；活塞在常温时反椭圆或椭圆度太小；活塞销与活塞上销座孔配合过紧；活塞销与连杆小头衬套装配过紧；活塞圆柱度误差较大等。

（5）气门响

1）发动机怠速运转时发出连续不断的、有节奏的“嗒、嗒、嗒”（在气门脚处）或“啪、啪、啪”（在气门座处）的金属敲击声。

2）转速增高时响声也随之增大，温度变化和单缸断火时响声不减弱。

3）若有数只气门响，则声音显得杂乱。

气门脚响和气门落座响统称为气门响。

气门脚响的主要原因是气门脚间隙太大。气门脚间隙调整螺钉松动或该间隙处两接触面不平。配合凸轮外形加工不准或磨损过多，造成缓冲段效能不佳，加重了挺杆对气门脚的冲击，气门脚处润滑不良。

气门落座响的主要原因是气门杆与其导管配合间隙太大；气门头部与其座圈接触不良；气门座圈松动；气门脚间隙太大。

(6) 气缸漏气响

1）发动机运转时，从加润滑油口处听到曲轴箱内发出“嘣、嘣、嘣”的漏气声。

2）负荷增加响声增大，转速增高响声减小。

3）当收回节气门或单缸断火时，响声减弱或消失。

4）随着响声的出现，加润滑油口处脉动地向外冒烟，冒烟次数与发响次数相同。

气缸漏气响的主要原因是新换活塞环与气缸壁的漏光度太大；活塞环和气缸壁严重磨损；活塞环开口间隙太大或各环开口严重；活塞环弹力太弱或因其侧隙、背隙太小而使背压建立不起来；活塞环卡死在环槽内；活塞环或活塞环岸折断；气缸壁拉伤，出现沟槽。

(7) 正时齿轮响

1）发动机运转时，在其前部发出一种连续的或节奏明显的响声。

2）一般情况下，转速越高，响声越大。

3）温度变化时响声不变化。

4）单缸断火时响声不减弱。

正时齿轮响的主要原因是齿轮啮合间隙过大或过小；曲轴主轴承孔与凸轮轴轴承孔的中心距在使用或修理中发生变化；齿轮转动一周中啮合间隙松紧不一或发生根切；齿面有伤痕、脱层或轮齿断裂；齿轮在曲轴或凸轮轴上松动或脱出；齿轮端面圆跳动或径向圆跳动太大；曲轴或凸轮轴轴向间隙太大；未成对更换齿轮等。

(8) 汽油机点火敲击响

1）汽车运行过程中，当在最高挡由较低车速急加速运行时，可听到发动机发出类似金属敲击的“嘎、嘎、嘎”的响声。

2）在发出响声的同时，如果稍抬加速踏板，响声便减弱或消失，再踩加速踏板时，响声又重新出现。

3）发动机温度越高、负荷越大时，响声越强烈。

汽油机点火敲击响的原因主要是发动机突爆，其次是早燃。突爆与早燃虽然发生的时间不同（前者发生在火花塞点火后，后者发生在火花塞点火前），但二者有许多共同特点，并且是相互助长的。突爆可引起早燃，早燃又进一步促进突爆，因此很难区别。

产生突爆与早燃的原因主要有汽油的品质差，特别是辛烷值太低；在使用、保修和改机中造成压缩比太高；发动机过热或负荷太大；燃烧室积炭；点火时间太早；混合气太稀等。

（9）柴油机着火敲击响

1）柴油发动机在低速无负荷运转时，有时可听到尖锐、清脆和连续的“嘎啦、嘎啦”或“刚啷、刚啷”的敲击响，冷起动时，响声尤其明显。

2）发动机温度升高、转速升起和负荷增大时，响声减弱或消失，但发动机过热和超负荷运转时响声又增大。

3）微抖供油拉杆时，抖得越急响声越大。

4）柴油机着火敲击时的响声分“均匀而粗暴的敲击声”和“非均匀而粗暴的敲击声”两种。

柴油机着火敲击声的主要原因是柴油机工作粗暴。而造成工作粗暴的原因，又是着火期落后太长。

如果柴油机着火敲击声均匀而粗暴，说明发动机各缸工作均粗暴，其原因主要可能是柴油品质差，自燃性能不好；喷油泵供油时间太早；发动机超负荷运转；发动机过冷或过热，空气滤清器严重阻塞，使进气量不足等。

如果柴油机着火敲击声不均匀，说明发动机个别缸工作粗暴，其原因主要可能是个别缸供油时间太早，亦即供油间隔不均匀；个别缸供油量大，也即供油不均匀度超过标准；个别缸喷射质量不佳；个别缸密封性不佳，压缩终了的温度和压力太低等。

6. 发动机的起动性能

正常情况下，用起动机起动发动机时，应在三次内起动成功。起动时，每次时间不超过 5s，再次起动时间要间隔 15s 以上。若发动机不能正常起动，说明发动机的起动性能不好。

如果由于发动机曲轴不能转动而导致发动机无法起动，其原因主要可能是蓄电池电量不足或起动机工作不良，也可能是发动机运转阻力过大。检查发动机起动阻力时，应拆下全部火花塞或喷油器，人工转动曲轴，检查转动阻力。

如果起动时曲轴能正常转动，但发动机起动仍很困难，对于汽油发动机，其原因主要可能是点火系统点火不正时、火花塞火弱或无火。燃油系统工作不良，使混合气过稀或过浓。气缸压缩压力过低等。对于柴油发动机，除气缸压缩压力过低外，燃油中有水或空气，输油泵、喷油泵、喷油器工作不良，燃油系统管路堵塞等，都可能导致发动机起动困难。

7. 发动机运转过程中有无“回火”、“放炮”现象

汽油发动机混合气在气缸内燃烧，使发动机作功，产生动力。但是，这种燃烧的火焰如果溢出气缸外，就会成为一种很危险的火源，有可能引起失火。发动机的各种“回火”现象就属于这一类型。“回火”的产生，主要是由点火不正时或混合气配比不当所引起的。

化油器的回火现象，主要是在混合气过稀时产生。混合气过稀，燃烧速度缓慢，当排气终了、进气门开启时，部分未燃烧完的火焰就会进入进气管，以致从化油器猛烈喷出，导致化油器回火。此外，点火顺序混乱，有时也会引起化油器回火。

排气管的回火现象（俗称排气管“放炮”），主要是由于点火过迟和混合气过浓所引起的。点火过迟和混合气过浓都会造成汽油过剩，并使它们积聚在排气管内。当下一个排气行程开始时，这部分混合气或过剩积聚在排气管内的汽油就会在排气管内重新被点燃。这种燃烧往往使排气管喷出火焰并发出“放炮”声，严重时还可能引起消声器爆炸。

从以上分析可以看出，发动机的回火现象很容易引起失火事故。为了保证车辆的安全运行，要求发动机不得有“回火”、“放炮”现

象。如果遇到发动机出现“回火”或“放炮”现象时，驾驶员应及时停机熄火，并进行必要的调整，以消除这种不正常的现象。

8．发动点火、燃油供给、润滑、冷却和排气等系统的性能

发动机在各种不同的工况下，需要根据发动机工作的点火次序适时地供给强的电火花，以点燃混合气而产生动力。如果点火系发生故障，不仅会使发动机的动力性、经济性变坏，甚至会使发动机熄火或不能发动，为了保证车辆的正常运行，点火系必须保持良好的工作性能。

点火系的故障有断火、缺火、火弱与点火不正时等。从故障的部位看，又分低压（初级）和高压（次级）线路故障。

燃油供给系是供给发动机在各种不同转速和负荷情况下，所需要的不同量燃油的装置。车辆运行过程中，要求它既要保证发动机的动力性，又要达到一定的经济性和良好的起动性能。如果燃油供给系出现故障，就会使发动机功率降低、油耗增加、起动性能变坏，直接影响车辆的正常运行。因此，燃油供给系有了故障，必须及时、准确地予以排除，保持良好的性能。

燃油供给系的故障主要是堵、漏、坏三种情况。汽油发动机供油系的常见故障有：不来油、来油不畅、混合气过稀或过浓等。柴油发动机的常见故障有：油路泄漏或堵塞、喷油泵调整不当、供油时间不准、调速器失灵、供油拉杆卡滞等。

发动机润滑系的正常工作是保证发动机正常运转的重要条件。如果润滑系出现漏油、堵塞或润滑油压力不足等故障，将会导致发动机运动零部件磨损加剧，严重的可能导致发动机损坏。

冷却系能维持发动机在最适宜的温度下工作。发动机经长期使用，冷却系统技术状况变坏时，发动机较易出现过热、过冷等故障。发动机过热，汽油机易发生突爆或早燃，柴油机易发生工作粗暴；发动机过冷，会导致发动机动力不足、油耗增加。

发动机排气系统的作用是汇集各气缸的废气，从排气消声器排出。排气系统的技术状况将影响发动机的输出功率。同时，在排气管口装有排气消声器，可减少排气噪声并消除废气中的火焰及火星。有的在排气系统中装有废气催化转换器，以减少发动机排出废气中的有

害成分。所以，排气系统应保持良好的性能，以使发动机正常运转和减少排气噪声污染。

二、底盘技术状况的动态直观检查

汽车底盘的技术状况，关系到整车行驶的操纵稳定性，同时还影响发动机动力的传递和油耗。因此，汽车底盘也是汽车技术状况动态检查的重点之一。

1. 传动系的检查

传动系技术状况的变化，将直接影响发动机动力的传递。根据GB 7258—1997《机动车运行安全技术条件》，进行传动系技术状况的动态直观检查时，主要应注意以下一些内容。

（1）离合器

1）离合器分离是否彻底。正常情况下，离合器分离应彻底。如在发动机怠速运转的情况下，踩下离合器踏板，原地挂挡齿轮有撞击声，且难以挂入；情况严重时，原地挂挡后发动机熄火，则表明离合器分离不彻底。

离合器分离不彻底的主要原因，是离合器踏板自由行程过大；分离杠杆内端高度太低或内端不在同一平面上，新换的摩擦片太厚或从动片正反装错。从动片钢片翘曲变形或摩擦片破裂。双片离合器中间压板调整不当、中间压板个别支撑弹簧折断或疲劳、中间压板在传动销上或在离合器驱动窗孔内轴向移动不灵活。从动片在花键轴上轴向移动不灵活。液压操纵离合器液压系统内油量不足或有空气等。

2）离合器接合是否平稳。

正常情况下，离合器应接合平稳。如果汽车用低速挡起步时，按操作规程逐渐放松离合器并徐徐踩下加速踏板，离合器不能平稳接合且产生抖振，严重时甚至使整车产生抖振现象，则表明离合器接合不平稳。

离合器接合不平稳的原因，主要是从动钢片或压板翘曲变形；飞轮工作端面圆跳动误差过大；分离杠杆内端高度不处在同一平面内；从动片上的缓冲片破裂、减振弹簧疲劳或折断；从动摩擦片油污、烧焦、表面硬化、表面不平、铆钉头露出、铆钉松动或切断；个别压力弹簧疲劳或折断，膜片弹簧疲劳或开裂；飞轮、离合器壳或变速器固定螺钉松动；分离轴承套筒与其导管之间油污、尘腻严重，使分离轴承不能回位等。

3）离合器是否打滑。正常情况下，离合器不得有打滑现象。如果汽车挂低挡起步时，离合器踏板抬很高，汽车仍不起步或起步很不灵敏；汽车加速行驶时，行驶速度不能随发动机转速的升高而升高，且伴随有离合器发热、产生糊味或冒烟等现象；拉紧驻车制动器，使汽车低挡起步时，发动机不熄火，则表明离合器打滑。

离合器打滑的主要原因是离合踏板没有自由行程，使分离轴承压在分离杠杆上；从动摩擦片油污、烧焦、表面硬化、表面不平或铆钉头露出；从动摩擦片、压板和飞轮工作面磨损严重，厚度减薄；压力弹簧退火或疲劳，膜片弹簧疲劳或开裂；离合器盖与飞轮之间的调整垫片或固定螺钉松动；分离轴承套筒与其导管之间因油污、尘腻或卡住而不能回位等。

4）离合器分离或接合时有无异响。离合器分离或接合时若发出不正常的响声，其原因主要可能是分离轴承因缺少润滑剂而干磨或轴承损坏。飞轮上的传动销与压板上的传力孔或离合器盖上的驱动孔，与压板上的凸轮配合间隙太大。分离杠杆与离合器盖间的连接松旷或分离杠杆支撑弹簧疲劳、折断、脱落；从动片花键孔与其轴配合松旷；从动摩擦片铆钉松动或铆钉头露出。分离轴承套筒与其导管之间油污、尘腻严重或分离轴承回位弹簧及离合器踏板回位弹簧疲劳、折断、脱落，造成分离轴承回位不佳。分离轴承与分离杠杆内端之间没有间隙；从动片减振弹簧退火、疲劳或折断。

（2）机械变速器

1）变速器运转过程中有无异响。变速器正常运转过程中，若齿轮的啮合声、轴承的运转声等噪声太大；或变速器发出干磨、撞击等不正常的响声，其原因主要可能是滚动轴承缺润滑油（如第一轴前导轴承），滚珠磨损失圆，滚道有麻点、脱层、伤痕，内外滚道在轴上或壳体内转动或轴承间隙太大。齿轮加工精度差或热处理工艺不当等，造成齿轮偏摇或齿形变化。齿隙过大或花键配合间隙过大；修复过的齿面没有对毛刺、凸起等进行调整；齿面剥落、脱层、缺损、磨损过甚或换件修复时齿轮未成对更换。第一轴、第二轴或中间轴弯曲变形；壳体轴承孔镗孔修复后，两孔中心距发生变化或使两轴线不平行；经修复后的变速叉弯度不对或变速叉磨损后单边堆焊太厚，致使相关齿轮位置不准。第二轴紧固螺母松动或其他各轴轴向定位失准；自锁装置凹槽、钢球磨损过多或自锁弹簧疲劳、折断，造成挂挡时越位；个别轮齿断裂；齿轮油不足、变质、规格不符合要求或油中有杂物等。

2）变速器有无跳挡现象。正常情况下，变速器的互锁、自锁装置应可靠，不得有跳挡现象。若汽车重载加速或爬坡时，变速杆有时从某挡自动跳回到空挡位置，则表明变速器存在跳挡故障。

变速器跳挡的主要原因，是相啮合的一对离合器式齿轮在啮合部位磨损成锥形。由于离合器壳后孔中心位置变动、离合器壳与变速器壳接合平面相对曲轴轴线的垂直度变动。由于第一轴、第二轴轴承过于松旷等原因，造成第一轴、第二轴、曲轴三者不在同一轴线上。挂入挡位后，齿轮啮合未达轮齿原长或自锁钢球未进入凹槽内；各轴轴向间隙或径向间隙太大；有多道常啮合齿轮的变速器，装在第二轴上的常啮合齿轴向或径向间隙太大；自锁装置凹槽、钢球磨损严重或自锁弹簧疲劳、折断等。

3）变速器有无乱挡现象。如果在离合器分离彻底的情况下，要挂挡挂不上或要摘挡摘不下；有时要挂某挡，结果挂在别的挡上，则表明变速器存在乱挡故障。

变速器乱挡的主要原因是互锁装置损坏；变速杆下端长度不足、下端工作面磨损过大或变速叉轴上导块的导槽磨损过大；变速杆球头定位销松旷、折断或球头、球孔磨损过大等。

(3) 万向传动装置

1）万向传动装置工作过程中有无异响

①如果在汽车起步或车速突然改变时，传动装置发出“抗”的一声；汽车缓速行时，传动装置发出“呱啦、呱啦”的响声，其原因主要可能是万向节轴承因磨损或冲击而造成松旷。传动轴伸缩节花键因磨损或冲击造成松旷；万向节凸缘连接螺栓松动。

②如果在万向节与伸缩节技术状况良好的情况下，传动轴于汽车行驶中发出周期性响声，车速越快时响声越大，严重时车身发生抖

振，甚至握转向盘的手有麻木感，其原因主要可能是传动轴弯曲或轴管凹陷；传动轴管与万向节叉焊接时未找正或传动轴未进行动平衡；传动轴上的平衡片失落。伸缩节未按标记安装，使传动轴失去平衡，并有可能造成传动轴两端的叉不在同一平面上。中间支承架的固定螺栓或万向节凸缘盘连接螺栓松动，使传动轴位置偏斜；橡胶夹紧式中间支承紧固方法不妥，造成中间传动轴前端偏离原轴线。

③如汽车行驶中产生一种连续的“呜、呜”声，车速越快响声越大，其原因主要可能是滚动轴承脱层、麻点、磨损过多或缺润滑油；中间支承安装方法不当，造成滚动轴承承受附加载荷；橡胶圆环损坏；车架变形。

2）万向传动装置的游动角度。万向传动装置的游动角度，主要包括伸缩节和各万向节的游动角度。当伸缩节和万向节在工作中，因磨损和冲击致使旋转方向上的角间隙增大时，其游动角度就增大。因此，游动角度是万向传动装置技术状况的重要诊断参数之一，它表明了万向传动装置的磨损状况。

（4）驱动桥

1）驱动桥是否过热。在汽车行驶一定里程后，用手触试驱动桥壳中部，若有无法忍受的烫手感觉，则表明驱动桥过热。

驱动桥过热的原因，主要可能是齿轮油不足、变质或牌号不符合要求。还有锥形滚动轴承调整过紧；主减速器的一对锥形齿轮啮合间隙调整过小；差速器行星齿轮与半轴齿轮啮合间隙太小；油封过紧；止推垫片与主减速器从动齿轮背面间隙太小。

2）汽车行驶时驱动桥是否发异响

①如汽车在行驶中，驱动桥连续的发出“嗷—”声，应停车检查。用手触摸驱动桥壳，发热不大为齿隙小；发热严重，一般是驱动桥内缺润滑油。

②汽车行驶中出现无节奏的“刚当、刚当”的撞击声，且车速越高声响越大，滑行时声响减小或消失，一般为轴承磨损或主减速器齿隙不符合要求。若上述响声仅在车速急剧变化或汽车上坡时出现，则为主减速器齿隙过大。

③如汽车在转弯时出现“咔吧、咔吧”声，低速直线行驶时也有

这种声音，但车速升高后即消失，多为差速器行星齿轮啮合间隙过大或半轴齿轮及键槽磨损。

④如汽车行驶中后桥发出无节奏的“嗯—”声及破碎声，声响随车速升高而增大，抬起加速踏板时响声更明显；或汽车行驶中后桥发出有节奏的“哽、哽、哽”声，声响随车速升高而增大，严重时后桥有摆动现象，则多为主减速器齿轮轮齿损坏。

⑤如汽车在高速行驶（接近 60km/h）和抬起加速踏板时，后桥处出现带有“呼隆、呼隆”的“嗯、嗯”声，且后桥处有抖动现象，则为半轴套管变形所致。

⑥对于采用前驱动桥的汽车，如在直行时无噪声，转弯时前桥出现金属挤压的破碎声，并伴有转向转回正困难或不能回正的现象，则为前驱动桥两侧的等速万向节工作不良所致。

2. 转向系和行驶系的检查

转向系和行驶系技术状况的变化，将对汽车操纵稳定性和高速行驶的安全性，有直接的影响。根据 GB 7258—1997《机动车运行安全技术条件》，进行转向系和行驶系技术状况的动态直观检查时，主要应注意以下一些内容。

(1) 前轮轮胎磨损情况是否正常。汽车在使用中，前轮轮胎有时会出现一些异常磨损情况，图 3-1 列出了几种典型的异常磨损。

产生各种异常磨损的主要原因如下：

1) 两侧胎肩磨损磨损严重。主要原因是轮胎气压过低或轮胎换位不够。

2) 胎面中部磨损严重。主要原因是轮胎气压过高或轮胎换位不够。

3) 胎面外侧胎肩单边磨损严重。主要原因是前轮外倾过大。

4) 胎面内侧胎肩单边磨损严重。主要原因是前轮负外倾、轮胎长期不换位或前梁在垂直平面内中部向下弯曲。

5) 胎面磨损是内侧重、外侧轻且磨痕是从外向内。主要原因是前轮负前束或前梁在水平面内弯曲。

6) 胎面磨损是外侧重、内侧轻且磨痕是从内向外。主要原因是前轮前束过大或前梁在水平面内弯曲。

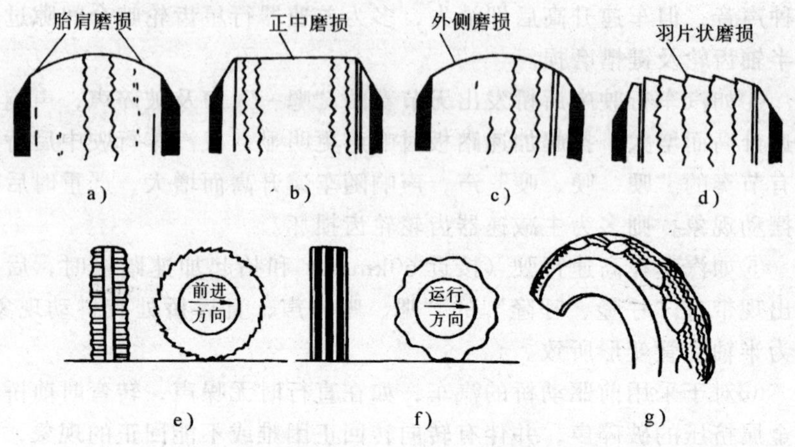

图 3-1 前轮轮胎异常磨损示意图

a）胎肩磨损 b）正中磨损 c）外侧磨损 d）羽片状磨损
e）锯齿状磨损 f）波浪状磨损 g）胎肩碟片状磨损

7）胎面呈羽片状磨损。主要原因是前束过大或负前束。当前束过大时，左右前轮胎面上羽片的尖部指向汽车纵向中心线；当为负前束时，左右前轮胎面上的羽片尖部背离汽车纵向中心线。

8）胎面呈锯齿状磨损。主要原因是车辆长期在超载情况下频繁使用制动而又未按期换位。

9）胎面呈波浪状磨损。主要原因是车轮旋转质量不平衡、车轮端面圆跳动误差太大或轮毂轴承、转向节、横拉杆、悬架等处松旷。

10）胎面呈碟片状磨损。主要原因是车轮旋转质量不平衡、车轮径向圆跳动太大、前轮摆头或轮毂轴承、转向节、横拉杆、悬架等处松旷。

11）由于实际使用情况不同，轮胎磨损的表现形式往往不够典型或几种现象同时发生，这时应进行综合检查和分析，以判断故障原因。

（2）转向是否灵敏、轻便。正常情况下，汽车的转向盘应转动灵活、操纵轻便，转向轮转向后应有自动回正能力。如汽车行驶中驾驶员左、右转动转向盘时感到沉重费力，无回正感。当汽车以低速转弯行驶或掉头时，转动转向盘非常吃力，甚至打不动，则表明转向系统存在转向沉重故障。

对于采用机械转向系统的汽车，转向沉重的主要可能原因是轮胎气压不足；转向节与主销配合过紧或缺润滑油；纵、横拉杆球头连接调整过紧或缺润滑油；转向器主动部分轴承预紧力太大或从动部分与衬套配合太紧；转向器主、从动部分的啮合调整得太紧；转向器无润滑油或缺润滑油；转向节止推轴承缺润滑油或损坏；转向器转向轴弯曲或其套管凹瘪造成刮碰；主销后倾过大、主销内倾过大或前轮负外倾；前梁、车架变形造成前轮定位失准等。

对于采用液压动力转向系统的汽车，如转向突然感到沉重，其原因主要可能是油泵驱动带打滑（或其他驱动方式中的相关零部件损坏）；动力转向系统油量不足、油质差或油路中有空气；油泵、动力缸等工作不良。

(3) 汽车行驶中是否自动跑偏。正常情况下，汽车转向轮应有自动回正能力，以保持汽车保持稳定的直线行驶。如汽车行驶中自动跑向一边，必须用力把住转向盘才能保持直线行驶，则表明汽车存在自动跑偏故障。

汽车自动跑偏的原因，主要可能是两前轮轮胎气压不等、直径不一或车厢装载不均；左右两架前钢板弹簧挠度不等或弹力不一；前梁、后桥轴管或车架发生水平平面内的弯曲；车架两边的轴距不等；两前轮轮毂轴承或轮毂油封的松紧度不一；前、后桥两端的车轮有单边制动或单边拖滞现象；两前轮外倾角、主销后倾角或主销内倾角不等；前束太大或负前束等。

(4) 前轮有无摆振现象。正常情况下，汽车在平坦、硬实、干燥和清洁的道路上行驶时，前轮不得有摆振现象。如汽车在某低速范围内或某高速范围内行驶时，出现两前轮各自围绕主销进行角振动现象，通常称之为前轮摆振。前轮摆振严重时，整车会象筛糠般抖动，尤其是高速摆振时，握转向盘的手有麻木感，甚至在驾驶室内可看到整个车头摆动。

前轮摆振的主要原因，可能是前轮旋转质量（包括轮胎、轮辋、制动鼓或制动盘、轮毂等）不平衡；前轮径向圆跳动或端面圆跳动误差太大；前轮使用翻新胎；前轮外倾角太小、前束太大、主销负后倾或主销后倾角太大。两前轮的主销后倾角或主销内倾角不一致；前梁或车架弯、扭变形；转向系与前悬架的运动互相干涉；转向系（如横拉杆、横拉杆臂、垂臂等）刚度太低；转向器主、从部分啮合间隙或轴承间隙太大；转向器垂臂与其轴配合松旷；纵、横拉杆球头连接松旷；转向节与主销配合松旷；前轮轮毂轴承松旷；转向器在车架上的连接松动；前悬架减振器失效或左、右两边减振器效能不一；左、右两前悬架高度或刚度不一致；前钢板弹簧U形螺栓松动或钢板销与衬套配合松旷等。

3. 制动系的检查

制动系技术状况的变化，将直接影响汽车行驶、停车的安全性。根据GB 7258—1997《机动车运行安全技术条件》，进行制动系技术状况的动态直观检查时，主要应注意以下一些内容。

（1）制动系统是否失效。如在汽车行驶过程中，踩下制动踏板，车辆不减速，即使连续几脚制动也无明显减速作用，则表明汽车制动系统失效。

对于采用液压制动系统的汽车，制动失效的主要可能原因是制动总泵内无制动液、制动总泵内的皮碗严重破裂或制动系有严重泄漏之处；制动软管或金属管断裂；制动踏板至总泵的连接脱开。

对于采用气压制动系的汽车，制动失灵的主要可能原因是制动踏板至制动阀的连接脱开；储气筒内无压缩空气；制动阀的进气阀打不开或排气阀严重关闭不严；制动阀膜片、制动气室膜片严重破裂或制动软管断裂；制动管路内结冰或因油污严重而阻塞。

（2）制动效能是否正常。如在汽车制动时，驾驶员感到减速度不足；或是在汽车紧急制动时，制动距离太长，则表明汽车制动系统的效能不良。

对于采用液压制动系统的汽车，制动效能不良的主要可能原因，是制动总泵、分泵、管路或管接头漏油；制动总泵储液室存油不足或无油；制动液变质（变稀或变稠）或管路内壁积垢太厚；制动液中有空气；制动总泵内皮碗、活塞或缸筒磨损过多；分泵内皮碗、活塞或缸筒磨损过多；制动总泵出油阀、回油阀不密封或活塞回位弹簧预紧力太小；制动总泵活塞前端贯通小孔堵塞或总泵内皮碗发粘、发胀；

制动分泵内皮碗发粘、发胀；增压器或助力器效能不佳或失效；油管凹瘪或软管内孔不畅通；制动踏板自由行程太大；制动蹄摩擦片与制动鼓（盘）靠合面不佳或制动间隙不当；制动蹄摩擦片质量欠佳或使用中表面硬化、烧焦、油污及铆钉头露出；制动鼓磨损过甚或制动时变形等。

对于采用气压制动系统的汽车，制动效能不良的主要可能原因，是制动踏板自由行程太大；储气筒达不到规定气压；制动阀最大气压调整螺钉调整不当，造成制动气压过低；制动阀平衡弹簧预紧力太小，维持制动工况（双阀关闭）来得过早；制动阀膜片破裂或排气阀关闭不严；制动气室膜片破裂或制动管路漏气；制动管路凹瘪或软管内孔不畅通；制动蹄摩擦片与制动鼓（盘）靠合面不佳或制动间隙调整不当；制动蹄摩擦片质量欠佳或使用中表面硬化、烧焦、油污及铆钉头露出；制动鼓磨损过甚或制动时变形；制动凸轮轴在支承套内锈蚀或别劲；制动管路内壁积垢严重等。

(3) 系统是否存制动拖滞现象。对汽车施加制动后，抬起制动踏板，如全部或个别车轮的制动作用不能立即完全解除，以致影响了车辆重新起步、加速行驶或滑行，则表明汽车制动系统存在制动拖滞故障。

对于采用液压制动系统的汽车，出现制动拖滞故障的主要原因，可能是制动踏板无自由行程；制动踏板与其轴的配合缺润滑油、锈污或踏板回位弹簧脱落、拉断及拉力太小；制动总泵回位弹簧折断或预紧力太小；制动总泵活塞、皮碗的长度太大或皮碗发胀、发粘；制动总泵补偿孔被污物堵塞；制动分泵皮碗发胀、发粘或活塞卡滞；制动蹄回位弹簧脱落、折断或拉力太小；制动蹄与支承销锈污；制动蹄与制动鼓（盘）的间隙调整不当，制动放松后仍局部摩擦。通往分泵的油管凹瘪或堵塞；不制动时增压器辅助活塞中心孔打不开；轮毂轴承松旷等。

对于采用气压制动系统的汽车，出现制动拖滞故障的主要原因，可能是制动踏板自由行程太小，造成制动阀的排气阀开启程度太小，制动阀的排气弹簧或促使排气阀打开的弹簧疲劳、折断或弹力太小；制动阀的排气阀处橡胶阀发胀、发粘或在阀口上堆集的油污、胶质太多；制动踏板回位弹簧疲劳、拉断、失落或拉力太小；制动气室膜片回位弹簧疲劳、折断或弹力太小；制动蹄回位弹簧疲劳、拉断、脱落或拉力太小；制动凸轮轴在其套内缺油、锈蚀或卡滞；制动蹄与支承销锈蚀；制动间隙调整不当，制动放松后制动摩擦片与制动鼓（盘）仍局部摩擦；轮毂轴承松旷等。

（4）制动是否跑偏。如在汽车制动时，车辆行驶方向发生偏斜；或在紧急制动时，车辆出现扎头或甩尾现象，则表明汽车制动时存在跑偏故障。

制动跑偏故障的主要原因，可能是左、右车轮制动蹄摩擦片材料不一样或新旧程度不一样；左、右车轮制动蹄摩擦片与制动鼓（盘）的靠合面积不一样、靠合位置不一样或制动间隙不一样；左、右车轮分泵的技术状况不一样，造成起作用时间不一样或张开力大小不一样；左、右车轮制动蹄回位弹簧拉力不一样；左、右车轮轮胎气压不一样、直径不一样、花纹不一样或花纹深度不一样；左、右车轮制动鼓的厚度、直径、工作中的变形程度和工作面的粗糙度不一样。单边制动管路凹瘪、阻塞或泄漏；液压制压管路或分泵单边气阻；单边制动蹄与支承销配合紧或锈污；车架在水平面内弯曲、车架两边的轴距不等或前钢板弹簧刚度不等。

（5）驻车制动效能是否正常。如将驻车制动拉杆拉到制动位置后，汽车在规定范围内的坡道上仍可滑溜，或行驶中使用驻车制动时车速不减或影响不大，则表明驻车制动效能不良。

驻车制动效能不良的主要原因，可能是驻车制动操纵杆操纵行程调整不良；驻车制动操纵缆线滑动不良或缆线伸长；驻车制动器摩擦衬片或制动蹄片因磨损、变质而工作不良等。

三、车身及电气系统的动态直观检查

车身及电气系统中包括许多机构和装置。这些机构或装置技术状况的好坏，将直接影响汽车的舒适性、经济性、可靠性和安全性。这里主要对交流发电机和空调制冷装置技术状况的动态直观检查方法，予以必要的介绍。

1. 交流发电机的检查

（1）交流发电机技术状况的就车检查

1）配装调节器情况下的检查

①检查并调整发电机皮带的松紧度，直至合适为止。

②停机，拆下蓄电池的上的搭铁线（负极），拆除交流发电机“B”（或“+”、“A”）接线柱上的导线，将一只量程为0～50A的直流电流表串接在所拆除的导线与“B”接线柱之间。另取一只量程为0～50V的直流电压表，并将其与发电机并联，即将直流电压表的“+”测试棒接交流发电机的“B”接线柱，“-”测试棒直接搭铁。

③断开汽车上所有用电设备的开关，以减小发电机的负载。

④接上蓄电池搭铁线，起动发动机并逐渐提高其转速，使发电机在略高于其满载转速下运转（相当于发动机转速为1000～1300r/min，日本汽车发动机转速可升至2000r/min）。此时电流表指示应小于10A，电压表指示值应在调节器的限额电压范围内（一般12V电系为13.8～14.8V；24V电系则为27～28V）。

⑤接通汽车上的主要用电设备（如照明灯、转向信号灯、暖风等，但不要按喇叭），使电流表指示数值大于30A。此时电压表指示值应大于标称电压（即12V或24V）。

⑥停机，拆下蓄电池的搭铁线，取下电流表和电压表。然后，重新接好交流发电机“B”接线柱上的导线和蓄电池搭铁线。

试验时，如果电压表指示值远远低于规定电压的下限，说明发电机或调节器有故障。应对发电机进行不解体检查，即用万用表测量发电机各接线柱之间的电阻。当确认发电机无故障时，可断定为调节器故障。如果电压表指示值超过规定电压的上限，则故障多发生在调节器上。

2）不配装调节器情况下的检查

①首先应检查发电机传动带的松紧度。如松紧度不合适，应予以调整。

②拆除发电机上所有的导线，用一根导线将发电机“B”（或“+”、“A”）与“F”接线柱连接起来（内搭铁式）。

③将万用表拨至0～50V直流电压档，并将其与发电机并联，即表的正测试棒接“B”，表的负测试棒接铁。

④起动发动机，并用从发电机“B”接线柱上拆下的导线碰一下

发电机“B”或“F”接线柱，对发电机进行他励，然后离去。

⑤缓慢提高发动机的转速至中速，同时观察电压表指针的摆动情况。若电压表所指示的电压值随发动机转速的增高而升高，说明交流发电机工作状况正常。若电压表无指示，说明发电机不发电；若电压表指示值随转速增高而上升缓慢，说明发电机状况不良。

(2) 利用示波器（通用型）检查交流发电机的技术状况。当发电机有故障时，其输出电压波形将出现异常。因此利用示波器（通用型）检测交流发电机的输出电压波形，根据观察到的输出电压波形，便可准确而迅速地判断发电机整流器二极管以及定子绕组是否有故障，并鉴定发电机的技术状况。交流发电机各种故障的输出电压波形如图 3-2 所示。

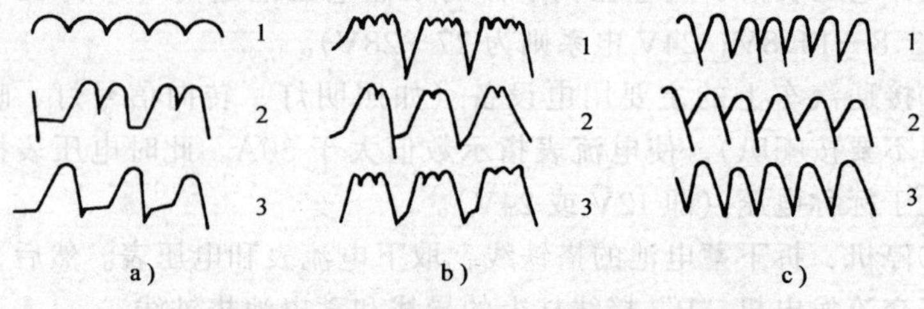

图 3-2　交流发电机各种故障的输出电压波形

a) 正常与二极管短路情况

1—正常　2—单个二极管短路　3—两个二极管短路（同极）

b) 二极管断路情况

1—单个二极管断路　2—两个二极管断路（同极）　3—两个二极管断路（不同极）

c) 定子绕组断路与短路情况

1—单相定子绕组断路　2—单相定子绕组短路　3—两相定子绕组短路

2. 空调制冷装置的检查

检查时，应将汽车停放在通风良好的场地上，保持发动机转速在 2000r/min 左右，把空调状态选择钮置于“MAX”位置，保证车内空气循环。

(1) 手感检查温度。用手触摸空调制冷装置管路及各部件，检查各处表面温度。正常情况，低压管路呈低温状态，高压管路呈高温状态。

1）用手感比较压缩机排气阀（有“D”标记，连接管较细）和进气阀（有“S”标记，连接管较粗）之间有无明显温差。在正常情况下，前者发烫，后者发凉。

2）用手感比较冷凝器进入管和排出管，正常情况应为前者较后者热，即冷凝器上半部温度较底部要热。若两者温差不大（甚至相同)，说明冷凝器未能将气体冷却。

3）用手摸干燥过滤器前后管路，温度应一致。

4）用手感比较膨胀阀前后应有明显的温度差，即前热后冷。

5）冷凝器输出管至膨胀阀输入管之间的制冷剂高压、高温区，所有管路及部件的温度应均匀一致。

6）膨胀阀出口到制冷压缩机之间软管应发冷而不结霜。正常情况下即使结霜，但结霜后即化，用肉眼只能看见蒸发器化霜后排水管有水珠滴出。

7）用手在车室内冷风出口处试探，应有冰凉（0～5℃）的感觉。

8）运行 5～20min 后，能使车室内外保持 7～8℃ 温差。

(2) 观察渗漏部位。所有空调制冷管路连接部位或冷凝器、蒸发器表面一旦发现油渍，一般说明此处有氟里昂泄漏，应采取措施进行修理。也可用较浓肥皂水涂抹在可疑之处，观察有无气泡出现。

应重点检查的渗漏部位有：

1）各个管路接头及阀门连接处。

2）全部软管、尤其是管接头附近，察看是否存在鼓泡、裂纹、油渍。

3）压缩机油封、缸盖密封垫、维修阀。

4）冷凝器表面被刮坏、压扁、碰伤之处。

5）膨胀阀的进、出口连接处，膜盒周边焊接处。

6）贮液罐易熔安全阀、观察玻璃窗边缘、低压开关连接处等。

(3) 从观察玻璃窗检查。观察玻璃窗多安装在吸液式储液罐顶部，如图 3-3 所示。孔管系统一般不设储液罐。

1）清晰、无气泡。如此时出风口是冷的，说明制冷系统工作正常，制冷剂量合适；出风口不冷，说明制冷剂已漏完；出风口不够冷，而且关掉压缩机 1min 后，仍有气泡慢慢流出，或在关压缩机瞬间就清晰无气泡，说明制冷剂太多，应慢慢放掉一些。

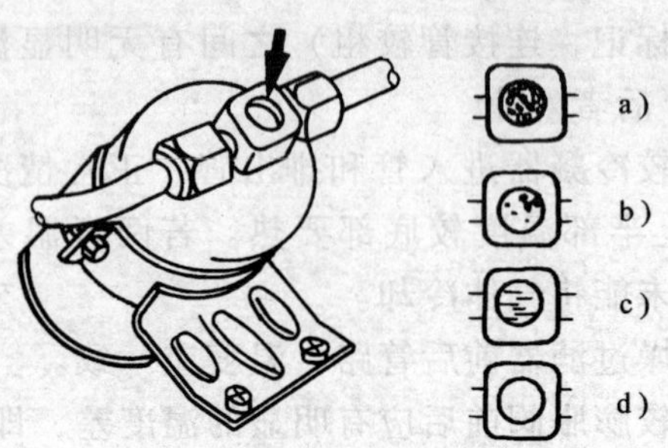

图 3-3 观察玻璃窗

a) 大量气泡 b) 偶尔少量气泡 c) 油纹 d) 透明

2) 偶尔出现气泡。如时而伴有膨胀阀结霜现象，说明制冷管路内有水分；没有膨胀阀结霜现象，可能是制冷剂略缺少或有空气存在。

3) 观察窗玻璃上有油纹、出风口不冷，则是完全没有制冷剂。有气泡、泡沫，可能是制冷剂不足。泡沫很混浊，可能是冷冻机油过多。

(4) 冷凝器和蒸发器的外观检查。检查冷凝器和蒸发器的表面、冷凝器与发动机水箱之间、蒸发器通道等处有无碎片、杂物、污泥等。若有，应小心清洗。冷凝器表面可用软长毛刷沾水轻轻刷洗，但千万不要用蒸汽冲洗。

(5) 电磁离合器及恒温开关的检查

1) 断开离合器电源，压缩机应停止转动。再接通电源，压缩机应立即转动。这样每次短时间接合试验几次，以证明电磁离合器工作正常。

2) 天冷时，若压缩机不能起动，可能是恒温开关起作用。可将蓄电池与电磁离合器直接连接，若压缩机无吸合声，说明压缩机离合器已经失效。

3) 在恒温开关规定的温度以下的条件下，正常起动压缩机，若仍能起动，说明恒温开关有故障，应更换。

(6) 制冷装置软管及线束的检查。检查线束插接器连接是否正确、可靠，软管、线束是否碰到过热、转动、有毛刺的部件或有被发动机排出的废气吹到的可能，软管及线束固定是否可靠、有无足够的伸缩余地、穿过金属板孔时有无护套保护等。

(7) 制冷装置技术状况的路试检查。在平坦、硬实、纵坡度不大于1%，长度不少于40km的道路上，外界气温为35℃，冷气全开的条件下进行道路试验检查。车速为20km/h时，车室内温度应在10min内降到30℃，30min内降到27℃；车速为40km/h时，10min内应降到29℃，30min内降到26℃；车速为60km/h时，10min内应降到28℃，30min内降到25℃。

(8) 利用曲线比较法判断制冷装置的技术状况。曲线比较法，是利用说明书提供的空调制冷性能曲线和实测得的温度差、相对温度来判定空调制冷系统技术状况的方法。具体步骤如下：

1) 测干湿球温度。将发动机转速调到2000r/min，开启空调，将风扇开到最高挡位，将干湿球温度计放置于蒸发器进气口处，如图3-4所示。读取干球温度和湿球温度。

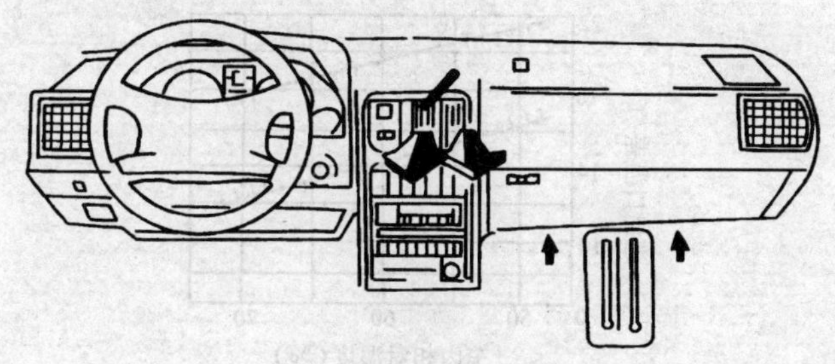

图3-4　测进出风口温度

2) 求出相对湿度。空气温湿图如图3-5所示。根据测得的干球温度和湿球温度，在空气温湿图上求出相对湿度。

3) 判定空调制冷装置的技术状况。在冷风出风口处，用温度计测量冷风口温度及蒸发器进口空气温度，并求出它们的差值。然后，根据相对温度及进、出口温度差值，在空调制冷性能曲线上求出它们的交点，如图3-6所示。如交点落在两条极限线内，表明空调制冷装置技术状况正常。

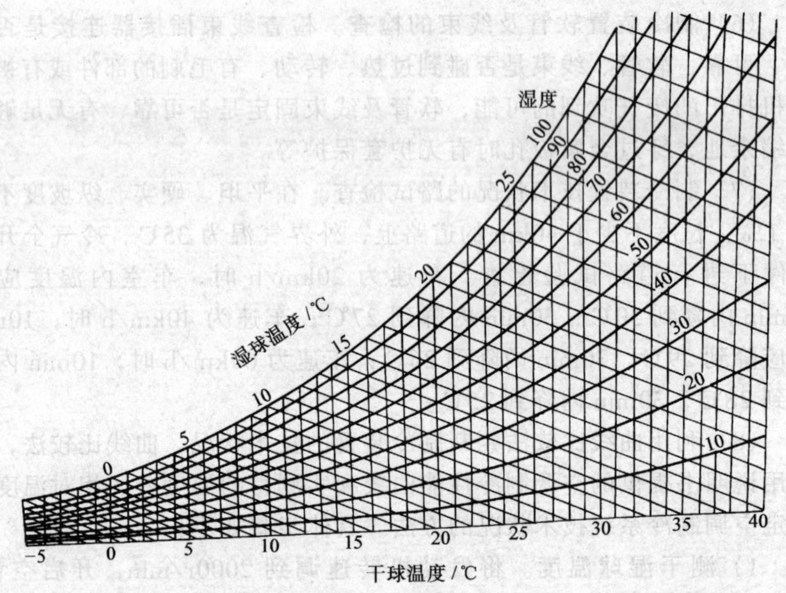

图 3-5　空气湿温图

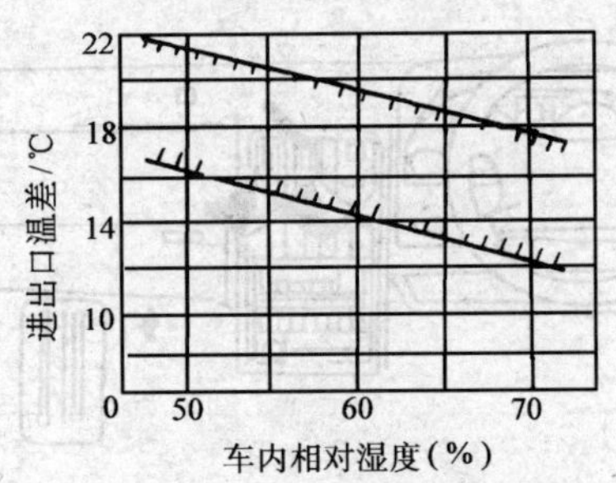

图 3-6　空调制冷性能曲线

第四章　汽车技术状况的仪器检查

利用直观检查法，可以对汽车的技术状况进行定性的判断，即初步判定车辆的运行情况是否基本正常、车辆各部分有无故障及故障的可能原因、车辆各总成及部件的新旧程度等。当对车辆各项技术性能及各总成、部件的技术状况进行定量、客观的评价时，通常需借助一些专用仪器、设备进行。

第一节　发动机功率的检测

发动机的有效功率，是曲轴对外输出的净功率，是一个综合性评价指标。通过该项指标，可以定性地确定发动机的技术状况，并定量地确定发动机的动力性能。

检测发动机有效功率的方法，有稳态测功和动态测功之分。

稳态测功，是指发动机在节气门开度一定，转速一定和其他参数保持不变的稳定状态下，在测功器上测定功率的一种方法。稳态测功的结果比较准确、可靠，多为发动机设计、制造、院校和科研单位做性能试验所采用。但测功一次费时费力较多，成本较高，且需要大型、固定安装的测功器，因而在一般运输、维修企业中采用不多。

动态测功是指发动机在节气门开度和转速均为变动的状态下，测定其功率的一种方法。由于动态测功时，无须对发动机施加外部负荷，因而又称为无负荷测功或无外载测功。由于动态测功不加负荷，不需大型设备，既可以在台架上进行，也可以就车进行，因而提高了检测的方便性和检测速度，特别适用于对在用车发动机功率的检测，但其测量精度要差一些。

一、无负荷测功仪及其测功方法

无负荷测功仪既可以制成单一功能的便携式测功仪，又可以和其他测试仪表组合起来制成便携式或台式的发动机综合测试仪。图 4-1 所示面板图，是国产单一功能便携式无负荷测功仪的一种。它可以测出加速过程中某一转速范围内的加速时间——平均功率。

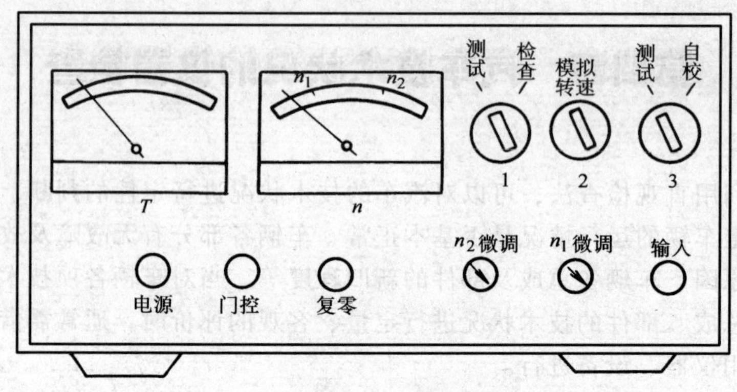

图 4-1 便携式无负荷测功仪面板图

近年来，便携式无负荷测功仪在国内发展很快，主要是向小型化、使用方便和适用多车型方面发展。有的厂家甚至将无负荷测功仪制成袖珍式，带有拔节天线，可收取发动机运转时的点火脉冲信号，而不必与发动机采取任何有线连接。使用时，手持该测功仪，面对发动机侧面拔出天线。当发动机突然加速运转时，即可遥测到加速时间和转速。然后，翻转测功仪，查看仪器背面印制的几种常见车型的功率——时间对照表，便可确定发动机功率的大小。

发动机综合测试仪是一种测试项目较多的仪器，其组成往往带有无负荷测功部分。

不管哪种形式的无负荷测功仪，其通用的测功方法如下。

1. 仪器准备

(1) 未接通电源前，如指示装置采用的是指针式表头，应检查指针是否在机械零点上。若不在零点上，应进行调整。

(2) 接通电源，预热仪器至规定时间。预热期间，电源指示灯应点亮。

(3) 带有数码管的仪器，数码管亮度应正常，且数码均在零位。

(4) 按仪器使用说明书给定的方法，对仪器进行检查、调试和校正，待完全符合使用要求后才能投入使用。

(5) 测加速时间——平均功率的仪器，要利用仪器的模拟转速、门控指示灯和微调电位器，调整好起始转速 n_1 和终止转速 n_2 的门控。微机控制的仪器，可通过数字键键入 n_1、n_2 的设定值。

(6) 需要置入转动惯量 I 的仪器，要把被测发动机的转动贯量 I 置入仪器内。

2. 发动机准备

预热发动机至正常工作温度（80～90℃）。调整发动机怠速，使在规定范围内稳定运转。

3. 联机

仪器和发动机准备好后，把仪器和传感器按要求连接在规定部位（离合器壳特制孔、分电器低压接线柱或低压导线、柴油机高压油管等）。无连接要求的则应拉出拔节天线。

4. 测功

(1) 按下“复零”键，使指示装置复零。

(2) 按下其他必要的键位，如机型（汽油机、柴油机）选择键、缸数选择键和“测试”键等。需要输入操作码的仪器，则应按要求输入规定的操作码。

(3) 发动机在怠速下稳定运转，操作者在驾驶室内急速地把加速踏板一脚踩到底，发动机转速猛然上升。当超过终止转速 n_2 时应立即松开加速踏板，切忌使发动机长时间高速空转。记下或打印出读数后，按下“复零”键使指示装置复零。重复上述操作，检测结果取平均值。

有些仪器为了保护发动机不受损害和提高使用的方便性，当转速上升超过 n_2 时，能使发动机自行熄火。而当转速下降低于 n_1 时，只要按下“复零”键，在指示装置复零的同时，又能自动接通点火线路，使发动机重新运转。

上述测功方法称为怠速加速法，既适用于汽油机，又适用于柴油机。对于化油器式汽油机来说，还有一种起动加速法也可以测功。具体做法是：先将加速踏板踩到底，使化油器节气门全开，再起动发动机加速运转。前一种方法较为简便，后一种加速方法可检查化油器的调整状况（排除加油泵的附加供油作用）。

5. 查对功率

仅能显示加速时间的无负荷测功仪，测得加速时间后，应到仪器制造厂推荐的曲线图或表格上查出对应的功率值，以便与标准功率值对照。以东风EQ 6100—1型发动为例，其功率——时间对照表如表4-1所示。表中的功率值为不带发电机、冷却风扇、空压机的台架稳态外特性的试验值。

表4-1　EQ 6100—1型发动机功率——时间对照表

加速时间/s	0.31	0.36	0.46
稳态外特性功率/kW	99.3	88.3	66.2

6. 单缸功率的检测

无负荷测功仪，既可以检测发动机的整机功率，又可以检测某气缸的单缸功率。检测单缸功率的方法是：先测出发动机整机功率，再测出某单缸断火情况下的发动机功率，两功率差即为断火缸的单缸功率。

二、检测结果分析

1. 发动机整机功率

根据GB 7258—1997《机动车运行安全技术条件》的规定：发动机功率不得低于原标定功率的75%。当发动机功率比标定功率下降20%～25%时，必须修理以恢复发动机的动力性能，而不宜继续使用。

发动机功率偏低，一般是由于燃油供给系调整状况不佳、点火系技术状况不佳或气缸密封性不佳等原因造成，应进一步深入诊断，找出原因，进行调整或维修。

2. 发动机单缸功率

技术状况良好的发动机，各单缸功率应是一致的，亦即各缸功率差应是相等的，否则会造成发动机运转不平稳。比较各单缸功率，可判断各缸的技术状况。

发动机单缸功率偏低，一般系该缸高压分线、分线插孔或火花塞技术状况不佳、气缸密封性不佳、气缸上润滑油等原因造成，应更换、调整或维修。

第二节　气缸密封性的检测

气缸密封性与气缸、气缸盖、气缸衬垫、活塞、活塞环和进、排气门等包围工作介质的零件有关。这些零件组合起来（以下简称为气缸组）成为发动机的心脏，它们技术状况的好坏，不仅严重影响发动机的动力性和经济性，而且决定发动机的使用寿命。在发动机使用过程中，若上述零件出现磨损、烧蚀、结胶、积炭等现象，将导致气缸密封性下降。

气缸密封性是表征气缸组技术状况的重要参数。气缸密封性的诊断参数主要有气缸压缩压力、曲轴箱漏气量、气缸漏气量或漏气率、进气管真空度等。就车检测气缸密封性时，只要检测上述参数中的一项或两项，就能足以说明问题。下面，仅对气缸压力和进气管真空度的检测方法予以介绍。

一、气缸压缩压力的检测

检测活塞到达上止点时，气缸压缩压力的大小，可以表明气缸的密封性。检测时，最常使用的仪器是气缸压力表。

1. 气缸压力表的使用

用气缸压力表检测气缸压缩压力（以下简称气缸压力）由于具有价格低廉、仪表轻巧、实用性强和检测方法简便等优点，在汽车维修企业中应用极为广泛。

气缸压力表是一种专用压力表，它一般由表头、导管、单向阀和接头等组成。压力表头多为波登管式，其驱动元件是一根扁平的弯成圆圈状的管子，一端为固定端，另一端为活动端。活动端通过杠杆、齿轮机构与指针相连。当压力进入弯管时弯管伸直，于是通过杠杆、齿轮机构带动指针动作，在表盘上指示出压力的大小。

气缸压力表的接头有两种，一种为螺纹管接头，可以拧紧在火花塞或喷油器螺纹孔内；另一种为锥形或阶梯形的橡胶接头，可以压紧在火花塞或喷油器孔上。接头通过导管与压力表头相连通。导管也有两种，一种为软导管，另一种为金属导管。软导管适用于螺纹管接头与压力表头的连接，硬导管适用于橡胶接头与压力表头的连接。

气缸压力表还装有能通大气的单向阀。当单向阀处于关闭位置时，可保持压力表指针位置以便于读数。当单向阀处于打开位置时，可使压力表指针回零。气缸压力表如图 4-2 所示。

气缸压力表的检测条件如下：

（1）发动机应运转至水冷式发动机水温达 75℃～85℃，风冷式发动润滑油温达 80℃～90℃。

（2）用起动机带动卸除全部火花塞或喷油器的发动机运转，其转速应符合原厂规定（参见表 4-2）。

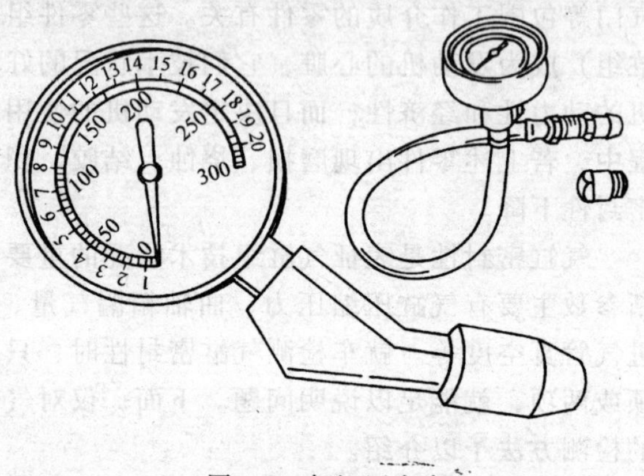

图 4-2　气缸压力表

气缸压力表的检测方法如下：

（1）拆下空气滤清器，用压缩空气吸净火花塞或喷油器周围的脏物，然后卸下全部火花塞或喷油器，并按气缸次序放置。

（2）对于汽油发动机，还应把分电器中央高压线拔下可靠搭铁，以防止电击和着火，然后把气缸压力表的橡胶接头插在被测缸的火花塞孔内，扶正压紧。

（3）将化油器节气门和阻风门置于全开位置，用起动机转动曲轴 3～5s（不少于四个压缩行程），待压力表表头指针指示并保持最大压力后停止转动。

（4）取下气缸压力表，记下读数，按下单向阀使压力表指针回零。

（5）按上述方法依次测量各缸，每缸测量次数不少于两次。

（6）就车检测柴油发动机气缸压力时，应使用螺纹接头的气缸压力表。如果该机要求在较高转速下测量，此种情况除受检气缸外，其余气缸均应工作。其他与汽油机相同。

2. 检测结果分析

在用车发动机的气缸压力，可参考交通部 13 号部令《汽车运输业车辆技术管理规定》中总成大修送修标志的有关规定，气缸压力不得低于原设计的25%以上，否则需送厂大修。

常见汽车发动机气缸压力的原设计规定见表4-2。

表4-2 部分发动机原设计规定的气缸压力

发动机型号	压缩比	气缸压力/kPa	检测时的转速/（r/min）
解放 CA 6102	7.4/6.9	930/881	
东风 EQ 6100-1	7	不小于833.57	
太脱拉 T928	16.5	2942～3236.19	600～1000
五十铃 4JB1 或 493Q	18.2	3100	200
日产 RD8	16	2942	200
桑塔纳 JV	8.5	1000～3000	
丰田 1Y、2Y、3Y	8.8	1225.83	
4M/5M	8.5/8.8	1078.73	250
12R	8.5	1078.73	

如果所检测的气缸压力值超过原设计规定，并不一定是气缸密封性好，要结合使用和维修情况进行分析。这种情况有可能系燃烧室内积炭过多、气缸衬垫过薄或缸体与缸盖经多次修理而加工过甚造成。测得结果如低于原设计规定，可向该缸火花塞或喷油孔内注入适量机油，然后用气缸压力表重测气缸压力，并分析记录结果：

（1）第二次测出的压力比第一次高，接近标准压力，表明是气缸、活塞环、活塞磨损过大或活塞环对口、卡死、断裂及缸壁拉伤等原因造成气缸不密封。

（2）第二次测出的压力与第一次略同，即仍比标准压力低，表明是进、排气门或气缸衬垫不密封。

（3）两次检测结果均表明某相邻两缸压力相当低，说明是两缸相邻处的气缸衬垫烧损窜气。

以上仅为对气缸组不密封部位的故障分析或推断，并不能十分把握地确诊。为了准确地测出故障部位，可在量完气缸压力后，针对压力低的气缸，采用如下简易方法：卸下空气滤清器，打开散热器，用一条三米长的软管，一头接在压缩空气气源（588.40kPa）上，另一头通过锥形橡胶头插在火花塞孔内。摇转发动机曲轴，使被测气缸活塞处于压缩终了上止点位置，然后将变速器挂入低挡。拉紧驻车制动，打开压缩空气开关，注意倾听漏气声。如在化油器口处听到漏气声，说明进气门不密封；如在排气消声器口处听到漏气声，说明排气门不密封；如在散热器加水口处看到有气泡，说明气缸衬垫在该两缸之间烧损窜气；如在加润滑油口处听到漏气声，说明气缸活塞副配合不密封。

用气缸压力表检测气缸压力，尽管应用极为广泛，但存在测量误差大的缺点。测量结果不但与气缸内各处的密封程度有关，而且还与曲轴的转速有关。不同型号的发动机，由起动机带动曲轴的转速不可能完全一致。即使同一型号的发动机，由于蓄电池、起动机和发动机的技术状况不一样，其起动转速也不可能完全一致。这就出现了检测转速是否符合规定值的问题，它是用气缸压力表检测气缸压力误差大的主要原因。在检测气缸压力时，如能监控曲轴转速，将是发现问题，减小测量误差，获得正确结果的重要保证。

用气缸压力表检测气缸压力的另一个缺点，是需要把所有的火花塞或喷油器卸下，一缸一缸地进行，费时费力。检测气缸压力时，也可用气缸压力测试仪进行。

二、进气管真空度的检测

发动机进气管的真空度也称进气管负压。它是进气管内的进气压力与外部大气压力的压力差，单位用 kPa 表示。进气管真空度是汽油机的重要诊断参数之一，它可以表征气缸组和进气管的密封性。汽油机进气管的真空度，通常用汽车发动机检测专用真空表进行。

1. 真空表的使用

汽车发动机检测专用真空表，由表头和软管组成。检测前，将真空表上的软管与发动机进气歧管连接。使发动机处于正常工作温度，将发动机怠速调整在规定范围内。

2. 进气管真空度的诊断示例

在发动机怠速运转条件下，根据真空表指针的摆动情况诊断发动故障。在真空表示意图中，白针表示指针稳定，黑针表示指针漂移。

(1) 发动机正常。真空表指针稳定在 57～70kPa 之间。海拔高度每增加 304.8m,真空表读数相应降低 3.38kPa。发动正常时,真空表指针位置如图 4-3 所示。

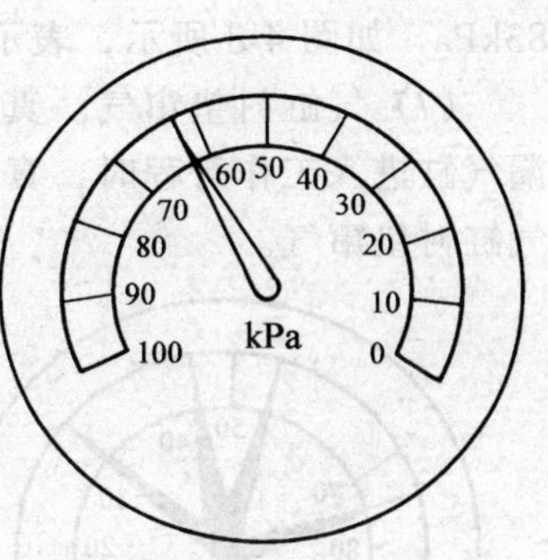

图 4-3 发动机正常时真空表读数示意图

(2) 气门与气门座不密封。真空表读数跌落 3～23kPa，而且指针有规律地波动，如图 4-4 所示，表示气门与气门座不密封。

(3) 气门与气门导管卡滞。真空表读数有规律地迅速跌落 10～16kPa，如图 4-5 所示，表示气门与气门导管卡滞。

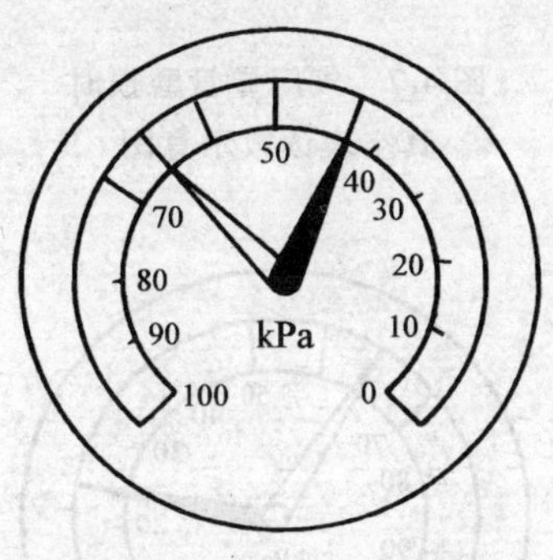

图 4-4 气门与气门座不密封的真空表读数示意图

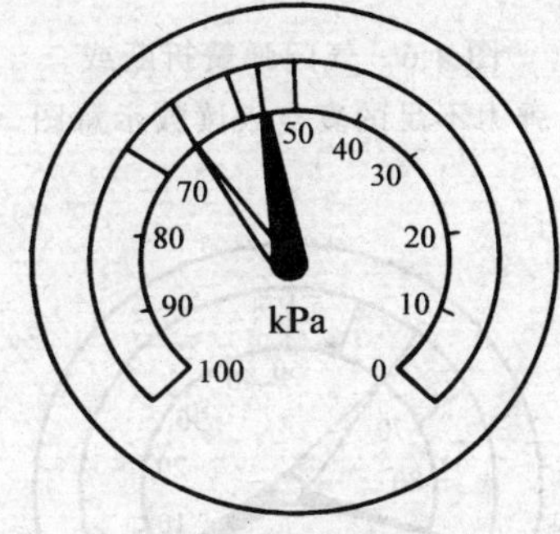

图 4-5 气门与气门导管卡滞的真空表读数示意图

(4) 气门弹簧折断或弹力不足。转速在 2000r/min 时，真空表读数迅速地在 33～74kPa 范围内波动，如图 4-6 所示。表示气门弹簧折断或弹力不足。

(5) 气门导管磨损。真空表读数较正常值低 10～13kPa，并缓慢地在 47～60kPa 范围内波动，如图 4-7 所示，表示气门导管磨损。

(6) 活塞环磨损。发动机转速升至 2000r/min 时，突然开大并关闭节气门，真空表读数迅速跌落至 6～16kPa 以下，且回跳不到

83kPa，如图 4-8 所示，表示活塞环磨损。

（7）气缸衬垫窜气。真空表读数从正常值突然跌落 33kPa，至泄漏气缸进入工作行程时，真空表读数恢复正常，如图 4-9 所示，表示气缸衬垫窜气。

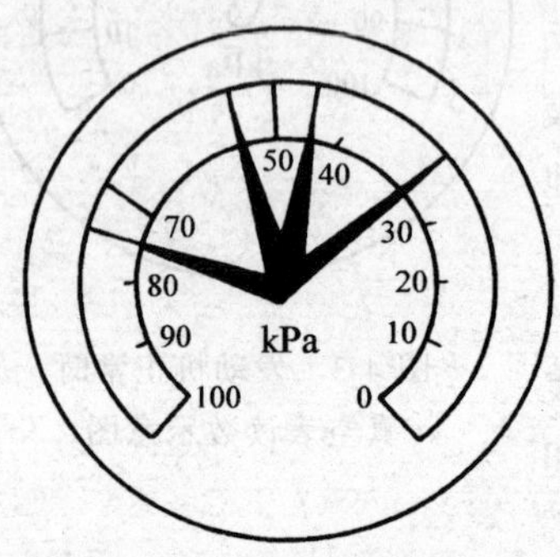

图 4-6　气门弹簧折断或弹力不足的真空表读数示意图

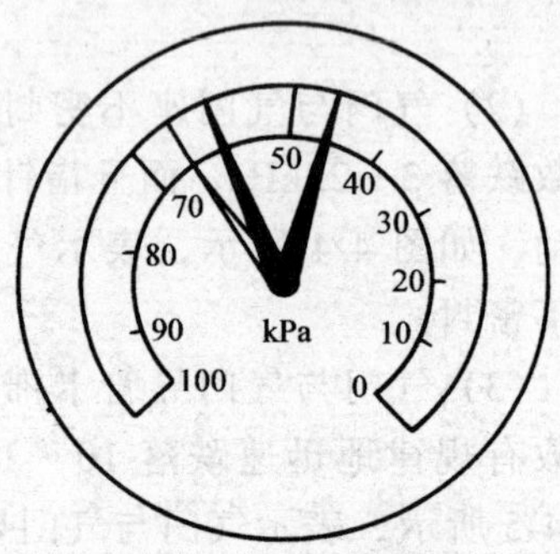

图 4-7　气门导管磨损时真空表读数示意图

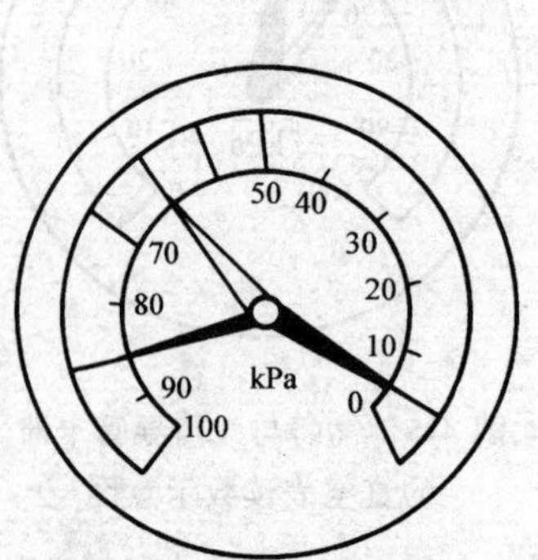

图 4-8　活塞环磨损时真空表读数示意图

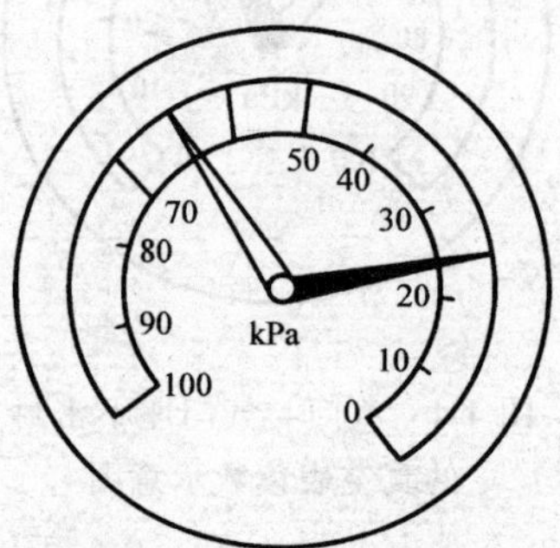

图 4-9　气缸垫窜气时真空表读数示意图

（8）混合气过稀或过浓。混合气过稀时，真空表指针不规则地跌落；混合气过浓时，真空表指针缓慢地摆动，如图 4-10 所示。

（9）进气歧管垫漏气或排气系统阻塞。真空表读数比正常值低 10～30kPa，如图 4-11 所示，表示进气歧管垫漏气。真空表读数从

83kPa 跌落至 6kPa 以下，又迅速回至正常，表示排气系统阻塞。

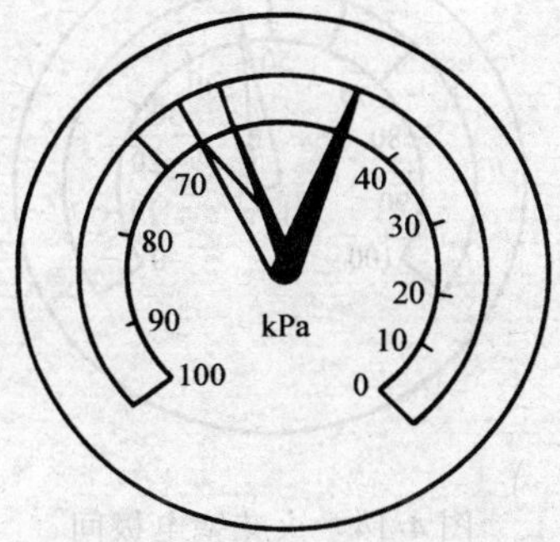

图 4-10　混合气过稀或过浓时真空表读数示意图

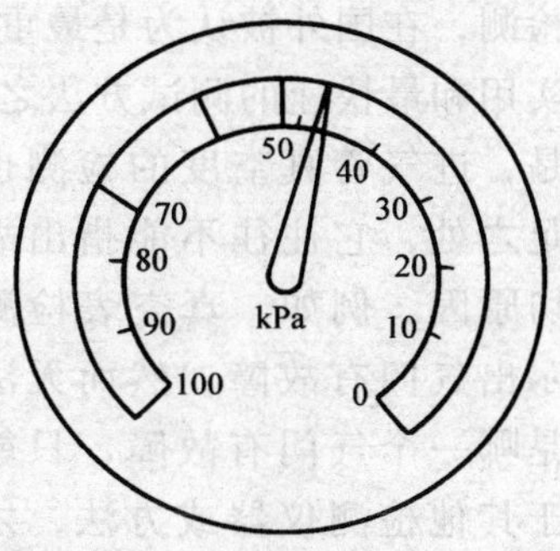

图 4-11　进气歧管垫漏气时真空表读数示意图

(10) 点火过迟。真空表读数稳定指示在 47～57kPa，如图 4-12 所示，表示发动机点火过迟。

(11) 配气过迟。真空表读数稳定在 27～50kPa 之间，如图 4-13 所示，表示发动机配气过迟。

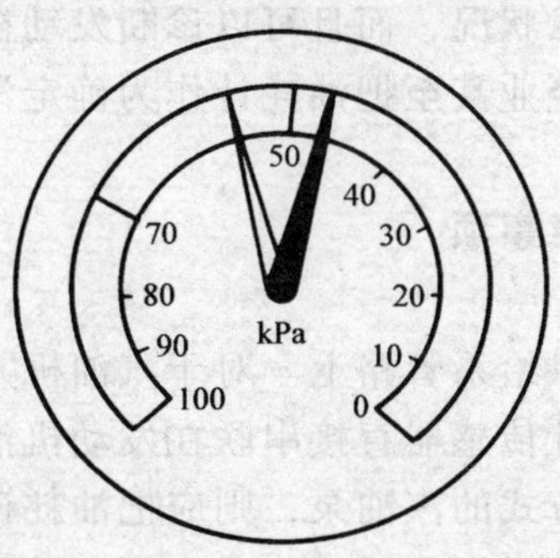

图 4-12　点火过迟时真空表读数示意图

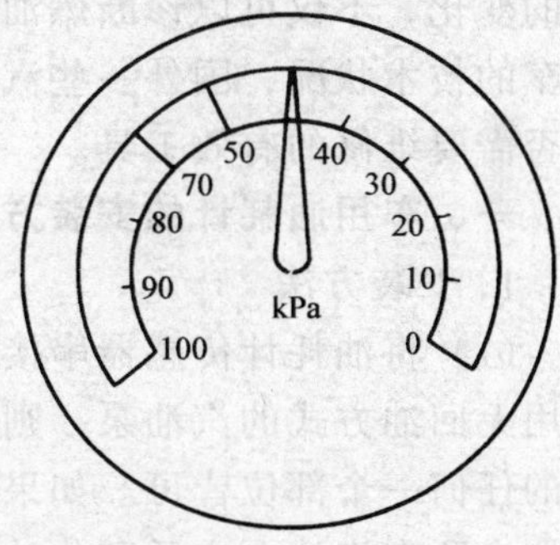

图 4-13　配气过迟时真空表读数示意图

(12) 火花塞电极间隙过大、过小或断电器触点接触不良。真空表指针缓慢地在 47～54kPa 之间波动，如图 4-14 所示，表示火花塞电极间隙过大、过小或断电器触点接触不良。

进气管真空度检测是一项综合检测，在国外被认为是最重要、最实用和最快速的测试方法之一。但是，进气管真空度的检测也有不足之处，它往往不能指出故障确切原因。例如，真空表检测能指示出气门有故障，然而无法确定是哪一个气门有故障，只能借助于其他检测仪器或方法，才能予以确诊。

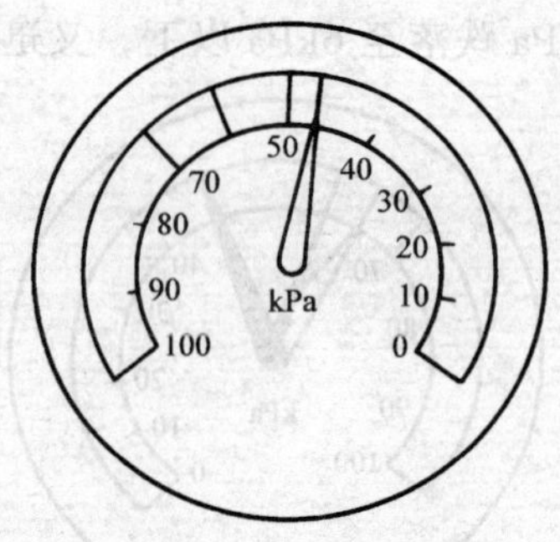

图 4-14 火花塞电极间隙过大、过小或断电器触点接触不良时真空表读数示意图

第三节 汽车燃油消耗量的检测

汽车的燃油消耗量，除了与燃油系的技术状况有直接关系外，还与曲柄连杆机构、配气机构、润滑系、冷却系、行驶系、转向系和制动系等有关，是一个综合性评价参数。用油耗计检测汽车油耗在使用中的变化，不仅可以诊断燃油系的技术状况，而且可以诊断发动机及整车的技术状况，国外一些汽车运输企业甚至把油耗计作为确定汽车是否需要维修的有效工具。

一、车用油耗计的安装方法及注意事项

1. 安装方法

(1) 将油耗计传感器串接在燃油供给系管路上。对于汽油机并且采用无回油方式的汽油泵，则把油耗计传感器直接串联在发动机油路中的任何一个部位皆可。如果是回油方式的汽油泵，则应把油耗计传感器串联在汽油泵之后和化油器之间。对于柴油机，考虑到发动机的回油对油耗的影响，一般采用图 4-15 所示的连接方法。

(2) 为保证进入油耗计传感器的是清洁的燃油，防止油耗计传感器在试验过程中出现卡滞现象，油耗计传感器应尽量接在燃油滤清器之后，或者在油耗计传感器之前另接燃油滤清器。

(3) 传感器串接到供油管路后，传输信号的电缆插入传感器的插座上，另一端插入计量显示仪表输入插座上。

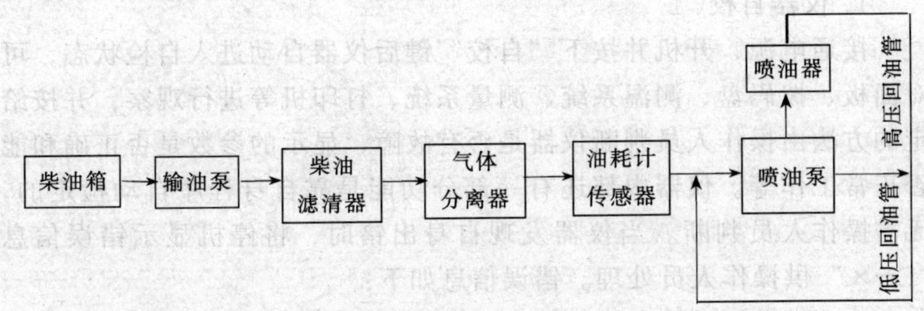

图 4-15 油耗计传感器和气体分离器在柴油机上的安装位置

2. 注意事项

(1) 传感器的进、出油管最好为透明塑料管，以便观察燃油中有无气体。供油管路中有气体会导致测量误差。当发现管路不断产生气泡时，应仔细检查并消除不密封部位。汽油蒸汽会形成“气阻”。

(2) 测量开始前应将管路中的气体排净。测量中若发现传感器出油管有气泡，应宣布数据作废，重新测量。比较妥当的办法是在进口处串接气体分离器，以保证测量精度。气体分离器的简图如图 4-16 所示。当混有气体的燃油进入分离器浮子时，气体会迫使浮子室内的油平面下降，针阀打开，气体排出进入大气，从出油管进入传感器的燃油便没有气体了，使测量精度提高。

(3) 为了减少活塞式传感器磨损，防止活塞卡阻，被测燃油在密闭容器内应经 24h 以上沉淀，以保证燃油的清洁性。

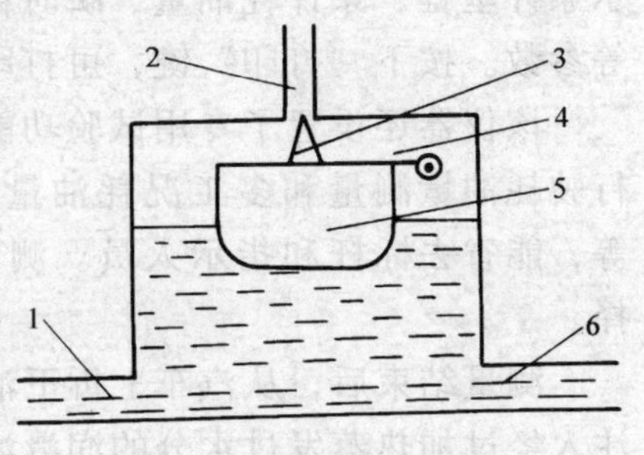

图 4-16 气体分离器简图
1—进油管 2—排气管
3—针阀 4—浮子室
5—浮子 6—出油管

(4) 油耗计的电源线必须夹紧在蓄电池极桩上，不要随意就近接在电路某部位上，以免供电压发生较大变化，影响油耗计的正常工作。

二、车用油耗计的使用方法

现以 ZHZ14 型汽车综合参数测试仪为例，对车用油耗计的使用方法予以介绍。

1. 仪器自校

接通电源，开机并按下“自校”键后仪器自动进入自检状态，可对面板、拨码盘、测温系统、测量系统、打印机等进行观察，并按给定的方法由操作人员判断仪器是否有故障，显示的参数是否正确和能否正常工作等。仪器内部还有一部分功能是靠自身程序自动检定的，无需操作人员判断。当仪器发现自身出错时，将停机显示错误信息“Err×”供操作人员处理。错误信息如下：

Err1：微机系统出错；

Err2：测温 A/D 转换器输入超量程；

Err3：测温 A/D 转换器输入欠量程；

Err4：A/D 转换器电路故障。

仪器处于以上某一状态时已停止工作，只有按下“自校”键或重新开机，方可重新进入工作状态。若仪器连续出现某种错误状态，则需停机修理。

2. 测量

按下“启动”键，仪器将自检数据清零，进入正常测量状态。此时按国家标准规定的方法测等速行驶耗油量、六工况试验耗油量、四工况试验耗油量或限定条件的平均使用耗油量。通过按键，仪器可显示累计里程、累计耗油量、瞬时耗油量、累计时间、试验车速和油温等参数。按下“打印”键，可打印出测量结果。

该仪器还设置了专用试验功能，可自动完成国家标准规定的等速行驶耗油量测量和多工况耗油量测量。手动完成百分里耗油量测量等，能省去标杆和指示人员。测量中采用哪种方式，可通过按键选择。

测量结束后，从汽车上拆下油耗计，将传感器内的油液排净，并注入经过加热蒸发过水分的润滑油妥为保管。

以上以 ZHZ14 型汽车综合参数仪为例，介绍了车用油耗计的使用方法。当使用的车用油耗计不同时，操作方法也不相同。重要的是要读懂车用油耗计的使用说明书，严格按介绍的方法操作。

车用油耗计使用一段时间后，由于传感器技术状况变化，测量精度下降，因此需定期重新标定油耗计系数。标定时按仪器使用说明书介绍的方法进行。通常的作法是先测定传感器的实际排油量，再与计量显示仪表的指示量比较，求出新的标定系数，则仪器的指示误差通过确定新的标定系数而得到校正。

第四节　驱动车轮输出功率或驱动力的检测

汽车驱动车轮输出功率或驱动力的检测，即通常所说的底盘测功。底盘测功的目的，有时是为了获得驱动车轮的输出功率或驱动力，以便评价汽车的动力性；有时则是用获得的驱动车轮的输出功率，与发动机飞轮输出功率进行对比，并求出传动效率，以便判定底盘传动系的技术状况。

底盘测功在滚筒式试验台上进行，该试验台通常称为底盘测功试验台或底盘测功机。

一、底盘测功试验台的基本结构

滚筒式测功试验台由滚筒、功率吸收装置、测量装置和辅助装置四部分组成。

底盘测功试验台的滚筒相当于连续移动的路面，被测车辆的车轮在其上滚动。该种试验台有单滚筒和双滚筒等形式。

功率吸收装置也是一个加载装置，可用它来吸收（测量）发动机经传动系传至驱动车轮的功率。常用的加载装置有：水力测功器、直流电电力测功器和电涡流测功器。目前大多数滚筒试验台上采用电涡流测功器。

测量装置包括测力装置、测速装置和功率指示装置。如果测力装置为电测式，指示装置能直接指示驱动车轮的输出功率。特别是微机控制的底盘测功试验台，测力杠杆处测力传感器输出的电信号送入微机处理，可在指示装置上直接显示 kW 数。

测力装置为机械式和液压式的试验台，其指示装置仅能指示驱动车轮的驱动力。此时，驱动车轮的输出功率应根据测得的驱动力和对应的试验车速按下式计算。

$$P_k = \frac{Fv}{3600}$$

式中　P_k——驱动车轮输出功率（kW）；

F——驱动车轮驱动力（N）；

v——试验车速（km/h）。

底盘测功试验台的辅助装置，主要包括汽车举升装置、纵向约束装置和冷风装置等。

以国产 DCG—10C 型汽车底盘测功试验台为例，其机械部分的结构如图 4-17 所示。该试验台主机采用美国 INTEL 公司生产的单片微机作为系统的控制核心，适用于对轴载质量不小于 10t、驱动车轮输出功率不大于 150kW 的汽车驱动车轮输出功率或驱动力的检测。

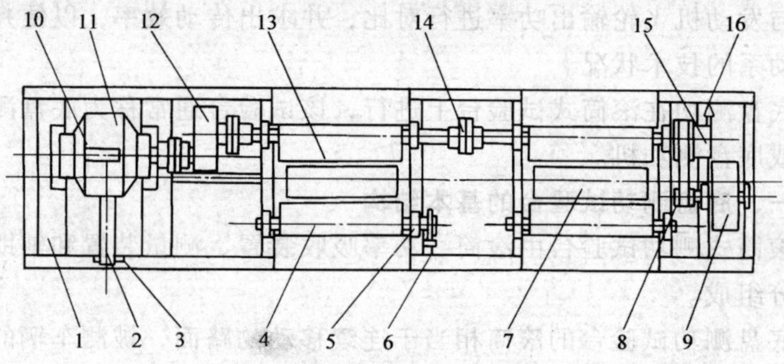

图 4-17　DCG—10 型底盘测功试验台机械部分结构图

1—框架　2—杠杆　3—压力传感器　4—副滚筒　5—轴承座　6—速度传感器　7—举升装置　8—带轮　9—飞轮　10—冷却水入口　11—电涡流测功器　12—齿轮箱　13—主滚筒　14—联轴器　15—离合器　16—电刷

二、底盘测功试验台的测功方法

1. 确定测功项目

汽车底盘测功前，首先根据测试目的或应车主要求，确定测功项目。一般有以下几项：

（1）发动机标定功率下驱动车轮的输出功率或驱动力。

（2）发动机最大转矩转速下驱动车轮的输出功率或驱动力。

（3）发动机全负荷选定车速下驱动车轮的输出功率或驱动力。

（4）发动机部分负荷选定车速下驱动车轮的输出功率或驱动力。

2. 车辆准备

汽车开上底盘测功试验台以前，必须通过路试走热全车。然后调整发动机供油系、点火系至最佳工作状态，检查并紧固传动系、车轮的连接情况，检查轮胎并使其达到汽车制造厂的规定值。

3. 测功方法

车辆准备好后，开到底盘测功试验台上。试验台如系单轮双滚筒式，应将被测驱动轮置于两滚筒之间，放下举升平板，并对车辆进行必要的纵向约束。

检测发动机标定功率和最大扭矩转速下，驱动车轮输出功率或驱动力时，将变速器挂入选定挡位，松开手制动，踩下加速踏板，同时调节测功器制动力矩对滚筒加载，使发动机在节气门全开情况下以标定转速运转。待发动机运转稳定后，读取并打印驱动车轮的输出功率（或驱动力）值、车速值。在节气门全开情况下继续对滚筒加载，至发动机转速降至最大扭矩转速稳定运转时，读取并打印驱动车轮的驱动力（或输出功率）值、车速值。

如需测出驱动车轮在变速器不同挡位下的输出功率或驱动力，则要依次挂入每一挡，并按上述方法进行检测。当发动机发出标定功率，挂直接挡，可测得驱动车轮的最大输出功率；当发动机发出最大转矩，挂 1 挡，可测得驱动车轮的最大驱动力。

发动机全负荷选定车速下，驱动车轮输出功率或驱动力的检测，是在踩下加速踏板的同时调节测功器制动力矩对滚筒加载，使发动机在节气门全开情况下，以选定的车速稳定运转进行的。发动机部分负荷选定车速下，驱动车轮输出功率或驱动力的检测与此相同，只不过发动机是在选定的部分负荷下工作而异。

当使用 DCG—10C 型汽车底盘测功试验台测功时，将“速度给定”旋钮拨到选定的速度刻线上，“功能选择”旋钮拨到“恒速”上。在逐渐增大节气门到所需位置的同时，控制装置能自动调控励磁电流，使汽车在选定的车速下恒速测功。如果手动调控励磁电流，须将“功能选择”旋钮拨到“恒流”上，然后手动旋转“电流给定”旋钮，即可增大或减小励磁电流，并在旋钮给定位置上供给恒定的励磁电流。

三、传动效率

从底盘测功试验台上测出的驱动车轮输出功率，要与发动机飞轮输出的功率进行对比，按下式计算出传动效率：

$$\eta_m = \frac{P_k}{P_e}$$

式中 P_k——驱动车轮输出功率；

P_e——发动机飞轮输出功率。

汽车传动系的机械传动效率正常值如表 4-3 所示，当被检车辆的传动效率低于规定值时，说明消耗于离合器、变速器、分动器、万向传动装置、主减速器、差速器和轮毂轴承等处功率增加。损耗的功率主要集中在各运动件的摩擦损耗和搅油损耗上。因此，通过正确的调整和合理的润滑，传动效率会得到提高。值得提出的是，新车的传动效率并不是最高，只有传动系完全走合后，由于配合情况变好，摩擦力减小，才使得传动效率达最大值。此后，随着车辆继续使用，由于磨损逐渐扩大，配合情况逐渐恶化，造成摩擦损失不断增加，因而传动效率也就降低。所以，定期对车辆底盘测功，能为评价底盘技术状况提供重要依据。

表 4-3　汽车传动系的机械传动效率

汽车类别		传动效率 η_m
轿车		0.90～0.92
载货汽车和公共汽车	单级主减速器	0.90
	双级主减速器	0.84
4×4 越野汽车		0.85
6×4 载货汽车		0.80

滚筒式底盘测功试验台，除能检测驱动车轮的输出功率或驱动力外，还能校验车速表指示误差，模拟道路等速行驶、上坡行驶和测试等速行驶油耗量。如果试验台属于惯性式，且飞轮的转动惯量能等效（通过更换不同质量的飞轮实现）试验汽车加速时的惯性力（即加速阻力），还可模拟加速行驶、减速行驶、测试滑行距离和多工况试验耗油量。还有些惯性式底盘测功试验台，在测得驱动车轮输出功率后，立即踩下离合器踏板，利用试验台对汽车反拖，可测得传动系消耗功率。这种试验台，如果将测得的同一转速下的驱动车轮输出功

率，与传动系消耗功率相加，就可求得这一转速下的发动机有效功率。

除上述项目外，凡须要汽车在运行进行的检测与诊断项目，只要配备所需的仪器，均可在滚筒式底盘测功试验台上进行。如检测各种行驶工况下的废气成分与烟度、检测点火提前角或供油提前角，诊断各总成或系统的噪声与异响（包括经验诊断法），观测汽油机点火波形或柴油机供油波形，检测各总成工作温度和各电气设备工作情况等。

第五节　前轮定位的检测

汽车前轮定位角度的检测，有静态检测法和动态检测法两种。静态检测法是在汽车停止的情况下，使用测量仪器对前轮定位进行几何角度的测量。动态检测法是在汽车以一定车速行驶的情况下，用测量仪器或设备检测前轮定位产生的侧向力或由此引起的车轮侧滑量。

一、前轮定位值的检测

前轮定位包括前轮前束、前轮外倾、主销后倾和主销内倾，是前桥技术状况的重要诊断参数。前轮定位正确与否，将直接影响到汽车的直线行驶稳定性、安全性、燃油经济性、轮胎和有关机件的磨损及驾驶员的劳动强度等。因此，前轮定位值的检测不仅对在用车是十分必要的，而且对新车型进行质量抽查时也是必不可少的。

前轮定位值的检测采用静态检测法，使用的检测设备有气泡水准式、光学式、激光式、电子式和电脑式等车轮定位仪。其中，气泡水准仪在国内获得了广泛的应用，以下主要介绍该种仪器。

1. 气泡水准车轮定位仪简介

该种仪器按适用车型范围可分为两种：一种适用于大中小型汽车，另一种仅适用于小型汽车。前者一般由水准仪、支架和转盘（又称转角仪）等组成；后者一般由水准仪和转盘组成。

水准仪的外形如图 4-18 所示，主要由壳体、水泡管、水泡调节装置和刻度盘等组成，可测得前轮外倾角、主销后倾角和主销内倾角。

转盘一般由固定盘、活动盘、扇形刻度值、游标指示针、锁止销和若干滚珠等组成，滚珠装于固定盘与活动盘之间。活动盘在固定盘上应满足既能灵活转动又能自由位移的要求，且当载荷卸除后能使活动盘回到中心位置。转盘具有下列作用：

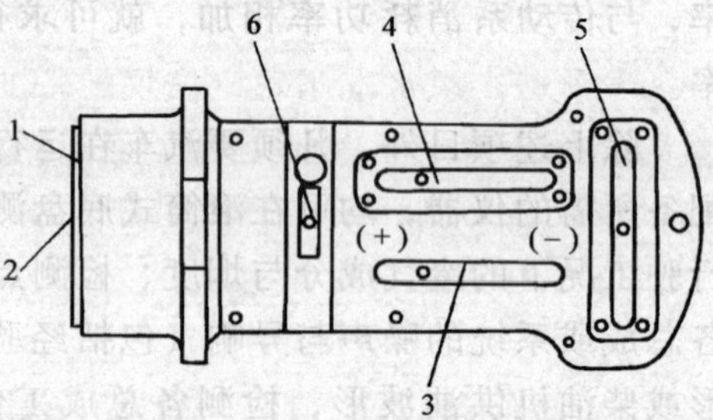

(1) 在前轮定位值检测中，便于静止汽车前轮转向，并转至规定角度。

(2) 可测得两前轮最大转向角。

(3) 可测得两前轮转向时，内轮转角大于外轮转角的关系，用于验证能否满足下列等式

图 4-18　气泡水准仪外形示意图

1—永久磁铁　2—定位针

3—测量前轮外倾角水泡

4—测量主销后倾角水泡

5—测量主销内倾角水泡

6—校正仪器水平状态气泡

$$\cot\alpha = \cot\beta + \frac{B}{L}$$

式中 α——汽车转向时前外轮转向角；

β——汽车转向时前内轮转向角；

B——左右两侧主销中心间的距离；

L——汽车前后轴轴距。

锁止销可锁止活动，以便于前轮上下转盘，检测中应将锁止销取下。

国产 GCD 型光束水准定位仪，在组成中除装备一个水准仪、两个支架和两个转盘外，尚配备有两个聚光器、两个标尺、两个标杆和一个踏板抵压器。聚光器在标杆配合下，可测得前轮前束值，聚光器在标尺配合下可测得后轴与前轴间的平行度误差、后轴与车架间垂直度误差及后轴与车架在水平平面的弯曲变形等。

在前轮定位值的检测中，有时应将制动踏板踩下，使前轮处于制动状态。踏板抵压器（实质上是一个抵杆）可将制动踏板压下而顶靠在司机座或其他支承物上，以节省人力。

2. 气泡水准车轮定位仪的使用方法

常见气泡水准车轮定位仪的使用方法大同小异。由于国产GCD—1型光束水准车轮定位仪配备的装置多一些，特别是能以聚光器配合标杆精确测得前束值，而这一功能是其他定位仪所不具备的，故以该仪器为例介绍以下使用方法。

（1）检测前的准备

1）汽车技术状况的预检

①检测前轮定位值时，如无特殊说明，被检车辆之载荷应符合原厂规定。

②轮胎气压应符合原厂规定。

③前轮轮胎应为新胎或磨耗均匀的半新胎。

④检查前轮轮毂轴承、转向节衬套与主销是否松旷，检查制动器是否可靠。

2）检测场地的要求

①检测场地表面应平整，并尽量处于水平状态。

②检测场地如为专用地坪，可将两转盘分别放入深为60mm预留坑内。如果无预留坑，当前轮放在转盘上后，后轮应垫以厚60mm之平整木块，以保证前后轮接地面处于同一水平面上。

3）汽车的正确放置。在汽车两前轮放在转盘上之前，汽车应前后稍许推动，以便前轮自动处于直线行驶状态。然后使两前轮分别放在各自的转盘上，并使主销中心线之延长线基本上通过转盘中心。在有工厂标记的条件下，依工厂标记来确定转向机的中心位置，进而确定前轮的直线行驶位置，是比较方便而且是准确的。在没有工厂标记的条件下，若认为前束在每个前轮上是均匀分配的，则可参照下述方法来确定前轮的直线行驶位置。

①取下转向盘锁止销。

②在两前轮上分别安装支架和聚光器，将聚光器光束水平投向在后轮中心且与后轮垂直的带三角架的标尺上，标尺应紧靠在车轮中心上。调节聚光器焦距，使在标尺上得到一清晰的带有一缺口的扇形图像（以下简称为指针），如图4-19所示。读出两侧标尺指针所指之数值，如果两侧数值相等，则认为前轮处于直线行驶位置。

前轮直线行驶位置找好后，应将转盘扇形刻度尺调整到零位对准游动指针，然后固定之。当再转动转向盘时，前轮的转角便可由转盘刻度尺上读出。

4）支架的安装。支架总成配有内张式及外收式两种固定脚，可按轮辋形式的不同选用。安装支架时，先将固定支架的两个固定脚，卡在轮辋的适当部位，再移动活动支架使其固定脚也卡在轮辋上。然后用活动支架的偏心卡紧机构，将三个固定脚卡在轮辋上。此时，三个固定脚的定位端面贴紧在轮辋的边缘上。松开调整支座弹性固定板的固定螺栓，使调整支座沿导轨滑动，通过特制心棒，使调整支座安装聚光器或水准仪的孔中心与前轮中心重合。然后拧紧螺栓，使调整支座固定于导轨上。

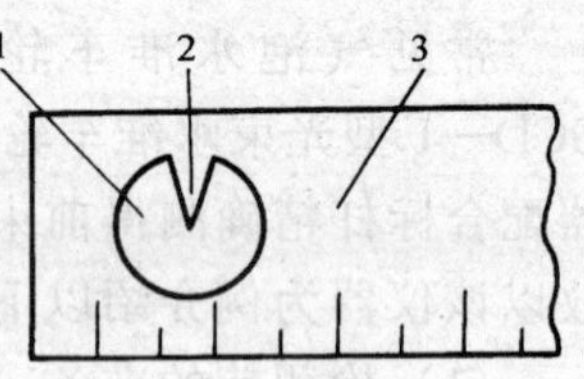

图 4-19　聚光器投出的光束指针

1—光束　2—指针　3—标尺

经多次试验，当支座中心与车轮中心偏 2～3mm 时，对测量结果影响甚微，故也可以目视对中心，而不必使用心棒。

5）轮辋变形的检查及补偿

①将聚光器定位销轴插入支座孔中，使销轴定位端面与支座定位端面贴合。然后拧紧弹簧卡固定螺钉，使聚光器不致于从支座上滑落。

②顶起被测前轮，使其离开转盘或地面，当在圆周上施力时能自由转动。

③将标杆以轮辋半径 7 倍的距离，放在所测车桥之前或之后的地面上。一般情况下，测前轮轮辋的变形量时，可把标杆放于前桥之前；测后轮轮辋变形量时，可把标杆放在后桥之后。

④将聚光器通以 12V 的直流电源，聚光器发出强光束指针。转动聚光器的调节盘，使光束指针的扇形缺口朝上。调整聚光器伸缩套筒，使光束指针清晰地指在标杆上，带有刻度的标牌上。用手把持住聚光器，松开弹簧卡固定螺钉，缓慢转动车轮一周，读出光束指针指示的最大值与最小值。最大值与最小值之差即为轮辋端面的摆差。当摆差不大于 3mm 时，一般认为轮辋是不合格的，应予更换。

⑤对于有摆差的前轮轮辋，为了消除其对前轮定位检测值的影

响，可转动调整支座上的滚花调节螺钉，直至光束指针指示的最大值与最小值之差在 3mm 之内为止。

轮辋的变形被补偿后，将车轮放在转盘上，并使主销中心线之延长线基本上通过转盘中心。

（2）前轮前束值的检测

1）汽车两前轮放于转盘上找正直线行驶位置后，在检测前束的过程中不得再转动转向盘或车轮。

2）调节标杆长度，使同一标杆两标牌之间距离略大于被测轮距，并使聚光器光束指针大致投射到标牌的中间位置，如“20”左右。两套标杆一定要调整到等长，特别是标牌之间的距离一定要相等，否则将直接影响检测结果。

3）将已调好的两套标杆放置在被测前桥的前后两侧，并平行于该桥。两标杆之间的距离为前轮上规定前束测点处直径的 7 倍，每一标杆距前轮中心的距离，为前轮上规定前束测点处半径的 7 倍。

前轮上规定的前束测点依车型而定。有的测点在胎面中心处，有的测点在胎侧突出处，而有的测点在轮辋边缘处，检测前束前应注意查阅汽车使用说明书。

4）先将一侧聚光器的光束投向前标杆的标牌上，使光束指针指于某一整数上，如图 4-20 所示。再将该聚光器的光束向后投射到后标杆之标牌上，并平行移动后标杆使光束指针落在与前标牌同一指示数值上。然后，将另一侧聚光器分别向前、后标杆投射光束，读出光束指针指示值，计算前束。若前标杆指示值为 23mm，后标杆指示值为 26mm，则前束值为后值减前值，即 26mm－23mm＝3mm；反之，若前标杆指示值为 26mm，后标杆指示值为 23mm，则前束值为 23mm－26mm＝－3mm，说明被测前轮为

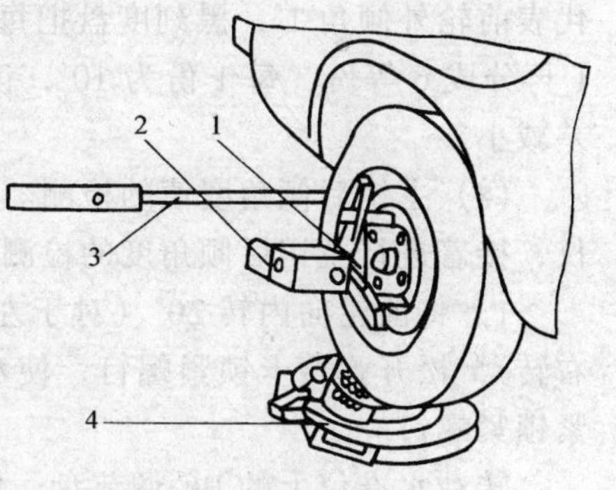

图 4-20　前轮前束的检测

1—支架　2—聚光器

3—标杆　4—转盘

负前束。

(3) 前轮外倾角度值的检测

1) 在前轮保持直线行驶位置不动的情况下，将水准仪黑箭头指示的定位销，插入前轮上支架的中心孔内，并使水准仪在左右方向上大致处于水平状态。轻轻拧紧弹簧卡锁紧螺钉，固定住水准仪，如图4-21所示。

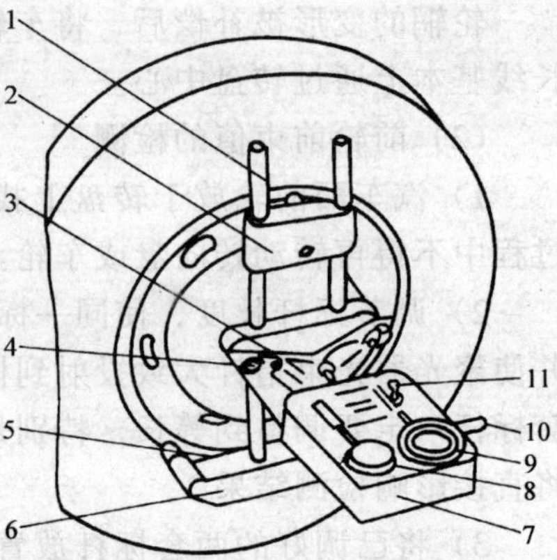

2) 转动水准仪上的调节盘A，直到对应的气泡管内的气泡处于中间位置为止。然后，在黑刻度盘上读出A盘红线所指角度值，该角度值即为前轮外倾角。

用同样的方法检测另一侧前轮外倾角。

图 4-21 前轮外倾角和主销后倾角的检测

1—导轨 2—活动支架 3—调整支座 4—调节螺钉 5—固定脚 6—固定支架 7—水准仪 8—A调节盘 9—BC调节盘 10—定位销 11—旋钮

A盘每转动 360°/13≈27.69°代表前轮外倾角1°，黑刻度盘把每1°再分成6等份，每1份为10′，读数分辨率可达1′，因而使读数误差减小。

(4) 主销后倾角度值的检测。前轮外倾角度值测定后，不动水准仪，接着进行主销后倾角度的检测。

1) 将前轮向内转20°（对于左前轮则向左转，对于右前轮则向右转），松开弹簧卡锁紧螺钉，使水准仪左右方向处于水平状态，拧紧锁紧螺钉。

转动水准仪上的BC调节盘，使红线与蓝、红、黄刻度盘零线重合。调整对应气泡管之旋钮，使气泡管气泡处于中间位置。

2) 将前轮向相反方向转40°，即转到直线行驶位置后再向外转20°。转动BC盘使气泡管之气泡回到中间位置，在蓝盘上读出BC盘红线所示之值，该值即为主销后倾角。

用同样的方法测出另一侧主销后倾角。

BC 盘每转动 360°/19.11≈18.84°代表主销后倾角或主销内倾角 1°，刻度盘把每 1°再分成 6 等份，每 1 份为 10′，读数分辨率可达 1′，使读数误差减小。

（5）主销内倾角度值的检测。为了防止打转向盘时前轮滚动，必须踩下制动踏板或用踏板抵压器压下制动踏板，使前轮处于制动状态。

1）从支架上取下水准仪，以红黄箭头所指之定位销插入支架中心孔内，轻轻拧紧锁紧螺钉，如图 4-22 所示。将被测前轮向内转 20°，松开锁紧螺钉，使水准仪在左右方向上大致处于水平状态，然后拧紧锁紧螺钉。

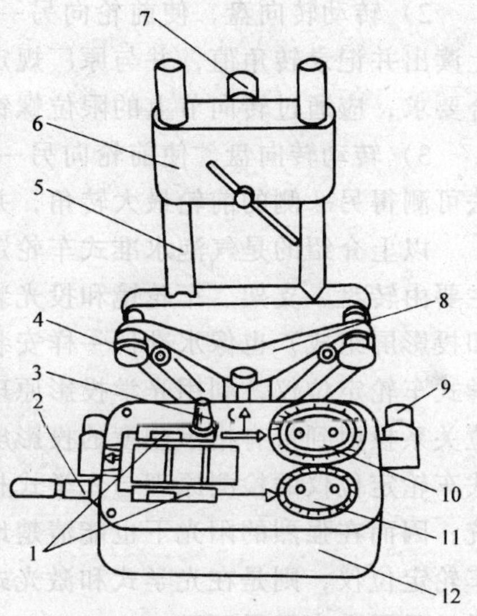

图 4-22 主销内倾角的检测
1—水泡管 2—定位销
3—旋钮 4—调节螺钉
5—导轨 6—活动支架
7、9—固定脚 8—调整支座
10—BC 调节盘 11—A 调节盘
12—水准仪

2）转动 BC 调节盘，使其红色刻线与蓝、红、黄刻度盘零线重合。调节气泡管之旋钮，使气泡处于中间位置。

3）将前轮向外转 40°，即转至直线行驶位置后再向外转 20°。调节 BC 盘使气泡管之气泡回到中间位置，则 BC 盘红线在红刻度盘或黄刻度盘所示之值，即为主销内倾角。

用同样的方法检测另一侧的主销内倾角。检测左前轮时在黄刻度盘上读数，检测右前轮时在红刻度盘上读数。

（6）前轮最大转角的检测。前轮最大转角是指前轮处于直线行驶位置时，分别向左、右转向至极限位置的角度。由于载货汽车转向器和纵拉杆布置在车架的一侧，为防轮胎碰擦，因而向左、右的最大转角是不相等的。

前轮最大转角的检测方法如下：

1）找正前轮直线行驶位置后，置转盘扇形刻度尺于零位并固定。如果紧接着上述前轮定位值检测之后进行，只须转动转向盘，使两侧转盘扇形刻度尺对准零位，即为直线行驶位置。

2）转动转向盘，使前轮向另一侧转至极限位置，从扇形刻度尺上读出并记录转角值，并与原厂规定值对照。若前轮的最大转角不符合要求，应通过转向节上的限位螺钉进行调整，直至符合要求为止。

3）转动转向盘，使前轮向另一侧转至极限位置，用上述同样方法可测得另一侧的前轮最大转角，并视情况予以调整。

以上介绍的是气泡水准式车轮定位仪。光学式车轮定位仪，一般主要由转盘、支架、车轮镜和投光装置等组成。投光装置（由投光器和投影屏组成）也像水准仪一样安装支架，而支架固定在轮辋上。光学式车轮定位仪，利用光学投影原理，将车轮纵向旋转平面与前轮定位关系投射到带有指示刻度的投影屏上，从而测得前轮定位值。激光式车轮定位仪的检测原理与光学式相同，只不过采用的是激光投射系统，因而在强烈的阳光下也能清楚地从投影屏读出测量数据。电子式车轮定位仪，则是在光学式和激光式的基础上，由投影屏刻度显示变成显示屏数字显示而已。

电脑式车轮定位仪，则要比以上几种车轮定位仪先进得多。它一般由电脑主机、彩色显示屏、操作键盘、传感器、打印机、遥控器和自中式支架等组成，往往制成可移动台式。这种仪器一般由安装在车轮上的传感器，把车轮与定位角之间的几何关系转变成电信号和光信号，送入电脑分析判断，然后由显示屏或打印机输出。电脑可以存贮若干车型的前轮定位数据，而且还可以不断输入新的数据，以便与测得的同一车型的定位值对照。汽车资料由键盘输入，测试过程可通过全功能遥控器控制。有些电脑式车轮定位仪不光能检测前轮定位，而且还可以检测后轮定位或技术状况。

二、前轮侧滑量的检测

前轮侧滑量的检测，须采用动态检测法，检测的主要目的是为了确知前轮前束与前轮外倾的配合是否恰当，使用的检测设备主要是滑动板式侧滑试验台。

1．前轮前束与外倾的关系及侧滑量检测原理

为了减少前轮纵向旋转平面接地点，至主销中心线延长线与地面交点的距离，并避免前桥在承受较大载荷后，前轮不致产生内倾，因而在前轮定位中出现了前轮外倾这一角度。但是前轮外倾后，在两前轮滚动中出现了向外张开的趋势。虽然在刚性前梁的约束下，前轮并不能真正向外分开滚动，但两前轮分别给地面向内的侧向力和轮胎在地面上的滑磨，是实际存在的。此时，若使这样的汽车前轮在两块互不连接然而可以左、右自由滑动的滑动板上前进通过时，则可以看到两滑动板向内靠拢。滑动板向内的靠拢量，即为该前轮的侧滑量。

前轮前束是为纠正前轮外倾后向外张开滚动这一缺陷而出现的。当前束值恰到好处时，给外倾的前轮一个合适的方向修正量，这样前轮就会保持稳定的直线行驶。此时，即使汽车前轮再通过同样的滑动板，滑动板也不会左、右移动。当然，若前轮前束值太大，则两前轮滚动时又有向内靠拢的趋势。刚性前梁虽不允许两前轮真正向内靠拢，但两前轮分别给地面一个向外的力，并在地面上滑磨也是实际存在的。此时，若汽车的前轮通过上述同样的滑动板，则两滑动板分别向外滑动。滑动板的滑动量，即为该前轮的侧滑量。

侧滑试验台，就是利用上述滑动板在侧向力作用下，能够横向滑动的原理，来测量前轮侧滑量的。检测中滑动板若向外移动，则表明前轮前束太大或负外倾太大；若滑动板向内移动，则表明前轮外倾太大或负前束太大；若滑动板不移动，表明前轮没有侧滑量，即前束与外倾配合得恰到好处。

2. 侧滑试验台的基本结构

侧滑试验台是使汽车在滑动板上驶过，用测量滑动板左、右方向移动量的方法，来检测前轮侧滑量并判断是否合格的一种检测设备。侧滑试验台按滑动板数不同，可分为单板式和双板式两种。它们一般均由测量装置、指示装置和报警装置等组成。下面仅以双板式侧滑试验台为例，对其基本结构进行简单的介绍。

(1) 测量装置。测量装置由框架、左右两块滑动板、杠杆机构、回位装置、滚轮装置、导向装置、锁止装置、位移传感器及信号传递装置等组成，它能把前轮侧滑量测出并传递给指示装置。

按滑动板位移量传递给指示装置方式的不同，测量装置可分为机械式和电气式两种。机械式测量装置，是把滑动板与指示装置机械地连接在一起。通过连杆和L型杠杆等零件，把滑动板位移量，直接传递给指示装置的一种结构形式。电气式测量装置是把滑动板的位移量通过位移传感器变换成电信号，再经过放大与处理而传输给指示装置的一种结构形式。位移传感器有自整角电机式、电位计式和差动变压器式等多种形式。

(2) 指示装置。指示装置也分为机械式和电气式两种。检测人员从指示装置上，可获得前轮侧滑量的定量数值，并根据指针偏向IN或OUT的方向确定出侧滑的方向。

指示装置的刻度板上，除用数字和符合标明侧滑量和侧滑方向外，有的还用颜色或英文划分区域。侧滑量0～3mm范围内为绿色，表示为良好（GOOD）区域；侧滑量3～5mm为黄色，表示为可用区域；侧滑量在5mm以上为红色，表示为不良（BAD）区域。

(3) 报警装置。在检测前轮侧滑量时，为便于快速表示结果是否合格，当侧滑量超过规定值（5格刻度）后，侧滑试验台能根据测量装置的限位开关等发出的信号。用蜂鸣器或信号灯报警，因而无需读取指示仪表上的数值，为检测工作节约了时间。

近年来国内各厂家生产的侧滑试验台的电气式指示装置，多以单片机进行数据采集和处理，因而具有操作方便、运行可靠、抗干扰性强等优点，同时还能对检测结果进行分析、判断、存贮、打印和数字显示等功能。

3. 侧滑试验台的使用方法

(1) 检测前的准备工作

1) 轮胎气压应符合制造厂的规定。

2) 轮胎上粘有油污、泥土、水或花纹沟槽内嵌有石子时，应清理干净。

3) 检查试验台导线连接情况。在导线连接良好的情况下打开电源开关，察看指针仪表或数码管是否在零点位置，视需要进行调整。

4) 检查报警装置在规定值时能否发出报警信号，视需要进行调整或修理。

5) 检查试验台上面及其周围的清洁情况，如有油污、泥土、砂石及水等应予清除。

6）打开试验台的锁止装置，检查滑动板能否在外力作用下滑动自如，外力消失后回到原始位置，且指示装置指在零点。

（2）检测方法

1）汽车以 3～5km/h 的速度垂直驶向侧滑试验台，使前轮平稳通过滑动板。

2）当前轮完全通过滑动板后，从指示装置上观察侧滑方向并读取、打印最大侧滑量。

3）检测结束后，切断电源并锁止滑动板。

（3）使用注意事项

1）不能让超过试验台允许载荷的车辆通过试验台。

2）车辆不能在试验台上转向和制动。

3）保持试验台内、外及周围环境清洁。

4）其他注意事项见仪器使用说明书。

（4）诊断标准。

根据国家标准 GB 7258—1997《机动车运行安全技术条件》的规定，用侧滑试验台（包括双板和单板侧滑试验台）检测前轮侧滑量，其值不得超过 5m/km。

（5）汽车后轴技术状况的检测。除个别汽车的后轮也有定位外，绝大多数汽车的后轮是没有定位的。对于后者，可用侧滑试验台按下列方法检测后轴是否变形，轮毂轴承是否松旷。

1）使汽车后轮从滑动板上前进和后退驶过，如两次读数均为零，表明后轴无变形。

2）如两次读数不为零，且前进和后退数值相等、方向相反，表明后轴在水平平面内发生弯曲。若前进时滑动板向外滑动，后退时又向内滑动，说明后轴端部向前弯曲。若前进时滑动板向内滑动，后退时又向外滑动，说明后轴端部向后弯曲。

3）如两次读数不为零，且前进和后退数值相等、方向相同，表明后轴在垂直平面内发生弯曲。若滑动板向外滑动，说明后轴端部向上弯曲；若滑动板向内滑动，说明后轴端部向下弯曲。

4）后轮多次驶过滑动板，每次读数不相等，说明轮毂轴承松旷。

对于后轮有定位的汽车，仍可按上述方法检测，只是在检测结果中减去定位值，剩余值即为后轴变形造成的。

第六节　转向盘自由行程和转向力的检测

一、转向盘自由行程的检测

转向盘自由行程，是指汽车保持直线行驶位置不动时，左右晃动转向盘的自由转动量（游动角度）。转向盘自由行程是一个综合诊断参数，当其超过规定值时，说明从转向盘至转向轮的传动机构中有一处或几处配合松旷。转向盘自由行程过大时，将造成驾驶员工作紧张，并影响行车安全。

转向盘自由行程可采用专用仪器检测。简易的转向盘自由行程检测仪，由刻度和指针两部分组成。刻度盘通过磁力座吸附在驾驶室仪表板或转向盘轴管上，指针则固定在转向盘的周缘上。也可以反过来，即指针通过磁力座固定在仪表板或转向盘轴管上，而刻度盘固定在转向盘周缘上。使用该种检测仪时，应使汽车处于直线行驶位置不动，轻轻转动转向盘至空行程一侧的极端位置，调整指针指向刻度盘零度，再轻轻转动转向盘至空行程另一侧极端位置，指针所示刻度即为转向盘自由行程。

根据 GB 7258—1997《机动车运行安全技术条件》的规定，最大设计车速大于或等于 100km/h 的机动车，转向盘的最大自由转动量，从中间位置向左或向右转角均不得大于 10°；最大设计车速小于 100km/h 的机动车（三轮农用运输车除外），其向左或向右转角均不得大于 15°。

转向参数测量仪或转向测力仪，一般都具有测量转向盘转角的功能，因此完全可以用来检测转向盘自由行程。

二、转向盘转向力的检测

操纵稳定性良好的汽车，必须有适度的转向轻便性。如果转向沉重，不仅增加驾驶员的劳动强度，而且因不能及时正确转向而影响行车安全。如果转向太轻，又可能导致驾驶员路感太弱或方向发飘，同样不利于行车安全。

转向轻便性，可用一定行驶条件下作用在转向盘上的转向力（即作用在转向盘外缘的圆周力）来表示。采用转向参数测量仪或转向测力仪等仪器，可以测得转向力及对应转角。

以国产 ZC-2 型转向参数测量仪为例，其外形如图 4-23 所示。该仪器由操纵盘、主机箱、联接叉和定位杆四部分组成。操纵盘由螺钉固定在三爪底板上，底板经力矩传感器与联接叉相接，每个联接叉上都有一只可伸缩长度的活动卡爪，以便与被测转向盘相联接。主机箱为一圆形结构，固定在底板中央，其内装有接口板、微机板、转角编码器、打印机和电池等，力矩传感器也装在其中。定位杆从底板下伸出，经磁力座吸附在驾驶室内的仪表盘上。定位杆的内端有光电装置，光电装置装在主机箱内的下部。

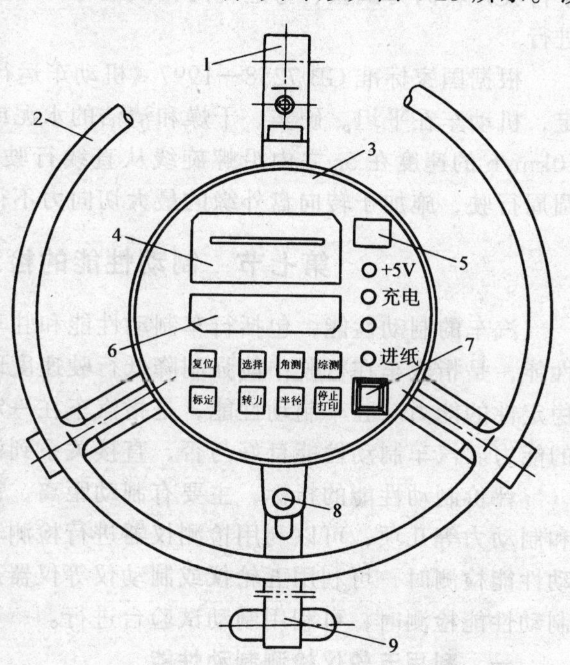

图 4-23　ZC-2 型转向参数测量仪

1—连接叉　2—操纵盘

3—主机箱　4—打印机

5—电压表　6—显示器

7—电源开关　8—固定螺栓

9—定位杆

当把转向测量仪对准被测转向盘中心，调整好三只伸缩爪长度与转向盘联接牢固后，转动操纵盘的转向力通过底板、力矩传感器、联接叉传递到被测转向盘上，使转向盘转动以实现汽车转向。此时，力矩传感器将转向力矩转变成电信号，而定位杆内端连接的光电装置，则将转角的变化转变为电信号。这两种电信号由微机自动完成数据采集、转角编码、运算、分析、存贮、显示和打印，因而该仪器既可测得转向力，又可测得转向盘转角，当然也可测得转向盘自由行程。

转向轻便性试验方法，一般有原地转向力试验、低速大转角（8字行驶）转向力试验、弯道转向力试验等，可按有关国家标准的规定进行。

根据国家标准 GB 7258—1997《机动车运行安全技术条件》的规定，机动车在平坦、硬实、干燥和清洁的水泥或沥青道路上行驶，以10km/h 的速度在 5s 之内沿螺旋线从直线行驶过渡到直径为 24m 的圆周行驶，施加于转向盘外缘的最大切向力不得大于 245N。

第七节　制动性能的检测

汽车的制动性能，包括行车制动性能和驻车制动性能。行车制动性能，是指汽车在行驶中能强制降低行驶速度以至停车，且维持方向稳定性的能力。驻车制动性能，是指汽车在一定坡道上能长时间停车的能力。汽车制动性能良好与否，直接关系到汽车行驶的安全性。

评价制动性能的指标，主要有制动距离、制动时间、制动减速度和制动力等几项，可以利用检测仪器进行检测。在道路上进行汽车制动性能检测时，可利用五轮仪或制动仪等仪器进行；在室内进行汽车制动性能检测时，可利用制动试验台进行。

一、利用五轮仪检测制动性能

在道路试验中检测车辆的整车性能时，经常要使用五轮仪，以测出车辆行驶的距离、时间和速度。当五轮仪用于检测车辆的制动性能时，能测出制动距离、制动时间和制动初速度。

1. 五轮仪的基本结构

五轮仪一般由传感部分和记录部分组成，并附带一个脚踏开关。传感部分与记录部分由导线相连，脚踏开关带有触点的一端套在制动踏板上，另一端插接在记录仪上。

传感部分的作用是把汽车行驶的距离变换成电信号。它一般由轮子、传感器、支架、减震器和连接装置等组成，如图 4-24 所示。对于四轮汽车来说，安装上去的轮子就象汽车的第五轮一样，故称为五轮仪。

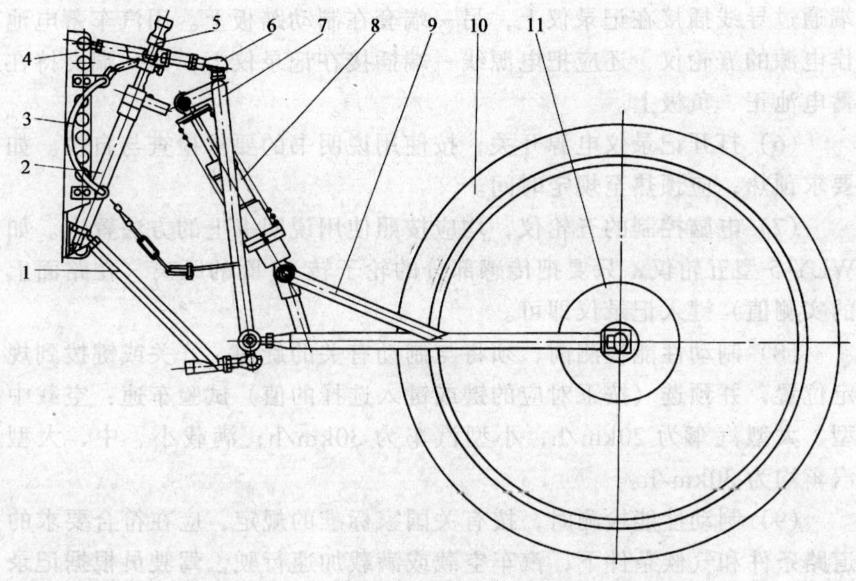

图 4-24 五轮仪传感部分的结构图

1—下臂 2—调节机构 3—固定板 4—上臂 5—手把 6—活节头 7—立架 8—减振器 9—支架 10—轮子 11—传感器

记录部分的作用是把传感部分送来的电信号和记录部分内部产生的时间信号进行控制和计数，并计算出车速，然后指示出来。电子式记录仪通常由测距、测时、测速、音响和稳压等部分组成。电脑式记录仪则通常是以单片微机为核心，除能完成距离、速度和时间等参数的测量和数据处理外，一般还能存贮并打印试验结果。

2. 五轮仪的使用方法

(1) 如果五轮仪自备电源，使用前应按使用说明书的要求充电至规定电压。

(2) 汽车应跑热至正常热状态。

(3) 将传感器部分固定在汽车侧面或尾部的车身上，以不影响轮子左右摆动为准，并用打气筒对轮子充气至适当程度。

(4) 将记录仪放置在驾驶室或车厢内，正面朝上、水平放置，其前端要对准汽车前进方向，并紧靠固定部分，以防制动时撞坏。

(5) 用信号线把轮子上的传感器与记录仪连接起来。脚踏开关一端通过导线插接在记录仪上，另一端套在制动踏板上。用汽车蓄电池作电源的五轮仪，还应把电源线一端插接在记录仪上，另一端夹持在蓄电池正、负极上。

(6) 打开记录仪电源开关，按使用说明书的要求检查与自校。如要求预热，应预热至规定时间。

(7) 电脑控制的五轮仪，均应按照使用说明书上的方法置入。如WLY-5型五轮仪，只要把传感部分的轮子转10圈的距离（在路面上的实测值）键入记录仪即可。

(8) 制动性能检测前，须将与制动有关的旋钮、开关或键拨到规定位置，并预选（按下对应的键或键入选择的值）试验车速：空载中型、大型汽车为20km/h，小型汽车为30km/h；满载小、中、大型汽车均为30km/h。

(9) 制动性能检测时，按有关国家标准的规定，应在符合要求的道路条件和气候条件下，汽车空载或满载加速行驶，驾驶员根据记录仪上指示的瞬时车速或音响的提示，至预选车速时用力踩下制动踏板直至车辆停止。制动时的踏板力（可安装踏板力计）或制动气压应符合规定要求。

(10) 读取并打印检测结果，如制动初速度、制动距离、制动减速度、制动全过程时间和制动系反应时间等。有的五轮仪还能打印“速度—时间”曲线和“减速度—时间”曲线等。以上检测结果是实际试验结果。实际试验结果中的制动初速度不一定正好是预选车速，可能大于或小于预选车速。有些电脑式五轮仪可以将实际试验结果修正到预选车速下的试验结果，以便直接与诊断标准相对照。

(11) 按记录仪“重试”或“复位”键，仪器复原，可重新进行制动试验。电脑式五轮仪在打印结束后一般能自动回到初始化程序。

(12) 制动性能检测应在同一路段正、反两个方向上进行，所测得的制动距离及其他参数取平均值。汽车倒车时，应将传感部分的轮子转向180°或提离地面。

(13) 路试记录后，关闭记录仪电源，拆卸电源线、信号线和脚踏开关，并从车身上拆下传感部分。

二、利用制动仪检测制动性能

制动仪多为减速度仪，因而也称为制动减速度仪。它的主要作用是检测制动减速度和制动时间，用于整车道路试验。该种仪器小巧轻便、便于携带、不用五轮作传感器，并且对制动初速度要求不高，因而使用极为方便，适合于维修企业验车用。

1. 制动仪的基本结构

国产制动仪已多为电脑式智能化仪器，一般由仪器和传感器两部分组成，并附带一个脚踏开关。仪器和传感器既可以制成整体式（装在一个壳体内），也可以制成分体式，二者用导线相连。

电脑式制动仪的传感器，常见的是滑块式传感器。以国产SZY-2型电脑制动仪为例，其传感器由弹簧滑块机构和光电转换机构组成，如图4-25所示。汽车制动时，在惯性作用下，滑块克服弹簧的拉力而产生位移，位移与汽车减速度成正比。光电转换机构由发光管、光敏管、定光栅和动光栅组成。滑块发生位移时，与滑块固定一体的齿条通过与之啮合的齿轮使动光栅转动，光敏管接收到时通时断的光信号，并变成电脉冲信号，经整形后通过导线送入微电脑。

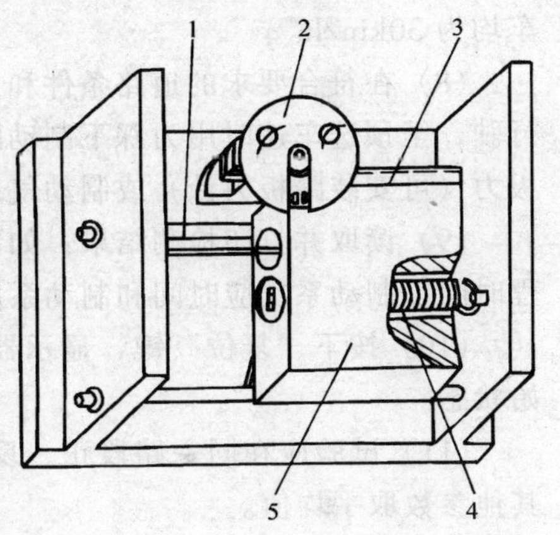

图4-25 滑块式传感器

1—阻尼杆 2—光电转换机构
3—齿条 4—弹簧 5—滑块机构

2. 制动仪的使用方法

（1）如果制动仪自备电源，使用前应按说明书的要求充电至规定电压。

（2）汽车应跑热至正常热状态。

（3）将制动仪或分体式的传感器放置在驾驶室或车厢地板上，正面朝上，调整支腿使其保持水平状态，其前端对准汽车前进方向，并紧靠固定部位，严禁放置在软性座椅上。

(4) 脚踏开关一端通过导线插接在制动仪或分体式制动仪的传感器上，另一端套在制动踏板上。分体式制动仪还应当用信号线，把传感器与仪器连接起来。

(5) 打开制动仪电源开关，按使用说明书的要求检查与自校。如要求预热，应预热至规定时间。

(6) 如需车型选择，应根据试验车类型按小型车、中型车或大型车的代码键。

(7) 如需预选（按下对应的键）试验车速，应按以下规定输入：空载时，小型车为 30km/h，中、大型车为 20km/h；满载时所有汽车均为 30km/h。

(8) 在符合要求的道路条件和气候条件下，汽车空载或满载加速行驶，至预选车速时用力踩下制动踏板，直至车辆停止。制动时的踏板力（可安装踏板力计）或制动气压应符合规定要求。

(9) 读取并打印检测结果：如制动减速度、制动距离、制动全过程时间、制动系反应时间和制动系协调时间等。

(10) 按下“复位”键，显示器清零，仪器进入下一次测量的初始状态。

(11) 试验应在同一路段正、反两个方向上进行，制动减速度及其他参数取平均值。

(12) 试验结束后，关闭制动仪电源，拆卸脚踏开关等。

三、利用制动试验台检测制动性能

利用制动试验台检测汽车的制动性能时，可在室内进行。由于试验台检测制动性能具有迅速、准确、经济、安全、不受外界自然条件的限制，以及试验重复性好和能定量地指示出各轮制动力或制动距离等优点，在国内外获得了广泛的应用。

1. 制动试验台的基本结构

制动试验台可分为反力式和惯性式两类。目前使用最普通的是单轴反力式滚筒制动试验台，其结构简图如图 4-26 所示。它由框架、驱动装置、滚筒装置、测量装置、举升装置和指示与控制装置等组成。

(1) 驱动装置。驱动装置由电动机、减速器和链传动装置组成。

电动机的转动通过减速器传给主动滚筒，主动滚筒又通过链传动装置，把动力传给从动滚筒。

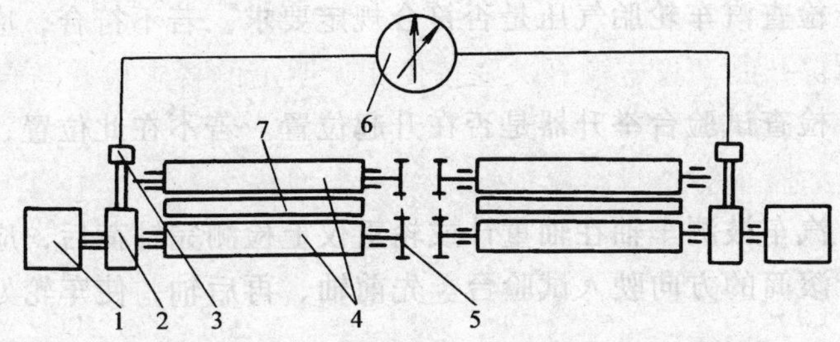

图 4-26　单轴反力滚筒制动试验台简图

1—电动机　2—减速器　3—测量装置　4—滚筒装置

5—链传动　6—指示装置　7—举升装置

（2）滚筒装置。滚筒装置由四个滚筒组成，每对滚筒独立设置，有主动滚筒和从动滚筒之分。

（3）测量装置。测量装置主要由测力杠杆、传感器和测力弹簧等组成。测力杠杆一端与传感器连接，另一端与减速器连接。传感器把测力杠杆的移动或力变换成反映制动力大小的电信号，送入到指示与控制装置中去。

（4）举升装置。为了便于汽车出入试验台，在两滚筒之间设有举升装置。举升装置一般由举升器、举升平板和控制开关等组成。

（5）指示与控制装置。控制装置有电子式与电脑式之分。电子式控制装置多配以指针式指示仪表；电脑式控制装置多配以数字显示器，也有配置指针式指示仪表的。

2. 制动试验台的使用方法

（1）将试验台指示与控制装置上的电源开关打开，按使用说明书要求预热至规定时间。

（2）如果指示装置为指针式仪表，检查指针是否在零位，否则应调整至零位。

（3）检查试验台滚筒上是否粘有泥、水、砂、石等杂物。若有则应清除干净。

（4）核查汽车各轴的轴荷，不得超过试验台允许载荷。

(5) 检查汽车轮胎是否粘有泥、水、砂、石等杂物。若有则应予以清除。

(6) 检查汽车轮胎气压是否符合规定要求。若不符合，应充气至规定气压。

(7) 检查试验台举升器是否在升起位置。若不在此位置，应升起举升器。

(8) 汽车被测车轴在轴重计或轮重仪上检测完轴荷后，应尽可能顺垂直于滚筒的方向驶入试验台。先前轴、再后轴，使车轮处于两滚筒之间。

(9) 汽车停稳后，将变速杆置于空挡位置，使行车、驻车制动处于完全放松状态，能测制动时间的试验台，还应把脚踏开关套在制动踏板上。

(10) 降下举升器，至轮胎与举升器完全脱离为止。

(11) 如系制动试验台本身带有内藏式轴重测量装置的，则应在此时测出轴荷。

(12) 起动电动机，使滚筒带动车轮转动，先测出制动拖滞力。

(13) 用力踩下制动踏板，一般试验台在 1.5～3.0s 后或带有第三滚筒的试验台发出信号后，滚筒自动停转。

(14) 读取并打印检测结果。

(15) 升起举升器，开出已测车轴，开入下一车轴，按上述同样方法检测制动力。

(16) 当与驻车制动相关的车轴在试验台上时，检测完行车制动后应重新起动电动机，在行车制动完全放松的情况下用力拉紧驻车制动杆，检测驻车制动性能。

(17) 所有车轴的行车制动和驻车制动性能检测完毕后，升起举升器，使汽车开出试验台。

(18) 切断试验台电源。

四、制动性能检测的检验标准

汽车制动性能检测完后，应将检测结果与检验标准对照，以判断制动性能是否合格。检验标准应符合 GB 7258—1997《机动车运行安全技术条件》的相应规定。

1. 用制动距离检验行车制动性能的标准

汽车在规定的初速度下，制动距离和制动稳定性应符合表 4-4 的要求。对空载检验制动距离有质疑时，可用表 4-4 满载检验的制动性能要求进行。

制动距离，是指汽车在规定的初速度下急踩制动时，从脚接触制动踏板(或手触动制动手柄)时起，至车辆停住时止，车辆所驶过的距离。

表 4-4　制动距离和制动稳定性的要求

车辆类型	制动初速度/(km/h)	满载检验制动距离要求/m	空载检验制动距离要求/m	制动稳定性要求车辆任何部位不得超出的试车宽度/m
座位数≤9 的载客汽车	50	≤20	≤19	2.5
其他总质量≤4.5t 的汽车	50	≤22	≤21	2.5①
其他汽车、汽车列车及无轨电车	30	≤10	≤9	3.0
四轮农用运输车	30	≤9	≤8	2.5
三轮农用运输车	20	≤5	≤4.5	2.3

① 对总质量大于 3.5t 并小于或等于 4.5t 的汽车试车道路宽度为 3m。

2. 用充分发出的平均减速度检验行车制动性能的标准

汽车、汽车列车和无轨电车，在规定的初速度下急踩制动时，充分发出的平均减速度和制动稳定性，应符合表 4-4 的要求。单车制动协调时间应不大于 0.6s，列车制动协调时间应不大于 0.8s。对空载检验制动性能有质疑时，可用表 4-5 满载检验的制动性能要求进行。

表 4-5　制动减速度的要求和制动稳定性要求

车辆类型	制动初速度/(km/h)	满载检验充分发出的平均减速度/(m/s^2)	空载检验充分发出的平均减速度/(m/s^2)	制动稳定性要求车辆任何部位不得超出的试车道路宽度/m
座位数≤9 的载客汽车	50	≥5.9	≥6.2	2.5

（续）

车辆类型	制动初速度/(km/h)	满载检验充分发出的平均减速度/(m/s²)	空载检验充分发出的平均减速度/(m/s²)	制动稳定性要求车辆任何部位不得超出的试车道路宽度/m
其他总质量≤4.5t的汽车	50	≥5.4	≥5.8	2.5[①]
其他汽车、汽车列车及无轨电车	30	≥5.0	≥5.4	3.0

① 对总质量大于3.5t并小于或等于4.5t的汽车试车道宽度为3m。

充分发出的平均减速度 *FMDD* 的计算公式为

$$FMDD=\frac{v_b^2-v_e^2}{25.92\ (s_e-s_b)}$$

式中 *FMDD*——充分发出的平均减速度（m/s²）；

v_0——制动初速度（km/h）；

v_b——$0.8v_0$ 的车辆速度（km/h）；

v_e——$0.1v_0$ 的车辆速度（km/h）；

s_e——在速度 v_0 与 v_b 之间车辆驶过的距离（m）；

s_b——在速度 v_0 与 v_e 之间车辆驶过的距离（m）。

制动协调时间是指在急踩制动时，从踏板开始动作至车辆减速度（或制动力），达到表4-4规定的车辆充分发出的平均减速度（或表4-6所规定的制动力）75%时，所需的时间。

3. 进行制动性能检验时，制动踏板力或制动气压标准

(1) 满载检验标准。气压制动系：气压表的指示气压小于等于额定工作气压；

液压制动系：座位数小于或等于9的载客汽车的踏板力小于等于500N；其他车辆的踏板力小于等于700N。

(2) 空载检验标准。气压制动系：气压表的指示气压小于等于600kPa；

液压制动系：座位数小于或等于9的载客汽车的踏板力小于等于400N；其他车辆的踏板力小于等于700N。

4. 应急制动性能检验标准

汽车在空载和满载状态下，按表 4-5 所列初速度进行应急制动性能检验。测量应从急制动操纵始点至车辆停住时的制动距离，应急制动性能应符合表 4-6 的要求。

表 4-6　应急制动性能要求

车辆类型	制动初速度 /（km/h）	制动距离 /m	充分发出的平均减速度 /（m/s^2）	允许的操纵力（N）	
				手操纵	脚操纵
座位数≤9的载客汽车	50	≤38	≥2.9	≤400	≤500
其他载客汽车	30	≤18	≥2.5	≤600	≤700
其他汽车	30	≤20	≥2.2	≤600	≤700

5．驻车制动性能检验标准

在空载状态下，驻车制动装置应能保证车辆在坡度为 20%（总质量为整备质量 1.2 倍以下的车辆为 15%）、轮胎与路面间的附着系数不小于 0.7 的坡道上，正反两个方向保持固定不动，其时间不少于 5min。

6．台式制动性能检验标准

（1）行车制动性能检验标准

1）汽车、汽车列车、无轨电车和农用运输车，在制动试验台上测出的制动力，应符合表 4-7 的要求。对空载检验制动力有质疑时，可用表 4-7 规定的满载检验制动力要求进行检验。检验时制动踏板力或制动气压，应符合前述的规定。

表 4-7　台试制动力检验标准

车辆类型	制动力总和与整车重量的百分比		轴制动力与轴荷的百分比	
	空载	满载	前轴	后轴
汽车、汽车列车、无轨电车和四轮农用运输车	≥60	≥50	≥60①	—
三轮农用运输车	—	—	—	≥60①

① 空载和满载状态下测试均应满足此要求。

2）在制动力增长全过程中，左右轮制动力差与该轴左右轮中制动力大者之比，对前轴不得大于20%；对后轴不得大于24%。

3）汽车和无轨电车的单车制动协调时间，应不大于0.6s，汽车列车的协调时间应不大于0.8s。

4）进行制动力检测时，车辆各轮的阻滞力均不得大于该轴轴荷的5%。

(2) 驻车制动性能检验标准。当采用制动试验台检验车辆驻车制动的制动力时，车辆空载，乘坐一名驾驶员，使用驻车制动装置，驻车制动力的总和应不小于该车在测试状态下整车重量20%。对总质量为整备质量1.2倍以下的车辆，此值为15%。

第八节　汽车前照灯技术状况的检测

汽车的前照灯，是保证车辆夜间行驶及提高行驶速度的重要条件。前照灯的技术指标主要指发光强度和光束照射位置。当发光强度不足或光束照射位置偏斜时，驾驶员就不易辨清前方的障碍物或给对方来车驾驶员造成眩目。因此，应按要求对前照灯的技术指标进行严格检验，以保障运行安全。

前照灯的技术状况，可用屏幕或前照灯检验仪检测。

一、利用屏幕检测前照灯的光束照射位置

利用屏幕检测前照灯的光束照射位置时，检查用场地应平整，屏幕与场地应垂直。被检验的车辆应在空载、轮胎气压正常、乘坐一名驾驶员的条件下进行。将车辆停置于屏幕前，并与屏幕垂直，使前照灯基准中心距屏幕10m，在屏幕上确定与前照灯基准中心，离地面H等高的水平基准线及以车辆纵向中心平面在屏幕上的投影线为基准，确定的左右前照灯基准中心位置线。分别测量左右远近光束的水平和垂直照射方位的偏移值。

二、利用前照灯检验仪，检测前照灯的发光强度和光轴偏斜量

1. 前照灯检验仪的基本结构

前照灯检验仪，按照其结构特征与测量方法，可分为聚光式、屏幕式、投影式和自动追踪光轴式等几种类型。这些不同类型的前照灯检测仪，均由接受前照灯光束的受光器、使受光器与汽车前照灯对正

的校准装置、前照灯发光强度指示装置、光轴偏斜量和偏斜方向指示装置以及支柱、底板、导轨、车辆摆正找准装置等组成。

各型前照灯检验仪的测量原理基本相同，都是采用能把吸收的光能变换成电流的硅光电池或硒光电池作为传感器。按照前照灯主光轴照射光电池产生电流的大小和比例，来测量前照灯发光强度和光轴偏斜量的。

2. 前照灯发光强度和光轴偏斜量的检测方法

(1) 前照灯检验仪的准备

1) 在前照灯检验仪不受光的情况下，检查光度计和光轴偏斜指示计的指针是否对准机械零点。若指针失准，可用零点调整螺钉调整。

2) 检查聚光透镜和反射镜的镜面上有无污物，若有，可用软布或镜头纸等擦拭干净。

3) 检查水准器的技术状况。若水准器无气泡，应进行修理；若气泡不在红线框内时，可用水准器调节器或垫片进行调整。

4) 检查导轨是否沾有泥土等杂物，若有，应扫除干净。

(2) 车辆的准备

1) 清除前照灯上的污垢。

2) 轮胎气压应符合规定。

3) 蓄电池应处于充足电状态。

(3) 前照灯发光强度和光轴偏斜量的检测。由于前照灯检验仪的牌号、形式不同，其检测方法也不尽相同。现仅以聚光式前照灯检验仪为例，对其检测方法予以介绍。

1) 将被检汽车尽可能地与检验仪的导轨保持垂直方向驶近检验仪，直至前照灯与检验仪受光器之间达到检测所要求的距离（1m、0.5m、3m）。

2) 用车辆摆正找准器，使检验仪与被检汽车对正。

3) 开亮前照灯，用前照灯照准器使检验仪与被检前照灯对正。

4) 将“光度·光轴”转换开关扭向光轴一侧。然后转动上下和左右光轴刻度盘，使光轴偏斜指示计的指示值为零。此时，两光轴刻度盘上的指示值即为光轴偏斜量，如图 4-27 所示。

5）保持光轴刻度盘的位置不动，将“光度、光轴”转换开关扭向光度一侧，此时光度计的指示值即为发光强度。

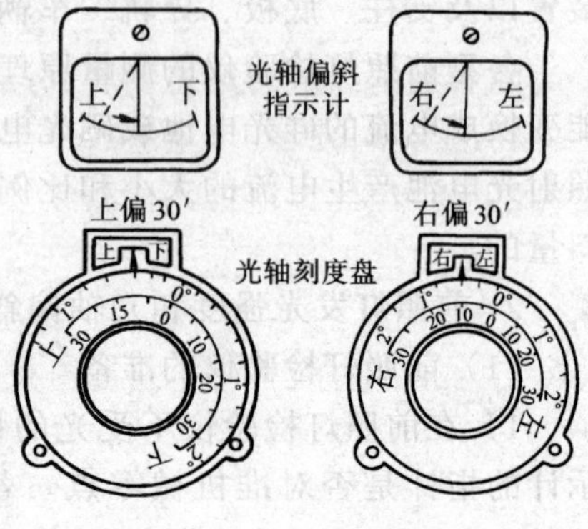

图 4-27　光轴偏斜量的检测

三、前照灯光束照射位置及发光强度的检验标准

根据 GB 7258—1997《机动车运行安全技术条件》的规定，前照灯光束照射位置及发光强度，应符合以下检验标准的要求。

1. 前照灯的光束照射位置

（1）在检验前照灯的近光光束照射位置时，前照灯在距离屏幕 10m 处，光束明暗截止线转角或中点的高度应为 $0.6\sim0.8H$（H 为前照灯基准中心高度，下同），其水平方向位置向左向右偏均不得超过 100mm。

（2）四灯制前照灯远光单光束灯的调整，要求在屏幕上光束中心离地高度为 $0.85\sim0.90H$，水平位置要求左灯向左偏不得大于 100mm，向右偏不得大于 170mm；右灯向左或向右偏均不得大于 170mm。

（3）装用远光和近光双光束灯时，以调整近光光束为主。对于只能调整远光单光束的灯，调整远光单光束。

2. 前照灯的发光强度

每只前照灯的远光光束的发光强度，应达到表 4-8 的要求。测试时，其电源系统应处于充电状态。

表 4-8　前照灯远光光束发光强度要求

检查项目 / 车辆类型	新注册车/cd			在用车/cd		
	一灯制	两灯制	四灯制①	一灯制	两灯制	四灯制①
汽车、无轨电车	—	15000	12000	—	12000	10000
四轮农用运输车	—	10000	8000	—	8000	6000
三轮农用运输车	8000	6000	—	6000	5000	—

① 采用四灯制的汽车，其中两只对称的灯达到两灯制的要求时视为合格。

第九节　汽车排放污染物的检测

随着我国经济的迅速发展，汽车保有量的迅速增加，汽车排放的污染物已给城市大气环境造成严重危害，成为城市大气环监的主要污染源之一。因此，监督并检测废气污染物的浓度，已成为汽车检测项目中极为重要的部分。

车辆排放的污染物，主要是一氧化碳（CO）、碳氢化合物（HC）、氮氧化合物（NO_x）、铅化合物和其他一些有害物质。就 CO 来说，如果把汽油发动机 CO 排放量当作 1，则液化气发动机 CO 排放量为 1/2，而柴油发动机的 CO 排放量为 1/100。可以看出，柴油发动机与汽油发动机相比，其 CO 排出量要小得多。而且，柴油发动机的 HC 排出量也较少，但 NO_x 排出量则和汽油发动机不多，且会排出令人讨厌的炭烟。

一、汽油车怠速污染物的检测

在汽油车处于怠速运行状态下，测量其排气中各种排放物的浓度，可借以判定发动机燃烧质量的好坏。怠速时，汽油机的排放主要受稳态下的空燃比和点火状态的影响，因此它是判断怠速状态下燃烧质量最简单、最有效的方法。怠速时的燃烧条件是最恶劣的，怠速燃烧质量的稳定是其他工况燃烧质量稳定的前提条件。对于汽油车怠速排放污染物进行检测时，一般采用不分光红外线 CO 和 HC 气体分析仪。

1. 不分光红外线 CO 和 HC 气体分析仪的基本结构

不分光红外线 CO 和 HC 气体分析仪，是一种能够从汽车排气管中采集气样，对其中所含 CO 和 HC 浓度进行连续测量的仪器。它由废气取样装置、废气分析装置、浓度指示装置和校准装置等组成。以 MEXA-324F 型汽车排气分析仪为例，其外形如图 4-28 所示。

（1）废气取样装置。废气取样装置由取样探头、滤清器、导管、水分离器和泵等组成。该装置通过取样探头、导管和泵从车辆排气管里采集废气，再用滤清器和水分离器，把废气中的炭渣、灰尘和水分除掉，只把废气送入分析装置。

（2）废气分析装置。废气分析装置由红外线光源、气样室、旋转扇轮（截光器）和传感器等组成。该装置按照不分光红外线分析法，从来自取样装置的混有多种成分的废气中，测量CO和HC的浓度，并转变成电信号输送给浓度指示装置。

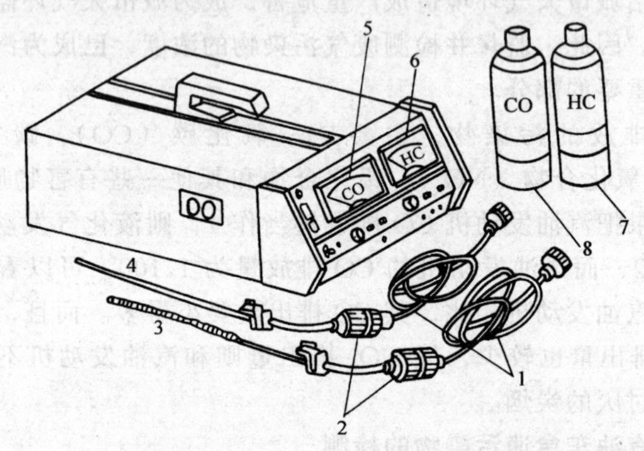

图4-28　MEXA-324F型汽车排气分析仪

1—导管　2—滤清器　3—低浓度取样探头　4—高浓度取样探头　5—CO指示仪表　6—HC指示仪表　7—标准HC气样瓶　8—标准CO气样瓶

(3) 浓度指示装置。综合气体分析仪的浓度指示装置，主要由CO指示装置和HC指示装置组成，有指针式仪表和数字显示器两种类型。仪表的指示可利用零点调整旋钮、标准调整旋钮和读数转换开关等进行控制。仪器内的滤清器脏污时，对测量值有影响，因此要经常观察流量计的指示情况，发现指针进入红区应及时更换滤清器滤芯。

(4) 校准装置。这是一种为了保持分析仪的指示精度，使之能经常准确指示测量值的一种装置。在校准装置中，往往既设有用加入标准气样进行校准的装置，也设有机械的简易校准装置。

2. 利用不发光红外线CO和HC气体分析仪检测量汽油车的怠速污染物

(1) 仪器准备

1) 按仪器使用说明书的要求做好各项检查工作。

2）仪器校准。具体步骤如下：

①接通电源，对分析仪预热 30min 以上。

②用校准气样校准。先让分析仪吸入清洁空气，用零点调整旋钮把仪表指针调到零点。然后，把仪器附带的标准气样，从标准气样注入口灌入，再用标准调整旋钮把仪表指针调到标准指示值。在灌注标准气样时，要关掉分析仪上的泵开关。

对于 CO 分析仪，可把标准气瓶上标明的 CO 浓度值作为校准的标准值。对于 HC 分析仪，由于是用丙烷作为标准气样，因而要按下式求出正已烷的换算值，再用正已烷的换算值作为校准的标准值。

校准的标准值（即正已烷换算值）=

标准气样（丙烷）浓度×换算系数

式中，标准气样（丙烷）浓度即标准气样瓶上标明的浓度值；换算系数是分析仪的给出值，一般为 0.472～0.578。

③简易校准。先接通简易校准开关，对于有校准位置刻度线的仪器，可用标准调整旋钮把仪表指针调到正对准刻度线位置。对于没有标准刻度线的仪器，要在标准气样校准后立即进行简易校准，使仪表指针与标准气样校准后的指示值重合。

④把取样探头和取样导管安装到分析仪上，检查取样探头和导管内是否有残留 HC。如果管内壁吸附残留 HC 的量很多。仪表指针大大超过零点以上时，要用压缩空气或布条等清洁取样探头和导管。

仪器经过上述检查和校准后，即可投入使用。

（2）车辆准备

1）排气系统不得有泄漏。

2）应保证取样探头插入排气管的深度不小于 300mm，否则排气管应加接管，但应保证接口不漏气。

3）发动机应达到规定的热状态。

4）调整发动机怠速和点火正时，使其符合规定要求。

（3）检测方法

1）使发动机由怠速加速到中等转速，维持 5s 以上，再降至怠速状态。

2）把指示仪表的读数转换开关打到最高量程档位。

3）将取样探头插入汽车排气管中，深度不小于 300mm。

4）一边观看指示仪表，一边用读数转换开关选择适于废气浓度的量程档位，待指针稳定后，读数取最大值。若为多排气管时，则取各管测量值的算术平均值。

5）检测工作结束后，把取样探头从排气管里抽出，让它吸入新鲜空气工作 5min，待仪器指针回到零点后再关掉电源。

（4）注意事项

1）进行汽油车怠速污染物检测时，一定要把发动机怠速和温度控制在规定范围之内。

2）取样探头、导管分为低浓度用和高浓度用两种，两者要分别使用。

3）检测时导管不要发生弯折现象。

4）多部车辆连续检测时，一定要把取样探头从排气管里抽出并待仪表指针回到零点后，再进行下一部车的测量。

5）不要在有油或有机溶剂的地方进行检测。

6）要注意检测地点的室内通风、换气，以防管内的积水腐蚀取样探头。

7）分析仪不要放置在湿度大、温度变化大、振动大或有倾斜的地方。

8）分析仪要定时保养，确保使用精度。

9）校准用的校准气样是有毒的，要注意保管。

3. 汽油车怠速污染物排放标准

汽油车怠速污染物排放应符合 GB 14761.5—1993《汽油车怠速污染物排放标准》的规定。

对于装用汽油发动机、最大总质量大于 400kg、最大设计车速等于或大于 50km/h 的汽车怠速污染物排放限值见表 4-9。表中的轻型汽车是指总质量小于或等于 3500kg 的汽车，重型汽车是指总质量大于 3500kg 的汽车。

表 4-9　汽油车怠速污染物排放限值

车别 \ 项目 / 车型	CO（%）		HC（10^{-6}）①			
			四冲程		二冲程	
	轻型车	重型车	轻型车	重型车	轻型车	重型车
1995 年 7 月 1 日以前的定型汽车	3.5	4.0	900	1200	6500	7000
1995 年 7 月 1 日以前的新生产汽车	4.0	4.5	1000	1500	7000	7800
1995 年 7 月 1 日以前生产的在用汽车	4.5	5.0	1200	2000	8000	9000
1995 年 7 月 1 日起的定型汽车	3.0	3.5	600	900	6000	6500
1995 年 7 月 1 日起的新生产汽车	3.5	4.0	700	1000	6500	7000
1995 年 7 月 1 日起生产的在用汽车	4.5	4.5	900	1200	7500	8000

① HC 容积浓度值按正已烷当量。

二、柴油车自由加速烟度的检测

汽车排烟尤以柴油车更严重。柴油车排出的烟色，主要分为黑烟、蓝烟和白烟三种。其中，以柴油车在全负荷和加速工况时排出的黑色炭烟最为常见。

车辆废气中黑烟发暗的程度，用排气烟度表示，排气烟度用烟度计检测。烟度计大致分为滤纸式烟度计、透光式烟度计和重量式烟度计等多种类型。使用不同的烟度计，烟度的定义也不同。当使用滤纸式烟度计时，烟度是定容量排气所透过的滤纸的染黑度。

1. 滤纸式烟度计的基本结构

滤纸式烟度计是用一个活塞式抽气泵。从柴油机排气管中抽取一定容积的废气，使它通过一张一定面积的白色滤纸，废气中的炭烟存留在滤纸上，并使其染黑。用检测装置测定滤纸的染黑度，该染黑度即代表柴油车的排气烟度。滤纸的染黑度用 0～10 波许单位（R_b）表示。规定全白滤纸的波许单位为 0，全黑滤纸的波许单位为 10，从 0 ~10 均匀分度。

滤纸式烟度计的示意图如图 4-29 所示。它主要由废气取样装置、染黑度检测与指示装置和控制装置等组成，有的还配备有打印机。

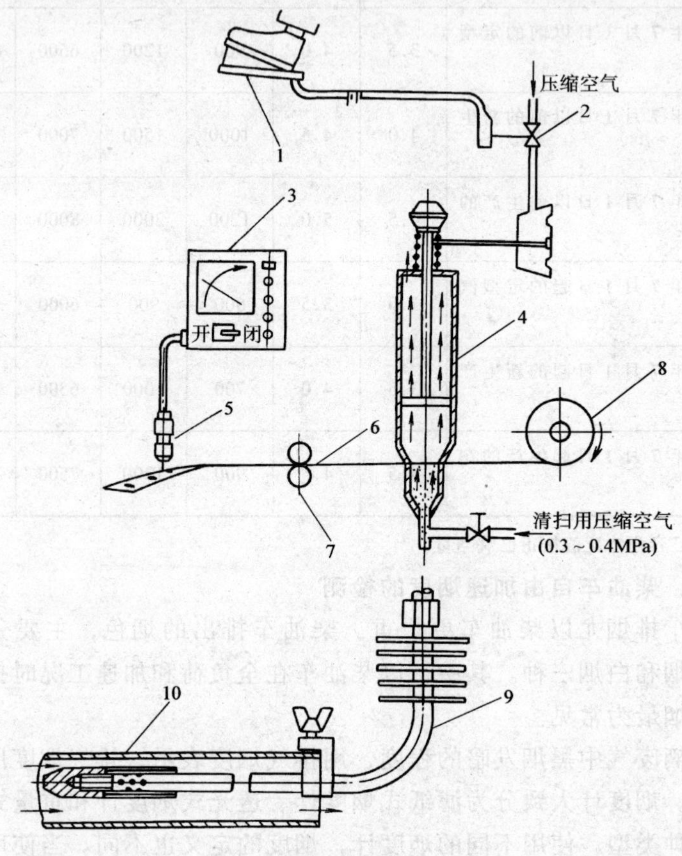

图 4-29　滤纸式烟度计示意图

1—脚踏开关　2—电磁阀　3—指示电表　4—抽气泵　5—光电传感器

6—滤纸　7—进给机构　8—滤纸卷　9—取样探头　10—排气管

(1) 取样装置。取样装置由取样探头、活塞式抽气泵和取样软管等组成。取样探头和活塞式抽气泵由取样软管连接在一起。取样探头在活塞式抽气泵的作用下抽取废气，它的结构形状应能保证在取样时不受排气动压的影响。

(2) 检测与指示装置。检测与指示装置由光电传感器、指示电表或数字显示器、滤纸和标准烟样等组成。

光电传感器由光源（白炽灯泡）、光电元件（环形硒光电池）和电位器组成。电源接通后，白炽灯泡的光亮通过带有中心孔的环形硒光电池照射到滤纸上。当滤纸的染黑度不同时，其反射给环形硒光电池感光面的光线强度也不同，因而环形硒光电池产生的电流强度也就不同。

指示电表是一个微安表，它是滤纸染黑度即废气烟度的指示装置。当环形硒光电池送来的电流强度不同时，指示电表的指针位置也不同。由微机控制的排气烟度计，其指示装置一般采用数字式显示器，并配备有微型打印机。

检测装置还应备有供标定或校准的标准烟样和符合规定的滤纸。当指示电表须要校准时，只要把标准烟样放在光电传感器下，然后用调节旋钮把指示电表的指针，调到标准烟样所代表的染黑度数值。这可使指示电表保持指示精度，以便得出正确的测量结果。

(3) 控制装置。半自动和全自动滤纸式烟度计的控制装置，包括用脚操纵的抽气泵开关、滤纸进给机构和压缩空气清洗机构等。压缩空气清洗机构能在废气取样之前，用压缩空气吹洗取样探头和取样软管内的残留废气炭粒。

2. 柴油车自由加速烟度的检测方法

检测柴油车排气烟度时，如能给发动机加上和在道路行驶一样的负荷，是最为理想的。但要做到这一点很不容易。因而往往采用无负荷的自由加速方法。自由加速工况是指发动机处于怠速工况（离合器处于结合位置，加速踏板位于松开位置）下，将加速踏板迅速踩到底，维持数秒后松开。

下面，以半自动和全自动滤纸式烟度计为例，对柴油车自由加速烟度的检测方法予以介绍。

(1) 仪器准备

1) 校准。以指示电表为例，其校准步骤如下：

①未接通电源时，先检查指示电表指针是否在机械零点上。若不

在，应用零点调整螺钉使指针与“10”的刻度重合。

②接通电源，仪器进行预热，然后打开测量开关，在光电传感器下垫上10张白滤纸，调节粗调电位器和细调电位器，使表头指针与“0”的刻度重合。

③在10张洁白滤纸上放上标准烟样，光电传感器对准烟样中心垂直放置在其上。此时表头指针应指在标准烟样所代表的染黑度数值上，否则应调节仪器后面板上的小型电位器。

2）检查取样装置和控制装置中各部机件的工作情况，特别要检查脚踏开关与抽气泵动作是否同步。

3）检查控制用压缩空气和清洗用压缩空气的压力是否符合要求。

4）检查滤纸是否合格，滤纸进给机构工作是否正常。

（2）车辆准备

1）排气系统不得有泄漏。

2）排气管应能保证取样探头插入深度不小于300mm。否则排气管应加接管，并保证接口不漏气。

3）必须采用生产厂规定的柴油机机油和未添加消烟剂的柴油。

4）柴油机应预热至规定温度。

（3）检测方法

1）取样探头逆气流固定于排气管内，并使其中心线与排气管轴线平行。

2）将脚踏开关引入汽车驾驶室内。

3）把抽气泵活塞压到最下端锁止。

4）按图4-30所示的测量规程进行自由加速烟度的检测。先由怠速工况将加速踏板踩到底，约4s后迅即松后。如此重复三次，并把排气管内的炭渣除掉。每次加速后怠速运转约11s，在此时间内要用压缩空气清洗机构，对取样软管和取样探头吹洗3～4s。

5）把脚踏开关固定在加速踏板上，将加速踏板与脚踏开关一并迅速踩到底，至4s时立刻松开加速踏板和脚踏开关，维持怠速运转11s。在此期间内完成废气取样、抽气泵复位、走纸、清洗和指示，带有打印机的还可以打印检测结果。

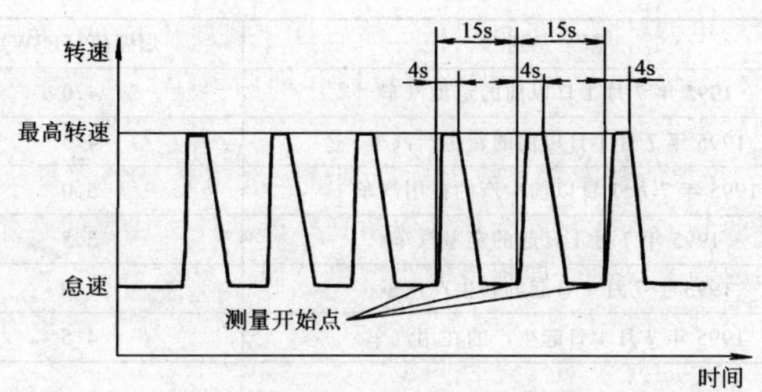

图 4-30　自由加速烟度测量规程

6）下一次重新加速距前一次加速的时间间隔为 15s。如此重复三次，三次读数的算术平均值，即为该工况下的排气烟度值。

7）在被染黑的滤纸上记下试验序号、试验工况和试验日期等，以便保存。

8）检测结束后，应及时关闭电源。

（4）注意事项

1）取样软管的内径和长度有规定，不能随意用其他型号管子代替。

2）指示装置不用时，应把测量开关打到关的位置，以免在移动或搬运时损坏指示电表。

3）指示装置不应在有振动或湿度大的地方放置。

4）滤纸和校准用标准烟样，不要放置在阳光曝晒或灰尘多的地方。

5）标准烟样要定期更换。

3. 柴油车自由加速烟度排放标准

GB 14761.6—1993《柴油车自由加速烟度排放标准》适用于装有柴油发动机、最大总质量大于 400kg、最大设计车速等于或大于 50km/h 的汽车。在这个标准中规定了道路用柴油车在自由加速工况下烟度排放标准值，详见表 4-10。

表 4-10　柴油车自由加速烟度排放限值

车　　别	烟度值（FSW）
1995 年 7 月 1 日以前的定型汽车	4.0
1995 年 7 月 1 日以前的新生产汽车	4.5
1995 年 7 月 1 日以前生产的在用汽车	5.0
1995 年 7 月 1 日起的定型汽车	3.5
1995 年 7 月 1 日起的新生产汽车	4.0
1995 年 7 月 1 日起生产的在用汽车	4.5

第五章　汽车的维修作业及维修价格

进行汽车评估时，评估人员首先应对被评估车辆的技术状况进行判断。对于技术状况不良的车辆，评估人员还应对其是否需要维修以及维修作业的主要内容进行判断，并尽可能准确地估测出维修作业所需的费用支出。这些对于尽可能准确地估测被评估车辆的价格是很重要的。

第一节　汽车的维修作业

汽车维修是指为确保汽车在使用过程中保持良好的技术状态和延长车辆使用寿命所采取的各种技术措施的总称，包括汽车维护和汽车修理。从事汽车维修活动的经济实体构成了汽车维修业。

汽车修理按其作业范围可分成汽车大修、总成大修、汽车小修和零件修理等。

按我国国家标准《汽车维修业开业条件》规定，汽车维修企业和个体维修户分成三类，即一、二、三类。一类汽车维修企业是指从事汽车大修和总成修理生产的企业。此类企业还可以从事汽车维护、汽车小修和汽车专项修理生产。二类汽车维修企业是指从事汽车一级、二级维护和汽车小修生产的企业。三类汽车维修业户是指专门从事汽车专项修理（或维护）生产的企业和个体户。专项修理（或维护）的主要项目为：车身修理、涂漆、篷布、座垫及内装饰修理，电器、仪表修理，蓄电池修理，散热器、油箱修理，轮胎修补，汽车门窗玻璃的安装，空调器、暖风机修理，喷油泵、喷油器、化油器修理，曲轴修磨，缸体镗磨，车身清洁维护等。

一、汽车的维修方式

目前，大家公认的汽车维修方式有三种：定期维修、视情维修、事后维修。

1. 定期维修

定期维修又称时间预防维修，它是以使用时间（小时、公里、次数、周期等）作为维修期限。只要车辆使用到预先规定的时间，不管技术状态如何，都要进行规定的维修工作。这是一种带强制性的预防维修方式。所谓规定的维修工作，则是根据这种预防维修方式所制订的维修制度中所规定的维修类别进行，如进行车辆的大、中、小修和进行各级维护保养。

定期维修的依据是机件的磨损规律。其关键问题是如何确定维修周期。如果更换机件的时机过早，便会造成人力、物力的浪费；过晚，则会因更换不及时而影响使用，甚至造成机件损坏而带来严重后果。所以要想使定期维修方式发挥很好的作用，就需准确地掌握机件的维修时机。如果能在偶然故障阶段结束时（即故障率随时间迅速上升到进入耗损故障期之前）进行机件的更换与维修，既能保证机件正常工作，又不致造成浪费。

定期维修的优点是：容易掌握维修时间，维修计划及组织管理工作简单、明确，且能预防故障发生。其缺点是：对磨损以外的其他故障模式，如疲劳、锈蚀、机件材质以及使用维修条件等方面影响而造成的故障未能考虑在内，不能针对总成或装置的实际情况进行维修。

2. 视情维修

视情维修又称按需维修。这种维修方式是根据汽车各装置的实际情况来确定维修时机，不给各装置或机件规定拆卸（分解）范围和维修期限，而是在检查、测试其技术状况的基础上确定最佳维修时机。

视情维修是靠对各机件不断进行定量分析和监测某些参数或有关性能的视情资料，酌情确定维修项目和时间。视情资料是指通过诊断或监测表征机件状态参数所获得的资料，可以是逐段检查的连续记录，也可以是性能参数的连续记录。如定期对润滑油抽样、进行光谱及铁谱分析的记录等，可以从中估计出机件的磨损由量变到质变的时间，评定出机件极限状态的参数标准等，以作视情维修的主要依据。

视情维修可以充分发挥汽车零部件或机件的应有作用和潜力，提高其预防维修的有效性，减少维修工作量和人为差错。不过，这种维修方式费用较高，并要求修理单位具有一定的诊断条件。

3. 事后维修

事后维修又称故障维修。它是在汽车零部件或机件发生故障而造成停机后才进行维修的一种维修方式。虽然这种方式会使维修工作处于被动地位，但实践证明，凡零部件或机件发生故障不会造成严重后果和不影响总成及系统安全性的，属于偶然故障且规律不清楚的，维修对象固有可靠性相当高、技术余度大、故障密度小或出现故障不致影响安全和任务的完成等，均可采用事后维修。例如，某些密封件，在没有必要进行预防维修的情况下，完全可以在故障发生后进行修理或更换。这样做既可充分发挥机件的应有作用，又可减少预防维修的范围和项目，避免那些不必要的拆装、检查、保养和修理，以利于减少维修人员的工作量、降低费用。

以上三种维修方式各具特点，各有其适用范围，如果应用得当，均会产生良好的维修效果。目前汽车维修发展的趋势是：事后维修→定期的预防维修→计划的定期检查→近期的计划维修→视情维修。

二、汽车的修理类别及总成的大修条件

1. 汽车的修理类别

汽车修理按作业范围可分为：汽车大修、总成大修、汽车小修和零件修理。其作业性质如下：

(1) 车辆大修。新车或经过大修的车辆，在行驶一定里程（或时间）后，经过检测诊断和技术鉴定，用修理或更换车辆任何零部件的方法，恢复车辆完好的技术状况，完全或接近完全恢复车辆使用寿命的恢复性修理。

(2) 总成大修。车辆的总成经过一定使用里程（或时间）后，用修理或更换总成任何零部件（包括基础件）的方法，恢复其完好技术状况和使用寿命的恢复性修理。

(3) 车辆小修。用修理或更换个别零件的方法，保证或恢复车辆工作能力的运行性修理。主要是消除车辆在运行过程或维护作业过程中发生或发现的故障或隐患。

(4) 零件修理。对因磨损、变形、损伤等而不能继续使用的零件进行修理。

2. 汽车总成的大修条件

(1) 发动机总成符合下列条件之一者应进行大修：

1）发动机任何一个气缸的磨损量达到每 100mm 缸 0.40mm（特殊情况允许低于标准 0.03mm）。

2）发动机气缸体破裂，不能利用小修恢复其技术状况者。

（2）变速器（分动器）总成符合下列条件之一者应进行大修。

1）外壳破裂，简单焊修不能修复者。

2）壳体变形或齿轮磨损（需要更换两对以上）引起脱挡者。

3）齿轮、齿轮轴及轴承孔严重磨损或损坏发出异响者。

4）驱动桥壳变形或桥壳及差速器壳破裂者。

5）齿轮严重损坏而导致驱动桥发出异响者。

（3）车架总成符合下列条件之一者，应进行大修。

1）车架断裂，需进行铆补、加固者。

2）车架变形，需拆散校正、重铆者。

（4）车身总成符合下列条件之一者应进行大修。

1）纵、横梁损坏两根以上，或底板、栏板损伤三分之一以上者。

2）铁质车身骨架断裂、变形或蒙皮严重锈蚀面积达五分之一以上者。

（5）驾驶室总成符合下列条件之一者应进行大修。

1）驾驶室钣金件锈蚀，需修复面积达三分之一以上者。

2）驾驶室严重扭曲，骨架断裂者。

三、汽车修理作业方法

汽车修理作业方法，通常分为就车修理法和总成互换修理法。

1. 就车修理法

就车修理法是指汽车在修理过程中，从车上拆下的总成和零部件，除更换应报废的外，凡能修复的仍要装回原车使用的修理方法。

采用就车修理法时，由于各零部件或总成的损坏程度不同，修理的工作量和修复时间也有些差异，因此影响修理、装配工作的连续性，从而延缓汽车修复竣工的时间。但对工作量不大、承修车型复杂的单位，采用这种就车修理法具有非常必要的现实意义。

采用就车修理法时，汽车大修的工艺流程如图 5-1 所示。

2. 总成互换修理法

总成互换修理法，是指汽车在修理过程中，除汽车车架及客车车身应就原件修理外，其他需要修理的总成或零部件都换用周转总成或周转零部件的一种修理方法。换下来的总成或零部件另行安排修理，修竣后补充到周转总成或零部件的储备库中，以备今后更换时使用。

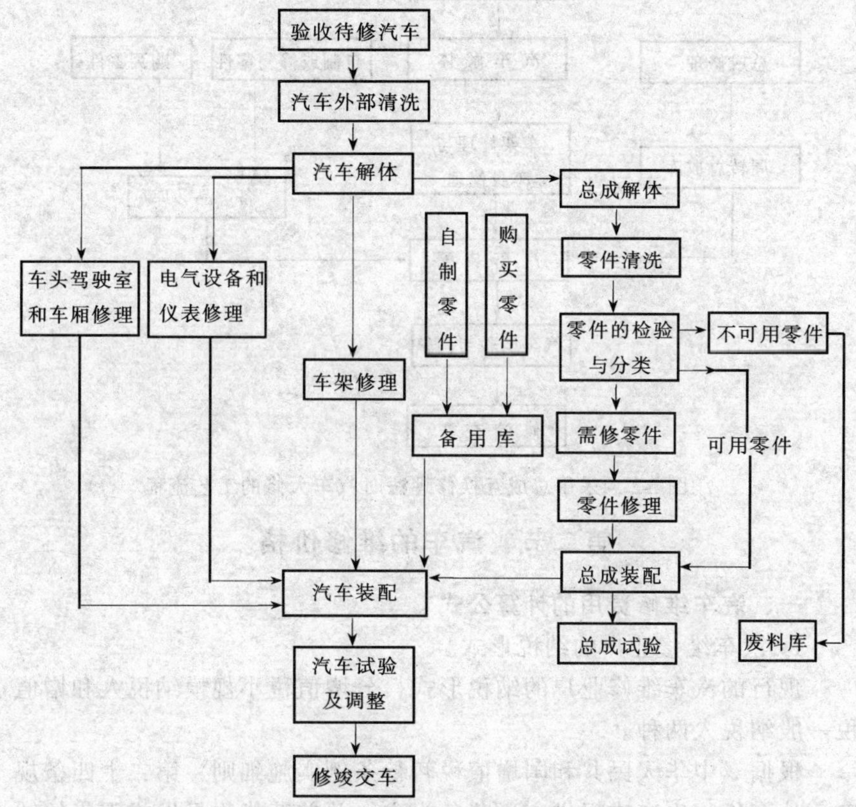

图 5-1　采用就车修理法时汽车大修的工艺流程

采用总成互换修理法，由于利用汽车周转总成或零部件，可以保证汽车装配的连续性，从而能缩短汽车的修理周期，达到高效、优质和低耗的目的。但采用这种修理方法后，需要一定数量的周转总成和零部件的储备量，并应具备比较完善的生产工艺设备，且所修汽车的车型或业务范围比较单一。

采用总成互换修理法时汽车大修的工艺流程如图 5-2 所示。

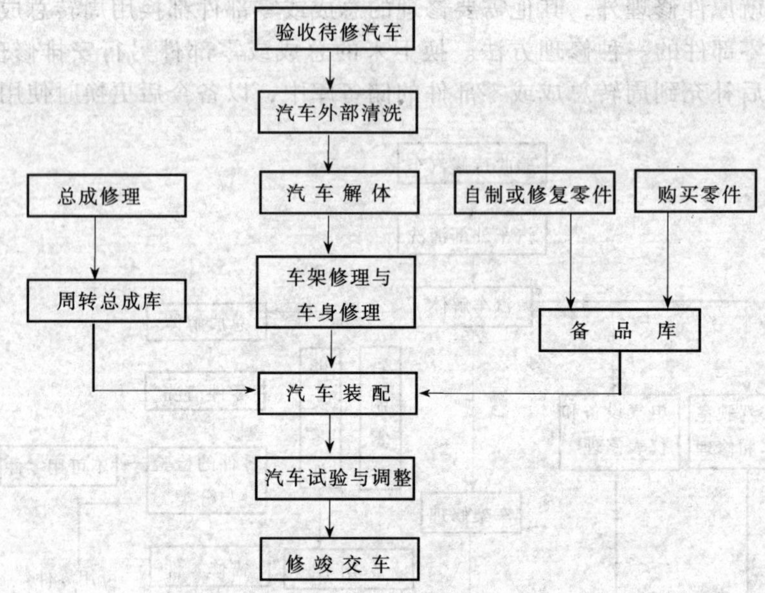

图 5-2 采用总成互换修理法时汽车大修的工艺流程

第二节 汽车的维修价格

一、汽车维修费用的计算公式

1. 汽车维修业户的纳税形式

现行的汽车维修业户的纳税形式，分增值税小规模纳税人和增值税一般纳税人两种。

根据《中华人民共和国增值税暂行条例实施细则》第二十四条规定：从事货物生产或提供应税劳务为主，并兼营货物批发或零售的纳税人，年应征增值税销售额在100万元以下或从事货物批发或零售的纳税人，年应税销售额在180万元以下的称为小规模纳税人。年应税销售额超过上述情况者，经主管税务机关批准可认定为增值税一般纳税人。

根据《中华人民共和国增值税暂行条例》第二条第四点：纳税人提供加工、修理修配劳务（以下简称应税劳务）税率为17%（增值税一般纳税人适用）。第十一条：小规模纳税人销售货物或者应税劳务实行简易办法计算应纳税额。第十二条：小规模纳税人销售货物或者应税劳务的税收征收率为6%。所谓简易办法计算应税额，就是说：小规模纳税人可以不核算销项和进项税额，不使用增值税专用发票。

2. 汽车维修费用计算公式

(1) 增值税小规模纳税人类型维修企业的汽车维修费用

1) 汽车维修成本的计算公式为

$$汽车维修成本 = (工时定额 \times 工时单价) + 材料费 + 厂外加工费$$

2) 汽车的维修收费标准的计算公式为

$$汽车维修收费标准 = \frac{维修成本 \times (1 + 企业管理费率)}{1 - (税率 + 法定规费率)}$$

(2) 增值税一般纳税人类型维修企业的汽车维修费用

1) 首先计算增值税货物的销售额。由于新增值税实行价外税形式，销售额不同于原产品税、营业税所称的销售收入。它是不含增值税的销货价款，在新增值税中称其为销售额。因此，应把维修成本的材料费及厂外加工费还原成不含税的销售额。即材料费、外协加工费未加企业管理费的原始销售额为

$$原始销售额 = \frac{含税的材料费 + 含税的厂外加工费}{1 + 17\%}$$

2) 此时，汽车维修成本的计算公式为

$$汽车维修成本 = (工时定额 \times 工时单价) + \frac{含税的材料费 + 含税的厂外加工费}{1 + 17\%}$$

3) 此时，汽车的维修收费标准的计算公式为

$$汽车维修收费标准 = \frac{维修成本 \times (1 + 企业管理费率)}{1 - 法定规费率} \times (1 + 17\%)$$

4) 对于增值税小额纳税人类型的汽车维修企业，以及增值税一般纳税人类型的汽车维修企业，其维修成本及维修费用计算公式中相应内容的说明如下：

①厂外加工费。指承修单位承担不了，需委托外加工而发生的费用。

② 材料费。指汽车在维修过程中所消耗的材料费用。

③ 企业管理费率。它包括企业利润在内，一般最高为13%。

④ 法定规费率。指由相关管理部门批准征收的有关管理费和价格调节基金。

⑤ 税率。增值税小额纳税人的税率为6%；增值税一般纳税人的税率为17%。

⑥ 工时单价。工时单价是指核定的汽车维修每一工时的收费标准，其单位是“元/小时”。工时单价的确定，是以汽车维修和生产中的工时成本为依据的。工时成本中包括：维修生产工人的平均工资、奖金、福利待遇费用，修理设备和工具、加工设备、检测设备、计量器具、生产辅助设备、厂房等的折旧以及水、电、油等的消耗，部分辅助材料消耗和其他用于生产的支出费用等。工时单价的具体数额通常由维修企业所在城市（或地区）自行确定，在执行中允许下浮。

⑦ 工时定额。工时定额是依据各类维修工艺技术规范和维修作业工序，并按照社会平均水平确定。工时定额的具体数值通常由各省自行确定，在执行中允许下浮。

二、汽车维修工时费的计算

1. 各类型维修作业的工艺内容和范围

为了正确确定所进行的维修作业的类型，确保收费时既不出现重复也不出现漏项，应熟悉以下维修类型所包含的工艺内容和范围。

(1) 汽车大修。汽车大修的作业范围包括：发动机总成、前桥总成、后桥总成、车架总成、变速器总成、客车车身总成、货车总成的解体、拆卸清洗、分类检验、备料、换件、零件修复、装配、总成的组装调试、竣工验收等全部过程。

按以往的概念，我国汽车货车大修以发动机总成大修为主，在前桥总成附转向器总成、变速器总成附传动轴总成、后桥总成中两个或两个以上总成大修为标志。客车以车身大修为主，而车架总成或发动机总成中的一个总成达大修条件为标志。

(2) 发动机总成大修。发动机总成大修的作业范围包括：发动机的解体、清洗、分类检验、换件、发动机机加工、零件修复、总成装配、发动机涂漆、发动机电器修理、磨合、调试及竣工验收的全部过程。

发动机大修的工艺标志，是镗磨气缸体和磨曲轴。当维修发动机需要镗磨气缸体和磨曲轴时，可以按发动机总成的大修工时定额计算，并按其工艺规范和技术标准进行修理工作。

（3）前桥总成大修、后桥总成大修、变速器总成大修。以上各总成大修的作业范围包括：总成零部件的解体清洗、分类检验、换件、修复、装配、调试及竣工验收的全部工作过程。

以上总成大修的标志是壳体发生变形、断裂、基孔磨损严重需要机械加工、焊、镶套校正或换新桥体，这时就可以按总成的大修工时计算。否则，只能按小修项目计算工时。例如，变速器中间轴齿轮需更换，但壳体是好的，未达到大修变速器的条件，只能按小修项目进行计算。

（4）车架总成大修。当车架出现断裂、弯曲、扭曲、铆钉松动，必须拆卸其他总成才能修者，可以按总成大修的工时计算。在计算工时时，拆装其他总成的工时另计。

（5）车身总成大修。客车车身和货车车身（驾驶室、车箱）总成大修作业包括：彻底修复横直梁、骨架断裂、霉烂、变形。其标志是横直梁、骨架断裂、较大面积更换蒙皮或外观霉烂、严重变形。

（6）汽车小修。汽车小修作业项目范围包括：个别零部件的修理、更换、润滑、故障排除、调整试车、竣工验收等工作过程。

小修是指在基础件，如壳体、缸体、梁体不用修复或更换的情况下，发生的各种零部件的修理过程；或发生在总成拆装过程中需要拆卸的附带零部件。其工时计算特点是单项性，可直接在工时定额表内查到。

（7）汽车维护作业。汽车维护作业分为一级维护、二级维护。在交通行业标准 JT/T201—1995《汽车维护工艺规范》中已明确规定了汽车维护的作业范围和具体工艺内容。凡维护作业范围之外的修理都属于附加项目，可附加计费。

2．各类汽车维修作业的工时定额

（1）汽车大修的工时定额

1）估算轿车大修的工时定额时，可参考表 5-1 进行。

表 5-1　轿车大修工时定额参考表

序号	工时/h 项目 \ 车型	轿车				
		微型	普通型	中级	中高级	高级
一	全车大修工时合计	1147	1452	1812	1926	2069
二	发动机（附离合器）工时合计	232	284	396	408	443
1	发动机拆解、清洗、检修、装配、磨合、调试	174	196	244	254	274
2	发动机机加工	32	58	68	70	75
3	发动机电器	24	28	82	82	92
4	发动机涂漆	2	2	2	2	2
三	底盘工时合计	268	310	394	418	442
1	变速器、分动器及传动轴	45	54	74	76	80
2	前桥、前悬架及转向器	60	61	87	88	96
3	后桥、后悬架（包括中桥）	60	61	80	83	90
4	制动系（不包括前后轮制动器）	35	36	45	45	50
5	车架	40	54	60	70	70
6	轮胎	8	12	16	16	16
7	底盘机加工	12	24	24	32	32
8	底盘涂漆	8	8	8	8	8
四	车头、车身	250	350	400	418	460
五	篷垫	70	80	100	120	120
六	全车电系（不含发动机电器）	70	90	120	140	150
七	机加工（不含发动机、底盘机加工）	6	8	8	8	8
八	整车检验、调试	16	20	24	24	26
九	全车涂漆（不含发动机底盘涂漆）	235	310	370	390	420

2）估算客车大修的工时定额时，可参考表5-2进行。

表5-2 客车大修工时定额参考表

序号	车型 工时/h 项目	客车						
		微型	轻型		中型		大型	
			普通型	豪华型	汽油车	柴油车	汽油车	柴油车
一	全车大修工时合计	1006	1416	1834	1993	2100	3082	3179
二	发动机（附离合器）工时合计	232	268	409	354	450	357	454
1	发动机拆解、清洗、检修、装配、磨合、调试	174	178	254	254	286	256	290
2	发动机机加工	32	64	70	70	87	70	87
3	发动机电器	24	24	82	28	30	28	30
4	喷油泵、喷油器					44		44
5	发动机涂漆	2	2	3	2	3	3	3
三	底盘工时合计	271	338	419	489	494	727	727
1	变速器及传动轴	45	55	74	83	83	105	105
2	前桥、前悬架及转向器	58	60	87	98	98	105	106
3	后桥、后悬架（包括中桥）	65	70	80	99	99	135	135
4	制动系（不含前后制动轮）	35	35	45	40	40	50	50
5	车架	40	70	75	80	80	190	190
6	轮胎	8	12	16	16	16	35	35
7	底盘机加工	12	28	32	65	70	90	90
8	底盘涂漆	8	8	10	8	8	17	17
四	车头、车身	202	350	400	500	500	1000	1000
五	转盘						100	100
六	蓬垫	50	100	140	162	162	240	240
七	全车电器（不含发动机电器）	29	46	90	100	100	104	104

（续）

序号	工时/h \ 车型 项目	客车						
		微型	轻型		中型		大型	
			普通型	豪华型	汽油车	柴油车	汽油车	柴油车
八	机加工（不含发动机、底盘机加工）	6	8	12	24	30	24	24
九	整车检验、调试	16	16	24	24	24	30	30
十	全车涂漆（不含发动机、底盘涂漆）	200	290	340	340	340	500	500

3）估算载货车大修的工时定额时，可参考表 5-3 进行。

表 5-3　载货车大修工时定额参考表

序号	工时/h \ 车型 项目	载货车/t										
		微型车	汽油车				柴油车					
		1及以下	3.5及以下	4～5	6及以上	双排座	3.5及以下	4～5	6～8	9～12	13～15	15.5及以上
一	全车大修工时合计	796	1072	1188	1576	1137	1106	1380	1620	1768	2100	2309
二	发动机（附离器）工时合计	258	321	342	416	321	353	416	460	506	592	637
1	发动机拆解、清洗、检修、装配、磨合、调试	188	223	242	296	223	227	268	296	333	387	410
2	发动机机加工	48	70	70	87	70	70	75	87	96	112	115
3	发动机电器	20	26	28	30	26	22	30	30	30	35	50
4	喷油泵、喷油器						32	44	44	44	58	58
5	发动机涂漆	2	2	2	3	2	2	2	3	3	3	4
三	底盘工时合计	273	339	386	564	339	341	483	564	622	745	839
1	变速器、分动器及传动轴	46	56	65	82	56	56	69	82	90	115	180
2	前桥、前悬架及转向器	55	61	70	92	61	61	90	92	100	106	110
3	后桥、后悬架（包括中桥）	50	61	70	102	61	61	77	102	110	130	130

（续）

序号	车型 工时/h 项目	载货车/t										
		微型车	汽油车				柴油车					
		1及以下	3.5及以下	4～5	6及以上	双排座	3.5及以下	4～5	6～8	9～12	13～15	15.5及以上
4	制动系（不含前、后制动轮）	30	32	35	52	32	32	44	52	57	80	90
5	车架	50	75	82	115	75	75	120	115	125	130	144
6	轮胎	8	16	16	32	16	16	24	32	35	60	55
7	底盘机加工	26	30	40	65	30	30	43	65	81	96	100
8	底盘涂漆	8	8	8	24	8	10	16	24	24	28	30
四	驾驶室、车头	75	130	140	182	130	130	150	182	198	230	240
五	车厢	40	90	100	128	90	90	107	128	139	161	175
六	蓬垫	28	32	40	43	32	32	35	43	47	54	60
七	全车电系（不含发动机电器）	30	34	40	70	54	34	47	70	70	100	110
八	机加工（不含发动机、底盘机加工）	6	10	10	16	10	10	11	16	18	25	40
九	整车检验、调试	16	16	20	22	16	16	16	22	25	32	32
十	整车涂漆（不含发动机、底盘涂漆）	70	100	110	135	145	100	112	135	143	159	176

（2）汽车二级维护工时定额

估算汽车二级维护工时定额时，可参考表5-4进行。

表 5-4　汽车二级维护工时定额参考表　　(单位：h)

序号	维护项目	轿车				客车				载货车/t			
		微型	普通型	中级		微型	轻型	中型	大型	3.5及以下	4～6	7～12	13及以上
				前驱动	后驱动								
	合计	41	41	41	41	44	57	82	89	47	65	72	88
一	维护作业前检测	1.5	1.5	1.5	1.5	2.5	3.5	4	5	1.5	4	4	5
二	维护作业	33	33	33	33	35	47	71	77	39	53	60	74
1	发动机附离合器	8	8	8	8	10	11	14	18	11	12	15	18
2	底盘	12	12	12	12	12	20	32	32	15	23	25	31
	前桥及转向	6	6	6	6	4	8	14	14	7	11	12	14
	变速器、传动轴	1.5	1.5	1.5	1.5	2	2	3	3	2	2	2	3
	后桥	3	3	3	3	3	7	11	10	4	7	8	10
	制动	1.5	1.5	1.5	1.5	3	3	4	5	2	3	3	4
3	车身、车架、悬架	6	6	6	6	6	8	14	16	5	8	9	11
4	电器、仪表	6	6	6	6	5	6	8	8	6	7	8	10
5	轮胎	1	1	1	1	2	2	3	3	2	3	3	4
三	竣工过程检验	1.5	1.5	1.5	1.5	1.5	1.5	2	2	1.5	3	3	4
四	上线检测	5	5	5	5	5	5	5	5	5	5	5	5

(3) 汽车小修工时定额

1) 估算轿车小修工时定额时，可参考表 5-5 进行。

表 5-5　轿车小修工时定额参考表

序号	修理项目	类型 / 代表车型 / 工时/h 单位	微型	普通型	中级		中高级		高级
					前驱动	后驱动	前驱动	后驱动	
			夏利(TJ7100)	捷达(普通型)	奥迪 100	大宇王子	帕萨特 VR6	凌志 LS400	奔驰 560
1	发动机抬下、抬上	台	70	100	110	90	130	110	208
2	换气缸垫	个	14	24	32	32	43	43	148
3	换气门弹簧或油封	台	14	24	32	32	43	43	66

（续）

序号	修理项目	类型 / 代表车型 / 工时/h 单位	微型	普通型	中级		中高级		高级
					前驱动	后驱动	前驱动	后驱动	
			夏利（TJ7100）	捷达（普通型）	奥迪 100	大宇王子	帕萨特 VR6	凌志 LS400	奔驰 560
4	换气门、铰磨气门座圈	台	14	24	32	32	43	43	230
5	换气门导管	台	14	24	32	32	43	43	80
6	换气缸盖	个	24	34	42	42	53	53	230
7	换曲轴正时齿轮	只	12	14	18	20	24	20	150
8	变速器抬上抬下	只	35	37	43	31	53	41	130
9	换变速器后油封	只	16	18	20	10	24	12	27
10	换变速器同步器[①]	套	18	24	26	26	38	38	130
11	换变速器中间轴或齿轮[①]	根/只	18	24	26	26	38	38	130
12	拆装转向器	只	14	20	24	20	28	24	100
13	动力转向系统的检修						28	28	30
14	拆装前桥总成	台	42	52	58	58	68	68	160
15	拆装前半轴	根	16	18	20		24		40
16	检修前差速器				26		32		
17	拆装、检修前差速器减速器	台	30	37	45		53		56
18	换差速器两侧油封	只	18	21	24		28		44
19	换转向节	只				24		28	55
20	检修独立悬架		16	18	20	24	28	28	44
21	换前减振器防尘套减振块	只	20	22	24	28	32	32	48
22	换前减振弹簧	只	20	22	24	28	32	32	48

（续）

序号	修理项目	类型 代表车型 工时/h 单位	微型	普通型	中级		中高级		高级
					前驱动	后驱动	前驱动	后驱动	
			夏利(TJ7100)	捷达(普通型)	奥迪 100	大宇王子	帕萨特 VR6	凌志 LS400	奔驰 560
23	拆装后桥总成(非独立悬架)	台	12	14	30	30	32	34	60
24	拆装后桥总成(独立悬架)	台			30			34	
25	修后驱动桥差、减速器[②]	只			36			38	62
26	换后驱动桥主、被动齿轮	台			36			38	62
27	修全车制动	台	30	38	40	40	48	48	110
28	拆装仪表板总成	块	20	24	26	26	30	30	80
29	检修电动车窗	个		15	15	15	20	20	60
30	检修电动车顶电机	台					20	20	20
31	检修转向盘伸缩、倾斜电机	台					30	30	60
32	检修电动座椅位置控制系统	台					30	30	60
33	拆装后翼子板	块	30	36	40	40	50	50	120
34	透散热器[③]	只	11	12	14	14	16	16	21
35	局部补漆[④]	$<400cm^2$	16	20	22	22	30	30	80
36	车门喷漆[⑤]	个	22	28	30	30	40	40	160
37	发动机盖喷漆	个	32	38	40	40	55	55	210
38	前翼子板喷漆	个	28	34	36	36	48	48	160
39	行李箱盖喷漆	个	30	36	38	38	52	52	170

①此项目不含抬下、抬上变速器工时；

②此项目不含拆装后桥总成工时；

③此项目不含散热器拆装工时；

④此项目若为双色加 6 个工时；

⑤ 此项目若为双色加 8 个工时。

2）估算客、货车小修工时定额时，可参考表 5-6 进行。

表 5-6　客、货车小修工时定额参考表

序号	修理项目	单位（车型 / 工时/h）	客车 微型 客、货	客车 轻型 豪华进口	客车 轻型 普通国产	客车 中型	客车 大型	载货车/t 3.5及以下	载货车/t 4～6	载货车/t 7～12	载货车/t 13及以上
1	发动机抬下、抬上①	台	28	40	40	60	80	32	60	65	70
2	换气缸盖②	台	22	23	28	44	50	27	40	47	56
3	换飞轮齿圈	只	12	18	18	26	36	18	26	37	42
4	换曲轴③	根	14	24	24	34	40	24	34	40	120
5	换曲轴主轴承③	台	14	24	24	34	40	24	34	40	120
6	拆装转子喷油泵（VE）			12		11	12	10	11	12	12
7	检修分动器	台					16	16	18	22	26
8	拆装液力变矩器	台								30	40
9	检修液力变矩器	台								70	80
10	变速器解体清洗、装配、调试④	台	10	14	14	24	30	18	24	30	66
11	变速器抬下、抬上	台	8	10	10	20	30	10	22	30	42
12	换变速器同步器	套	8	11	11	21	26	11	21	26	36
13	换变速器中间轴或齿轮	根/只	8	11	11	21	26	11	21	26	36
14	拆装前桥总成	台		14	14	18	22	14	18	26	24
15	换转向节	只	14	14	14	16	20	14	16	20	30
16	换前轴（工字梁）	只	22	32	32	40	46	32	40	46	56
17	换右（左）独立悬架总成	只	14	14							
18	拆装后桥总成	台	12	22	20	30	45	18	24	42	50

（续）

序号	修理项目	车型 / 工时/h / 单位	客车					载货车/t			
			微型	轻型							
			客、货	豪华进口	普通国产	中型	大型	3.5及以下	4～6	7～12	13及以上
19	后桥总成解体、清洗、装配、调试		20	24	24	40	50	24	40	50	60
20	换后桥壳	台	25	32	32	46	62	30	48	58	68
21	拆装差速器、减速器总成	台	6	10	10	14	20	10	14	20	26
22	修全车制动		26	34	34	46	54	26	46	54	100
23	拆装驾驶室	台	20					30	40	50	50
24	拆装车身	台	80	200	100	200	240				
25	拆装仪表板总成	块	20	12	12	12	12	12	12	12	12
26	焊修散热器	个	11	12	11	12	13	11	12	14	14
27	拆装车架	台						150	200	260	300
28	拆装货厢	台	10					25	40	50	80
29	换车厢底板铁质蒙皮							50	60	70	70

①此项目中，若为中型、大型客车后置发动机，应加20个工时；

②此项目包括铰磨气门座圈；

③此项目不含抬发动机；

④此项目不含变速器的抬下、抬上。

（4）关于工时定额的几点说明

1）对于普通型及普通型以上的轿车、客车，凡有下列技术装置的，其大修工时应分别增加如下：

①电控汽油喷射装置，加100个工时；

②ABS防抱死装置，加85个工时；

③自动变速装置，加100个工时；

④安全气囊，加30个工时；

⑤驱动防滑装置，加30个工时。

2）双排座柴油车大修时，其工时定额加 50 个工时；纯进口客车的工时定额为同类型车工时定额的 1.30 倍。

3）单一总成更换时，其工时费按小修拆装工时定额结算。大修过程中发现某一总成需更换时，其工时费按该总成大修工时定额的 30％结算。

4）在同一总成件、基础件中，有两项及两项以上小修项目同时作业时，该总成件、基础件的拆装工时只许计算一次。如果总成小修项目多，其累计工时超过该总成大修工时定额时，按该总成大修工时定额结算。

5）目前，工时的定额标准由各省自行制定。以上各表中的工时定额数据及相关规定，对于辽宁省内的维修企业完全适用。对于其他省、市的维修企业，具体的工时定额可能会略有不同，估算汽车维修工时时，上述内容仅供参考。

3. 汽车维修工时费计算举例

例：某维修企业欲对一辆 CA1091 汽车进行二级维护，附发动机及离合器大修作业。试预算所需的维修工时费（假定工时单价为 7 元/h）。

预算过程如下：

二级维护的总工时为 72h；

二级维护中，发动机部分的维护工时为 15h；

发动机附离合器的大修工时为 416h；

发动机抬下、抬上的工时为 65h。

故总工时为：

$$72h - 15h + 416h + 65h = 538h$$

总的维修工时费为

$$538h \times 7 \text{ 元/h} = 3766 \text{ 元}$$

三、汽车维修费用计算举例

1. 增值税小规模纳税人类型维修业户维修费用计算举例

例：某维修业户对一辆 CA1091 汽车进行二级维护，附发动机及离合器大修作业。若维修业户属小规模纳税人，工时费为 3766 元，材料费及厂外加工费为 2500 元，企业管理费率为 13％，税率为 6％，价格调节基金为 0.5%，试计算该车的维修费用。

计算过程如下：

$$维修成本 = 3766元 + 2500元 = 6266元$$

$$维修费用 = \frac{6266元 \times (1 + 13\%)}{1 - (6\% + 0.5\%)} \approx 7573元$$

2. 增值税一般纳税人类型维修业户维修费用计算举例

例：上例中，若维修业户属一般纳税人，工时费为 3766 元，材料费及厂外加工费为 2500 元，企业管理费率为 13%，税率 17%，价格调节基金为 0.5%，试计算该车的维修费用。

计算过程如下：

$$维修成本 = 3766元 + \frac{2500}{1 + 17\%}元 \approx 5837元$$

$$维修费用 = \frac{5837元 \times (1 + 13\%)}{1 - 0.5\%} \times (1 + 17\%)$$

$$\approx 7756元$$

第六章　汽车价格的评定与估算

第一节　汽车价格评估的基本方法

汽车价格评估同其他资产评估一样，也应按照《国有资产评估管理办法》的规定，采用重置成本法、收益现值法、现行市价法和清算价格法等四种基本方法进行评估。

一、重置成本法

重置成本法，是指在车辆能够继续使用的前提下，从重新购置一辆全新状态的被评估车辆所需的全部成本中，减去累积应计损耗后，所求及的一个价值指标的方法。其计算公式为

$$\text{被评估车辆的评估值}=\text{重置成本}-\text{累积应计损耗}$$

上述公式也可以讲一步表示为

$$\text{被评估车辆的评估值}=\text{重置成本}-\text{有形损耗}\left.\begin{matrix}-\text{功能性损耗}\\-\text{经济性损耗}\end{matrix}\right\}\text{无形损耗}$$

从上述公式中可以看出，运用重置成本法估算车辆的评估值时，其准确性主要取决于评估师如何运用基本原理和操作性，来确定车辆的重置成本和累积应计损耗。

重置成本可分为复原重置成本和更新重置成本。在进行重置成本计算时，如果同时可以取得复原重置成本和更新重置成本，通常选用更新重置成本。因为使用了新工艺、新设计等，更新重置成本通常比复原重置成本更便宜。市场经济下，没有一个理性的购买者会出高价而不出低价来购买相同功能的车辆。基于这样的认识，便宜是选择复原重置成本或更新重置成本作为估算重置成本的依据。考虑到使用了新工艺、新设计等，可以提高车辆的使用性能，减少成本耗用，故评估时一般选择更新重置成本。

在对重置成本的判断和价值选择有了一定的依据之后，接下来便是累积应损耗的问题。这里的“损耗”与会计所述的损耗在概念上是不

同的。会计上所述的损耗,是依照会计惯例和准则来反映的折扣;而汽车评估中所讨论的损耗是一种市场概念,既需要反映物理损耗,又需要反映由于功能和经济因素所造成的贬值。所以在进行汽车评估时,不能用会计账面上的价格作为评估的依据,需要进行重新判断和估算。

二、收益现值法

收益现值法，是通过估算被评估车辆的未来预期收益，并折算成现值，借此来确定车辆价值的一种评估方法。也就是说，现值在这里被视为车辆的评估值，而且现值的确定依赖于未来预期收益。

从投资的角度看，投资者是以牺牲货币的固定收益为代价，换取车辆未来的预期收益，至于是否值得便是评估的观点。汽车评估的意义在于，根据未来现金的流入量，判断是否有必要花费如此代价购置车辆。而判断的原则是既定的买主购置车辆所付出的代价，不应高于他购买具有同样风险因素的资产所付出的代价。否则，投资者就会放弃选择。

运用收益现值来评估车辆的价值反映了这样一层含义：即收益现值法把车辆所有者期望的收益转换成现值，这一现值就是购买者未来能得到好处的价值体现。此思想若用算术式表示便是

$$\text{被评估车辆的评估值} = \sum_{t=1}^{n} \frac{\text{各期未来预期收益}}{(1+\text{折现率})^{t}}$$

式中　t——收益期，一般以年计。

三、现行市价法

现行市价法，是以现实市场上同类车辆的现行市场价格为基础，借此确定车辆价值的一种评估方法。从理论上讲，市场价值是假定在一个公开和竞争的市场上的协商价格，是买卖双方在某一时间都认可的价格。买卖双方都有了解其他市场的机会，也都有时间为鉴定做准备。因此，市场价值能够被认可。

然而，当市场价值运用于汽车评估时，还必须作进一步的规范。如市场化程度的高低，必然影响价格资料的准确性。即使在市场化程度极高的前提下，对所收集的资料仍需作充分分析。尽管理论上认为市场价格具有一致性，但现实中由于种种因素，市场价格的准确性还需评估人员作出判断。此外，当获得了较有效的资料后，鉴于资料的

时间性、地域性等，评估人员仍须完成必要的修正。只有当这一系列事项完成之后，才可以相信评估值反映了市场价值，并且能够被买卖双方所接受。

四、清算价格法

清算价格法是以清算价格为标准，对车辆进行价格评估的方法。清算价格法在原理上与现行市价法基本相同，所不同的是出售者是在非自愿或被迫情况下出售车辆，而且要求在一定的期限内必须将车辆变现。

从清算的角度来评估车辆的价格，需注意一些特殊条件，比如企业由于种种原因被迫停业或破产，那么作为评估人员必须具有有法律效应的破产处理文件，以及在现实市场中快速出售的要求。此外，还需注意到所卖收入是否足以补偿因出售车辆而附加的支出总额，否则清算将无法实现。

第二节　各种汽车价格评估方法的比较

一、各种价格评估方法的区别与联系

1. 重置成本法与收益现值法

从资料的来源看，重置成本法与收益现值法的区别在于：前者是历史过程，后者是预期过程。

重置成本法比较侧重对车辆过去使用状况的分析。尽管重置成本法中的更新重置成本是现时价格，但重置成本法中的其他许多因素都是基于对历史的分析，再加上对现时的比较后得出结论。如有形损耗就是基于被评估车辆的已使用年限和使用强度等来确定的。由此可见，如果没有对被评估车辆的历史判断和记录，那么运用重置成本法评估车辆的价值是不可能的。

与重置成本法比较，收益现值法的评估要素完全是基于对未来的分析。收益现值法不必考虑被评估车辆过去的情况怎样，也就是说，收益现值法从不把被评估车辆已使用年限和使用程度作为评估基础。收益现值法所考虑和侧重的是被评估对象未来能给予投资者带来多少收益。预期收益的测定，是收益现值法的基础。一般而言，预期收益越大，车辆的价值越大。

2. 重置成本法与现行市价法

理论上讲，重置成本法也是一种比较方法。它是将被评估车辆与全新车辆进行比较的过程，而且，这里的比较更侧重于性能方面。比如，评估一辆旧汽车时，首先要考虑重新购置一台全新的车辆时需花多少成本，同时还需进一步考虑旧汽车的陈旧状况和功能、技术情况。只有当这一系列因素充分考虑周到后，才可能给旧汽车定价。而上述过程都涉及到与全新车辆的比较，否则就无法确定旧汽车的价格。

与重置成本法比较，现行市价法的出发点更多地表现在价格上。由于现行市价法比较侧重价格分析，因此对现行市价法的运用便十分强调市场化程度。如果市场很活跃，参照物很容易取得，那么运用现行市价法所取得的结论就会更可靠。现行市价法的这种比较性，相对于重置成本法而言，其条件更为广泛。

运用重置成本法时，也许只需有一个或几个类似的参照物即可。但是运用现行市价法时，必须有更多的市场数据。如果只取某一数据作比较，那么现行市价法所作的结论将肯定受到怀疑。

3. 收益现值法与现行市价法

如果说收益现值法与现行市价法存在某种联系，那么这一联系就是现行市价法与收益现值法的结合。通过把现行市价法和收益现值法结合起来评估车辆的价值，在市场发达国家应用得相当普遍。

从评估观点看，收益现值法中任何参数的确定，都具有人的主观性。因为预期收益、折现率等都是不可知的参数，也容易引起争议。但是这些参数在运用收益现值法评估车辆价值时必须明确，否则收益现值法就不能使用。这里所希望的是评估人员的估计。然而，一旦从估计上来考虑收益现值法中的参数，那么这就涉及到估计依据问题。对这样的问题，在市场发达的地方，解决的方式便是寻求参照物，通过选择参照物，进一步计量其收益折现率及预期年限，然后将这些参照物数据比较有效地运用到被评估车辆上，以确定车辆的价值。

把收益现值法和现行市价法结合起来使用，其目的在于降低评估过程中的人为因素，更好地反映客观实际，从而使车辆的评估更能体现市场观点。

4. 清算价格法与现行市价法

清算价格法与现行市价法，都是基于现行市场价格确定车辆价格法的方法。所不同的是，利用现行市价法确定的车辆价格，如果被出售者接受，而不被购买者接受，出售者有权拒绝交易。但利用清算价格法确定的清算价格，若不能被买方接受，清算价格就失去意义。这就使得利用清算价格进行的评估，完全是一种站在购买方立场上的评估，在某种程度上，这可以被认为是一种取悦于购买方的评估。

二、各种评估方法的适用范围

1. 重置成本法的适用范围

重置成本法是汽车评估中一种常用方法，它适用于继续使用前提下的汽车评估。对在用车辆，可直接运用重置成本法进行评估，无须作较大的调整。在目前，我国汽车交易市场尚需进一步规范和完善，运用现行市价法和收益现值法的客观条件受到一定的制约；而清算价格法仅在特定的条件下才能使用。因此，重置成本法在汽车评估中得到了广泛地应用。

2. 收益现值法的适用范围

汽车的评估多数情况下采用重置成本法，但在某些情况下，也可运用收益现值法。运用收益现值法进行汽车评估的前提是被评估车辆具有独立的、能连续用货币计量的可预期收益。由于在车辆的交易中，人们购买的目的往往不在于车辆本身，而是车辆的获利能力。因此，该方法较适于从事营运的车辆。

3. 现行市价法的适用范围

现行市价法的运用首先必须以市场为前提，它是借助于参照物的市场成交价或变现价运作的（该参照物与被评估车辆相同或相似）。因此，一个发达活跃的车辆交易市场是现行市价法得以广泛运用的前提。

此外，现行市价法的运用还必须以可比性为前提。运用该方法评估车辆市场价值的合理性与公允性，在很大程度上取决于所选取的参照物的可比性如何。可比性包括两方面内容：第一，被评估车辆与参照物之间在规格、型号、用途、性能、新旧程度等方面应具有可比性。第二，参照物的交易情况（诸如交易目的、交易条件、交易数量、交易时间、交易结算方式等）与被评估车辆将要发生的情况具有可比性。

以上所述的市场前提和可比前提，既是运用现行市价法进行汽车评估的前提条件，同时也是对运用现行市价法进行汽车评估的范围界定。对于车辆的买卖，以车辆作为投资参股、合作经营，均适用现行市价法。

4．清算价格法的适用范围

清算价格法适用于企业破产、抵押、停业清理时要售出的车辆。这类车辆必须同时满足以下三个条件，方可利用清算价格法进行出售：

（1）具有法律效力的破产处理文件、抵押合同及其他有效文件为依据。

（2）车辆在市场上可以快速出售变现。

（3）清算价格足以补偿因出售车辆所付出的附加支出总额。

三、各种评估方法优缺点的比较

1．重置成本法

采用重置成本法的优点是，比较充分地考虑了车辆的损耗，评估结果更趋于公平合理。在不易计算车辆未来收益或难以取得市场参照物的条件下，可广泛地使用。采用重置成本法的缺点是工作量较大，且经济性损耗也不易准确计算。

2．收益现值法

采用收益现值法的优点是与投资决策相结合，容易被交易双方接受；能比较真实准确地反映车辆本金化的价格。采用收益现值法的缺点是预期收益额预测难度大，受主观判断和未来不可预知因素的影响较大。

3．现行市价法

采用现行市价法的优点是能够客观地反映车辆目前的市场情况，其评估参数指标直接从市场上获得，评估值能反映市场的现实价格，评估结果易于被各方面理解和接受。采用现行市价法的缺点，是由于我国汽车交易市场的发育仍不完善，寻找参照物有一定困难。

4．清算价格法

清算价格法仅限于在特定条件下使用。在我国，关于清算价格法的理论与实践，都有待进一步总结与完善。

第三节　重置成本法在汽车价格评估中的应用

一、重置成本法计算公式的选用

根据重置成本法的原理，其基本计算公式为

车辆评估值 = 重置成本 − 有形损耗 − 功能性损耗 − 经济性损耗

上述公式还可以进一步写成

车辆评估值 = 重置成本 ×（1 − 有形损耗率）×（1 − 功能性损耗率）×（1 − 经济性损耗率）

1 − 有形损耗率 = 成新率

或　　成新率 = 1 − 有形损耗率

在实际评估操作时，很多情况下，车辆的营运性损耗及经济性损耗的确定有相当困难，估计值也不易很准确。这时，只是对营运性功能损耗和经济性损耗对车辆价值的影响酌情考虑，并以调整系数的方式对车辆的评估值进行修正，其公式可以写成

车辆评估值 = 重置成本 × 成新率 × 调整系数

二、车辆重置成本的估算

重置成本也称为重置全价，是指与被评估车辆相同或相似的全新车辆的取得成本。具体包括：车辆的重置费、运输费、税费等。在评估实践中，重置全价的估算方法应根据被评估车辆的具体情况加以选择。常用的方法主要有重置核算法、指数调整法和类比法。

1. 重置核算法

重置核算法也称为细节分析法或直接法。它是指以现行市价核算被评估车辆重置成本的一种方法。其计算公式为

重置成本 = 直接成本 + 间接成本

在上述公式中，直接成本是指购置全新车辆时，所花费的直接计入购置成本中的那部分成本，如车辆按现行市价计算的买价，加上运输费、人工费、消费税等。间接成本则是购置全新车辆时，所花费的不能直接计入购置成本中的那部分成本，如购置车辆时所花费的管理费、注册登记费等。

在实际的汽车评估作业中，对于属企业产权变动的经济行为（如企业合资、合作、合并、兼并等），应按照上述公式的要求，计算车辆的重置成本。而对于属车辆所有权转让的汽车评估业务，考虑到买卖双方的实际目的和需求，往往仅将全新车辆的现行市价计入重置成本。对于购置全新车辆时所付出的车辆运输费、人工费、购置附加费、消费税等则略去，不计入重置成本。

2. 指数调整法

指数调整法也可称为物价指数法或物价指数调整法，它是在车辆原始成本的基础上，通过现时物价指数确定其重置成本的一种方法。其计算公式为

$$车辆重置成本 = 车辆原始成本 \times \frac{车辆评估时物价指数}{车辆购买时物价指数}$$

或 $车辆重置成本 = 车辆原始成本 \times (1 + 物价变动指数)$

物价指数分定基物价指数和环比物价指数。所谓定基物价指数，是按时间顺序编制的物价指数数列中。每一个指数都以某一固定时期作为基期，从而反映物价的长期动态。所谓环比物价指数，是按时间顺序编制的物价指数数列中，每一个指数都以其相邻的前一时期为基期，从而反映物价的逐期变化程度。在以上的公式中，物价指数的选择必须是定基物价指数。物价指数的基期应和车辆的购置期一致，物价指数的计算期应和车辆评估的基准期一致。

在汽车评估中运用指数调整法，应注意扬长避短，不能在任何场合滥用该方法，使评估丧失客观公正性。确定重置成本时，主要在以下几种情况下，可以配合运用指数调整法。

(1) 计算车辆重置成本时，对于人工费、运杂费、管理费等项目，通常可用指数调整法估算。

(2) 如果被评估车辆是淘汰产品，或是进口车辆，无法取得现行市价价格时，采用指数调整法评估是较现实的选择。

运用指数调整法时，一定要先检查被评估车辆的账面购买原价。如果购买原价不准确，则不能用物价指数法。物价指数一定要选自国家权威部门所提供的数据。如果选用的物价指数与评估基准日之间有一段时间差，评估人员应根据近期物价指数的变化情况予以适当调整。

利用指数调整法估算车辆重置成本，其方法简单，但准确性不如重置核算法高，属于粗略的复原重置成本。

3. 类比分析法

类比分析法就是选择类似参照物，通过对比分析、调整差异的办法确定完全重置成本。类比分析法实际上是采用现行市价法来评估重置成本的方法，在讨论现行市价法在汽车评估中的应用时，将具体讨论类比分析法。

三、车辆有形损耗及成新率的估算

车辆的有形损耗也称为车辆的实体性贬值，它是由于使用磨损和自然损耗形成的。

有形损耗与成新率是同一事物的两方面，有形损耗用相对数来表示，它的余数就是成新率，即

$$成新率 = 1 - 有形损耗率$$

或

$$有形损耗率 = 1 - 成新率$$

估测车辆的成新率或有形损耗率，通常采用以下几种方法。

1. 使用年限法

该方法假设：车辆在整个使用寿命期间，有形损耗与时间呈线性递增关系。使用年限法的公式表示为

$$成新率 = \left(1 - \frac{车辆已使用年限}{车辆总使用年限}\right) \times 100\%$$

从上述公式可知，运用使用年限法估算车辆的成新率，必须首先确定以下两个参数：车辆总使用年限、车辆已使用年限。

(1) 车辆总使用年限。车辆的总使用年限也就是车辆的使用寿命。对于正常使用的车辆，当采用使用年限法估算其成新率或有形损耗率时，应以车辆的规定使用期限作为其总使用年限。我国汽车的规定使用年限，是指 1997 年 7 月 15 日国经贸经［1997］456 号文《汽车报废标准》（1997 年修订）和 1998 年 7 月 7 日国经贸经［1998］407 号文《关于调整轻型载货汽车报废标准的通知》中规定的使用年限，即微型载货车、带拖挂的载货汽车、矿山作业专用车及各类出租汽车的使用期限为 8 年，其他车辆的使用期限为 10 年。此外，当车辆技术条件符合以下情况之一者，均应提前予以报废：

1）燃料消耗高于原厂规定15%的。

2）微型载货汽车（含越野型）、矿山作业专用车累计行驶30万km，重、中、轻型载货汽车累计行驶40万km，特大、大、中、轻、微型客车（含越野型）、轿车累计行驶50万km，其他车型累计行驶45万km。

3）车型淘汰，无配件来源的。

4）经修理和调整后，仍达不到GB7258—1997机动车运行安全技术条件要求的。

5）经修理和调整或采用排污控制技术后，排放污染物仍超过国家规定的汽车排放标准的。

6）因各种原因造成车辆严重损坏或技术状况低劣，无法修复的。

对于已经过三次大修或一次大修费用达车辆原值二分之一的车辆，通常也应予以提前报废。

（2）车辆的已使用年限。车辆的已使用年限是指车辆从开始使用到评估基准日所经历的时间。这种计量的前提条件是车辆的正常使用条件和正常使用强度。在实际评估中，运用已使用年限指标时，应特别注意车辆的实际使用情况，而不是简单的日历天数。例如，对于某些以双班制运行的车辆，其实际使用时间为正常使用时间的两倍，因此该车辆的已使用年限，应是车辆从开始使用到评估基准日所经历时间的两倍。

采用使用年限法估算车辆的成新率或有形损耗率时应注意，车辆的已使用年限与会计折旧中的已计提折旧年限不同，车辆的规定使用年限也不是车辆的会计折旧年限。车辆的会计折旧年限是对车辆作出的会计处理的统一标准，是一种高度集中的理论系数和常数。对于同一类车辆具有普遍性、同一性和法定性，但不具有实际磨损意义的个别性或特殊性。车辆的折旧年限是一个平均年限，对于同一类车辆中的每辆车均适用。车辆的折旧年限是在考虑损耗的同时，又考虑社会技术经济政策和生产力发展水平，有时甚至以之为经济杠杆，体现对某类车辆的鼓励或限制生产政策。车辆的折旧年限是以同类车辆中所有车辆的运转条件均相同的假设条件为前提的。这种情况下，同类型的车辆，无论其所在地环境条件、维护情况、运行状况如何，均适用同一年限。因此，在汽车评估中，评估人员不能直接按照会计中的折旧年限来取代使用年限。

使用年限法方法简单、易操作，一般用于车辆成新率的粗估或价值不高的车辆的评估中。

2. 部件鉴定法

部件鉴定法是对车辆进行评估时，按车辆各组成部分对整车的重要性和价值量的大小来加权评分，最后确定成新率的一种方法。其基本步骤为：

（1）将车辆分成若干个主要部分，根据各部分建造成本占车辆建造成本的比重，按一定百分比确定权重。

（2）以全新车辆各部分的功能为标准，若某部分功能与全新车辆对应部分的功能相同，则该部分的成新率为100％；若某部分的功能完全丧失，则该部分的成新率为0。

（3）根据若干部分的技术状况给出各部分的成新率，分别与各部分的权重相乘，即得某部分的权分成新率。

（4）将各部分的权分成新率相加，即得到被评估车辆的成新率。

表6-1所示为车辆各部分的价值权分参考表。由于在不同种类、档次的车辆上，各组成部分对整车的重要性及其价值占整车的比重各不相同，有些类型车辆之间相差还很大。因此表6-1只能供评估人员参考，不可作为惟一标准。在实际评估时，应根据车辆各部分价值量占整车价值的比重，调整各部分的权重。

表6-1　车辆各部分价值权分参考表

权重（%）　类别 总成部件	轿车	客车	货车
发动机及离合器总成	25	28	25
变速器及传动轴总成	12	10	15
前桥、转向器及前悬架总成	9	10	15
后桥及后悬架总成	9	10	15
制动装置	6	5	5
车架装置	0	5	6
车身装置	28	22	9
电器及仪表装置	7	6	5
轮胎	4	4	5

部件鉴定法费时费力，车辆各组成部分权重难以掌握，但评估值更接近客观实际，可信度高。它既考虑了车辆的有形损耗，也考虑了车辆由于维修或换件等追加投资使车辆价值发生的变化。这种方法一般用于价值较高的车辆的价格评估。

3. 整车观测法

整车观测法，是通过评估人员的现场观察和技术检测，对被评估车辆的技术状况进行鉴定、分级，以确定车辆成新率的一种方法。运用整车观测法应观察、检测或搜集的技术指标主要包括：车辆的现时技术状态；车辆的使用时间及行驶里程；车辆的主要故障经历及大修情况；车辆的外观和完整性等。

运用整车观测法估算车辆的成新率时，还必须确定划分不同档次成新率的标准，并规定不同档次的技术标准。表 6-2 所示的是一般车辆成新率判定标准的经验数据，只能供评估人员参考，不可作为惟一标准。运用整车观测法估测车辆的成新率，要求评估人员必须具有一定的专业水平和相当的评估经验。这是运用整车观测法正确判断车辆成新率的基本前提。

表 6-2　车辆成新率评估参考表

车况等级	新旧情况	有形损耗率（%）	技术状况参考说明	成新率（%）
1	使用不久的车辆	0～10	使用不久。行驶里程在 3～5 万 km。在用状态良好，能按设计要求正常使用，无异常现象	100～90
2	较新车辆	11～35	已使用一年以上。行驶里程在 15 万 km 左右。在用状态良好，能满足设计要求，未出现过较大故障，可随时出车使用	89～65
3	半新车辆	36～60	已使用 4～5 年。发动机或整车经过一次大修。在用状态较好，基本上能达到设计要求，外观中度受损，需经常维修以保证正常使用	64～40

（续）

车况等级	新旧情况	有形损耗率（%）	技术状况参考说明	成新率（%）
4	旧车辆	61～85	已使用5～8年。发动机或整车经过二次大修。在用状态一般，性能明显下降，外观油漆脱落，金属件明显锈蚀，使用中故障较多，经维修后仍能满足工作要求，车辆符合《机动车安全技术条件》	39～15
5	待报废处理车辆	86～100	已到达规定使用年限或性能严重劣化，目前已不能正常使用或停用，即将报废待更新	15以下

整车观测法的判断结果没有部件鉴定法准确，一般用于中、低价值车辆成新率的初步估算，或作为利用综合分析法确定车辆成新率的参考依据。

4. 综合分析法

综合分析法，是以使用年限法为基础，综合考虑车辆的实际技术状况、维护保养情况、原车制造质量、工作条件及工作性质等因素的影响，以系数调整后，确定成新率的一种方法。其计算公式为

$$成新率 = \left(1 - \frac{车辆已使用年限}{车辆的总使用年限}\right) \times 综合调整系数 \times 100\%$$

在上述公式中，车辆已使用年限和车辆的总使用年限，确定方法与使用年限法中所述的方法相同。综合调整系数可参考表6-3中所推荐的数据，用加权平均的方法确定。

表6-3 车辆综合调整系数表

影响因素	因素分级	调整系数	权重（%）
技术状况	好	1.2	30
	较好	1.1	
	一般	1	
	较差	0.9	
	差	0.8	

（续）

影响因素	因素分级	调整系数	权重（%）
维护情况	好	1.1	25
	一般	1	
	较差	0.9	
制造质量	进口	1.1	20
	国产名牌	1	
	国产非名牌	0.9	
工作性质	私用	1.2	15
	公务、商务	1	
	营运	0.7	
工作条件	较好	1	10
	一般	0.9	
	较差	0.8	

表 6-3 中的工作条件包括道路条件和自然环境条件。道路条件可分为好路、中等路和差路三类。好路是指国家道路等级中的高速公路，一、二、三级道路，好路率在 50％以上；中等路是指国家道路等级中的四级道路，好路率在 30％～50％；差路是指国家等级以外的道路。自然环境条件主要应考虑车辆是否长年在寒冷、炎热、风沙、高原及沿海等恶劣的环境条件下工作。根据车辆的实际工作条件，确定相应的调整系数。车辆长期在差路或恶劣的环境条件下工作，系数取 0.8。否则，系数应取 0.9 或 1。

综合分析法较复杂、费时、费力，但它充分考虑了影响车辆价值的各种因素，评估结果的准确度较高，适合对中等价值的车辆的评估。

下面举例说明如何选择合适的方法确定车辆的成新率。

例：某单位欲出售一辆已使用了 6 年 6 个月的桑塔纳轿车。该轿车为公务用车，常年工作在市区或市郊，工作条件较好。由于维护、保养较差，车身上有数处油漆脱落；发动机提速反应慢，动力性较差；转向时内侧单边转向不足；制动时稍向右跑偏。其他情况均与车辆新旧程度基本相符。试估算该车的成新率。

(1) 对车辆进行技术鉴定。根据调查及车辆的外观检查可知，该车曾经过一次大修。目前车辆的加速性能不良；转向和制动装置的工作情况稍差，但经维修和调整后尚可基本恢复正常。经发动机功率检测，发现发动机功率比原设计功率下降15%左右。其他车况与车辆的新旧程度基本相符。总体来看，车辆的技术状况较差。

(2) 利用整车观测法，粗略估算车辆的成新率，该车属中档车。利用整车观测法，根据车辆的现时技术状态、使用时间、大修情况、外观情况等，可大致确定该车的成新率在30%左右。

(3) 利用综合分析法，进一步确定车辆的成新率。根据国家规定，轿车的使用年限为10年，折合为120个月。从初次登记日起，到评估基准日止，该车辆的已使用年限为6年6个月，折合为78个月。经过对车辆的技术鉴定和全面了解，各影响因素的调整系数可取值为：

1) 技术状况较差，系数取为0.9。

2) 维护情况较差，系数取为0.9。

3) 桑塔纳轿车属国产名牌车，制造质量系数取为1。

4) 工作性质属公务用车，系数取为1。

5) 工作条件较好，系数取为1。

采用加权平均法估算综合调整系数，其值为

$$0.9\times30\%+0.9\times25\%+1\times20\%+1\times15\%+1\times10\%=0.945$$

以此综合调整系数确定车辆的成新率，其值为

$$\left(1-\frac{78}{120}\right)\times0.945\times100\%=33.075\%$$

四、车辆功能性损耗的估算

由于技术的发展，不仅购置全新车辆比车辆的复原重置成本便宜，而且新车的性能更高，营运费用更低。因此，原有车辆将出现功能性损耗（贬值）。车辆的功能性损耗的具体表现形式有两种：一种是由超额投资成本所致的功能性损耗，也称为一次性功能贬值；另一种是由超额营运成本所致的功能性损耗，也称为营运性功能贬值。

1. 由超额投资成本所致的功能性损耗

从理论上讲，车辆的超额投资成本是该车辆的复原重置成本与其更新重置成本的差额，即

车辆超额投资成本 = 车辆复原重置成本 - 车辆更新重置成本

在实际评估中，车辆的复原重置成本往往难以直接获得。从以上公式可知，车辆的重置成本若直接使用车辆的更新重置成本，其实已经将被评估车辆中所包含的超额投资成本部分剔除掉了，因而不必再去刻意寻求车辆的复原重置成本，然后再减去车辆的更新重置成本，以得到车辆的超额投资成本。

在实际评估中还可能遇到这样的情况,即待评估的车辆是已停产或自然淘汰的车型。这样就没有实际的市场价,评估时只能参照其替代型号车辆的价格来类比估算。这些替代型号车辆的性能通常比原车型有所改进,其价格通常比被评估车辆高。在这种情形下,不应机械地搬用超额投资成本的计算公式来估测车辆的超额投资成本,而应根据参照物的价格,采用类比法估测被评估车辆的更新重置成本。例如,某单位欲出售一载货汽车,由于该汽车属已淘汰产品,无法取得其更新重置成本。根据市场调查询价得知,与该汽车类似的新款载货汽车的更新重置成本为 4.5 万元。新款汽车的外观比被评估汽车新颖、大方,各种性能也比被评估汽车也有所改善。综合考虑各种因素的影响,取调整系数为 0.9,即被评估车辆的更新重置成本应取为 4.0 万元。

2. 由超额营运成本所致的功能性损耗

估算超额营运成本引起的功能性损耗时，可按照以下步骤进行:

(1) 选择参照物，并将被评估车辆的年营运成本与参照物的年营运成本进行比较，计算两者之间的差额（即年超额营运成本额)。

(2) 估测被评估车辆的剩余寿命。

(3) 按相应的所得税率计算被评估车辆因超额营运成本而抵减的所得税额，从而得到被评估车辆的年超额营运成本净额。

(4) 确定折现率，将被评估车辆在剩余使用年限中的每年超额营运成本净额（超额营运成本扣除所得税因素）折现累加，从而求得被评估车辆的功能性损耗。

下面试举一例，说明对由超额营运成本所引起的功能性损耗，是如何具体进行计算的。

例：某一被评估车辆甲，其出厂时的燃料经济性指标为每百公里耗油量28L，平均每年维修费用为3万元。以目前新出厂的同型车辆乙为参照物，该车出厂时燃料经济性指标为每百公里耗油量23L，平均每年维修费用为2.5万元。如果甲、乙两车在营运成本的其他支出项目方面大致相同，被评估车辆尚可使用5年，每年平均出车日为300天，每日营运150km，所得税率为33%，适用的折现率为10%，试估算被评估车辆的营运性功能损耗。(燃油价格取为2.2元/L)。

根据上述资料，对被评估车辆的功能性损耗估算如下。

(1) 被评估车辆每年油料的超额费用为

$$(28L-23L)\times 2.2\text{元}/L\times \frac{150}{100}\times 300=4950\text{元}$$

(2) 被评估车辆每年维修的超额费用为

$$30000\text{元}-25000\text{元}=5000\text{元}$$

(3) 被评估车辆的年超额营运成本为

$$4950\text{元}+5000\text{元}=9950\text{元}$$

(4) 被评估车辆的年超额营运成本的净额为

$$9950\text{元}\times(1-33\%)=6666.5\text{元}$$

(5) 将被评估车辆在剩余使用年限内的年超额营运成本净额折现累加，估算其功能性损耗为

$$6666.5\text{元}\times(P/A,10\%,5)=6666.5\text{元}\times 3.7908\approx 25271\text{元}$$

上式中，$(P/A,10\%,5)$为10%折现率5年的折现系数，可由查表取得，其值为3.7908。

五、车辆经济性损耗的估算

汽车评估中所涉及的经济性损耗（贬值）也是无形损耗的一种，是由车辆以外的各种因素所造成的损耗（贬值）。这样的例子可以举出很多，如由于汽车排放标准要求的提高，同一车辆的排放水平在过去可能被认为是可以接受的，但现在却无法满足现行排放标准的要求。这一标准对车辆的所有者来讲就是制约，除非达到规定的要求，否则汽车就无法继续使用。因此，对车辆的所有者而言，不管是采取措施力求达到标准，还是使车辆被迫停用，都需花费成本，这一成本从评估的角度上看便是经济损耗。诸如此类，概括地讲，外部因素不

论多少，对车辆价值的影响无外乎表现为要么是造成营运成本上升，要么是导致车辆闲置。

对于营运性车辆来讲，通常采用以下两种方式计量其经济性损耗：一种是利用车辆年收益损失额折现累加计算；另一种是通过车辆利用率的变化来估算。

1. 利用年收益损失额折现累加计算

如果由于外界因素变化，导致车辆营运收益的减少额或投入成本的增加额，能够估算出来，可直接按车辆继续使用期间每年的收益损失额折现累加，以求得车辆的经济性损耗。用数学式表示为

车辆的经济性损耗＝

车辆年收益损失额×（1－所得税率）×（P/A，i，n）

式中　（P/A，i，n）——车辆的年金现值系数。

使用上述公式应注意，年收益损失额只能根据外界因素来计量，不能把因技术落后等自身因素所造成的收益损失额归入此类。

例：某人欲出售一辆已使用了5年的出租车。由于国家行业政策及检测标准的变化，目前每年较过去平均需增加投入成本3000元，方能满足有关的规定要求。试估算该出租车的经济性损耗。

根据国家规定，出租车的使用年限为8年。从购车登记日起，至该车的评估基准日止，该车已使用年限为5年。该车的剩余使用年限为3年。

取所得税率33%，适用的折现率为10%，则车辆的经济性损耗为

3000元×（1－33%）×（P/A，10%，3）＝

3000元×67%×2.4869≈4999元

在上式中，（P/A，10%，3）为10%折现率3年的折现系数，可查表取得，其值为2.4869。

2. 通过车辆利用率的变化估算经济性损耗

如果由于外部因素的影响，导致车辆的利用率下降，可按照以下公式估算车辆的经济性损耗率。

$$车辆经济性损耗率=\left[1-\left(\frac{车辆的实际工作量}{车辆的正常工作量}\right)^{x}\right]\times 100\%$$

在上式中，x 为规模效益指数（$0<x<1$）。其调整计算的结果，说明车辆的运输量与投入成本之间并非呈线性关系。当车辆的运输量降至正常运输量的一半时，其投入成本却不会也降至正常投入成本的一半。x 一般在 0.6～0.7 之间。

在确定了车辆的经济性损耗率后，可按照以下公式计算车辆的经济性损耗。

车辆的经济性损耗＝

（重置成本－有形损耗－功能性损耗）×经济性损耗率

例：由于某行业企业生产普遍不景气，工作量不足，某专用汽车的利用率仅为正常工作量的 70%。而且在该汽车的剩余使用年限内，这种情况也不会有所改变。经评估，该汽车的重置成本为 35 万元，成新率为 65%，功能性损耗可忽略不计。试估算该车辆的经济性损耗。

具体估算过程如下：

（1）计算车辆的经济性损耗率

$$车辆的经济性损耗率=(1-0.7^{x})\times 100\%$$

取 $x=0.7$，则

$$车辆的经济性损耗率=(1-0.7^{0.7})\times 100\%\approx 22\%$$

（2）车辆扣除有形损耗和功能性损耗后的价值为

350000 元×65%＝227500 元

（3）车辆的经济性损耗为

227500 元×22%＝50050 元

六、重置成本法评估应用举例

下面列举一例，以说明利用重置成本法估算车辆价格的具体过程。

例：某公司欲出售一辆进口高档轿车。根据调查，目前全新的此款车的售价为 35 万元。至评估基准日止，该车已使用了 2 年 6 个月，累计行驶里程 65000km。经现场勘查，该车车身处有两处擦伤痕迹，后悬架局部存在故障，前排座椅电动装置工作不良，一侧电动车窗不能正常工作，发电机工作不正常，其他车况均与车辆的新旧程度相符。试评估该车的价格。

(1) 根据调查、比较，该车的重置成本为35万元，功能性损耗、经济性损耗均很小，可忽略不计。

(2) 由于被评估车辆的价值较高，故决定采用部件鉴定法确定其成新率。

根据被评估车辆上各主要部分的价值及重要性占整车价值及重要性的比重，按百分比确定各部分的权重，如表6-4所示。

表6-4　车辆各部分的权分表

总成部件	发动机及其控制系统	变速驱动桥及其控制系统	悬架与车桥	制动及转向系统	车身及其附属装置	电器及仪表装置	轮胎
权重（%）	30	15	12	12	25	4	2

(3) 对车辆进行技术鉴定，确定车辆各部分的成新率及整车的成新率，如表6-5所示。

表6-5　车辆成新率估算明细表

总成部件	权分（%）	成新率（%）	加权成新率（%）
发动机及其控制系统	30	80	24
变速驱动桥及其控制系统	15	80	12
悬架与车桥	12	65	7.8
制动及转向系统	12	80	9.6
车身及其附属装置	25	70	17.5
电器及仪表装置	4	70	2.8
轮胎	2	80	1.6
合计	100		75.3

(4) 计算车辆的评估值

车辆的评估值＝350000元×75.3%＝263550元

第四节　收益现值法在汽车价格评估中的应用

一、收益现值法的计算公式

根据收益现值法的原理，其基本计算公式为

$$P = \sum_{t=1}^{n} \frac{A_t}{(1+i)^t} = \frac{A_1}{1+i} + \frac{A_2}{(1+i)^2} + \cdots\cdots + \frac{A_n}{(1+i)^n}$$

式中 P——车辆评估值；

A_t——未来第 t 个收益期的预期收益额；

n——车辆剩余使用寿命的年限（收益期）；

i——折现率。

当 $A_1 = A_2 = \cdots = A_n = A$ 时

$$P = A\left[\frac{1}{1+i} + \frac{1}{(1+i)^2} + \cdots + \frac{1}{(1+i)^n}\right] = A\,\frac{(1+i)^n - 1}{i\ (1+i)^n}$$

在上式中，$\frac{(1+i)^n - 1}{i\ (1+i)^n}$称为年金现值系数。

例：某个体人员拟购买一辆轻型货车从事营运经营。该车的剩余使用年限为 4 年，适用的折现率为 8%，经预测 4 年内各年的预期收益分别为 1 万元、0.9 万元、0.8 万元、0.7 万元。试评估该车辆目前的价格。

该车辆的评估值为

$$\frac{10000\text{ 元}}{(1+0.8\%)} + \frac{9000\text{ 元}}{(1+0.8\%)^2} + \frac{8000\text{ 元}}{(1+0.8\%)^3} + \frac{7000\text{ 元}}{(1+0.8)^4} \approx 33370\text{ 元}$$

二、车辆剩余使用寿命的确定

车辆的剩余使用寿命是指从评估基准日到车辆报废的年限。在车辆技术状况基本正常的情况下，可按国家规定的报废标准确定车辆的剩余使用寿命。如果车辆的技术状况很差，则应根据车辆的实际状况判定车辆的剩余使用寿命。

三、车辆预期收益额的确定

运用收益现值法进行汽车评估时，预期收益额的确定是关键。收益额指的是车辆使用带来的未来预期收益值，是通过预测分析获得的。对于从事营运的车辆，利用收益现值法判断其是否有价值时，首先应判断车辆是否会带来收益。对其收益的判断，不仅仅是看其现在的收益能力，更重要的是预测其未来的收益能力。

对于企业来讲，计量预期收益的指标有两个：一是税后利润；二是净现金流量。

净现金流量的算术表达式是

净现金流量＝保留收益＋折旧

在上式中，保留收益是付清一切成本和股息之后的余额，其中成本包括折旧因素、劳务费用等，在存在所得税制下，还需扣除所得税。车辆的折旧是指车辆随着时间的推移或在使用过程中，由于损耗而转移的那部价值。这部分价值随车辆产生的收益回收、积累，形成车辆的折旧基金。折旧基金是为了补偿车辆的磨损而逐年提取的专用基金，其主要目的是在车辆不能使用或不再使用时，用折旧基金购置新车辆，实现车辆的更新。因此，折旧的存在事实上是车辆价值的一种表现形式。

从汽车评估的观点来看，净现金流量较利润指标在显示车辆的收益上更全面。因此，应选用净现金流量作为车辆的预期收益的计量指标。

四、折现率的确定

折现率是将未来预期收益折算成现值的比率，是换算车辆现值与预期收益的有效工具。从评估的观点看，折旧率的选择事实上是在对车辆预期收益评价的基础上对现值的确定。不同折现率的选择将影响车辆的价值。从折现率本身来说，它是一种特定条件下的收益率，说明了车辆取得该项收益的收益率水平。收益率越高，意味着单位资产的增值率越高，在收益一定的情况下，所有者拥有资产的价值越低。

在选择和计量折现率时，应注意折现率与预期收益的匹配，如收益的计量指标有净现金流量和税后利润两种，在选择折现率时，就需注意与所选的计量指标相适应。

此外，在计量折现率时，必须考虑到风险因素的影响。否则，就可能过高地估计车辆的价值。当考虑到风险因素后，评估观点上的折现率应包括风险收益率和风险报酬率两方面，即

折现率＝无风险收益率＋风险报酬率

每个行业、企业都有具体的资金收益率。在利用收益现值法对车辆评估选择折现率时，应该对本行业、企业历年的收益率指标进行对比分析，以尽可能准确地估测车辆的折现率。

五、收益现值法评估应用举例

利用收益现值法估算车辆价格时，通常按照以下几个步骤进行。

(1) 调查、了解营运车辆的经营行情，营运车辆的消费结构及被评估车辆的技术状况。

(2) 根据调查、了解的结果，确定车辆的剩余使用年限，预测车辆的预期收益，确定折现率。

(3) 根据收益现值法公式 $P=\sum_{t=1}^{n}\frac{A_t}{(1+i)^t}$，确定车辆的评估值。

下面试举一例，说明利用收益现值法估算车辆价格的具体过程。

例：某单位欲购置一辆轻型客车作载客营运使用。该车已使用了5年，行驶了24万km，目前车况正常。试利用收益现值法估算该车的价值。

(1) 确定车辆的剩余使用年限。根据国家的有关规定和车辆目前的状况，可确定车辆的剩余使用寿命为5年。

(2) 估测车辆的预期收益。根据对行业内类似营运车辆的调查，此类车营运时的收入及支出数据情况如下。

1) 此型车全年可工作300天左右，每天平均收入400元，预计年收入为

300×400元=120000元

2) 此车平均每天油料支出为60元，年油料支出为

60元×300=18000元

3) 此车年维修费用平均支出20000元。

4) 车辆的各种规费、杂费及人员劳务费等年平均支出40000元。

5) 车辆的年折旧费用为6000元。

6) 车辆的年毛收入为

120000元-18000元-20000元-40000元-6000元=36000元

7) 按应缴纳税率为30%计算，车辆的年收益额为

36000元×（1-30%）+6000元=31200元

(3) 确定车辆的折现率。根据对比分析，预计资金的年收益率为3%，风险率为5%，确定车辆的折现率为

$$3\% + 5\% = 8\%$$

(4) 确定车辆的评估值。如果车辆每年的纯收入相同，则由收益现值法求得收益现值，即车辆的评估值为

31200 元× （P/A，8%，5）＝31200 元×3.9899≈124485 元

上式中，（P/A，8%，5）为 8% 折现率 5 年的折现系数，可查表取得，其值为 3.9899。

第五节　现行市价法在汽车价格评估中的应用

一、现行市价法的评估步骤

1. 考察鉴定被评估车辆

收集被评估车辆的资料，包括车辆的类别、名称、型号等。了解车辆的用途、目前的使用情况，并对车辆的性能、新旧程度等作必要的技术鉴定，以获得被评估车辆的主要参数，为市场数据资料的搜集及参照物的选择提供依据。

2. 选择参照物

根据评估的特定目的，待评车辆的有关参数，按照可比性原则选取参照物。参照物的选择一般应在两个以上。车辆的可比性因素主要包括：类别、型号、用途、结构、性能、新旧程度、成交数量、成交时间、付款方式等。

3. 对被评估车辆和参照物之间的差异进行比较、量化和调整

综合被评估车辆与参照物之间的各种可比性因素，对其作用程度加以确定，并尽可能地予以量化、调整。

(1) 销售时间差异的量化。在选择参照物时，应尽可能地选择在评估基准日成交的案例，以免去销售时间差异的量化步骤。若参照物的交易时间在评估基准日之前，可采用指数调整法（见本章第三节中的有关内容）将销售时间差异量化并予以调整。

(2) 车辆性能差异的量化。车辆性能差异的具体表现是车辆营运成本的差异。可以通过测算超额营运成本的方法（参见第三节内有关“功能性损耗”的内容）将性能方面的差异量化。

(3) 新旧程度差异的量化。被评估车辆与参照物在新旧程度上不一定完全一致，参照物也未必是全新的。这就要求评估人员对被评估

车辆与参照物的新旧程度的差异进行量化。

差异量＝参照物价格×（被评估车辆成新率－参照物成新率）

（4）销售数量、付款方式差异的变化。销售数量大小、采用何种付款方式均会对车辆的成交单价产生影响。对这两个因素在被评估车辆与参照物之间的差别应先了解清楚，然后根据具体情况作必要的调整。下面举一案例具体分析如下。

例：市场上有 6 台完全相同的车辆待出售。经调查，该地区市场上此类车辆平均每年只售出 2 辆。于是为满足买主的要求，卖方同意以优惠价格一次性同时出售 6 辆汽车。而可选择的近期交易参照物单辆售价为 4 万元。试用现行市价法评估此 6 辆汽车的现值。

评估如下：

（1）直接以参照物的价格出售，即每辆汽车 4 万元。当年销售 2 辆汽车，可得销售收入为

$$2\times4\text{ 万元}=8\text{ 万元}$$

（2）其余 4 辆汽车如逐年销售，2 年后才能售完。每辆汽车 4 万元，以参照物单价为标准，未来每年可得销售款 8 万元。以此为基础，折算 4 辆汽车的现值，适用的折现率为 10%。

（3）实际上这是一个未来收益的折现问题。根据未来收益现值法的公式，可计算 4 辆汽车的现值为

$$P=\frac{80000\text{ 元}}{(1+10\%)}+\frac{80000\text{ 元}}{(1+10\%)^2}\approx138843\text{ 元}$$

（4）6 辆汽车同时出售的评估值为

$$80000\text{ 元}+138843\text{ 元}=218843\text{ 元}$$

以上例子使我们知道了如何把因销售量不同所引起的差异予以量化，并加以调整。

同样，对付款方式差异的调整，被评估车辆通常是以一次性付款方式为假定前提，若参照物采用分期付款方式，则可按当期银行利率将各期分期付款额折现累加，即可得到一次性付款总额。

4．汇总各因素差异量化值，求出车辆的评估值

对上述各差异因素量化值进行汇总，给出车辆的评估值。以数学表达式表示为

$$被评估车辆的价值 = 参照物现行市价 \pm \sum 差异量$$

或　被评估车辆的价值=参照物现行市价×差异调整系数

二、现行市价法评估应用举例

下面试举一例，说明利用现行市价法估算车辆价格的具体计算过程。

例：评估人员在对某辆汽车进行评估时，选择了三个近期成交的与被评估车辆类别、结构基本相同，经济技术参数相近的车辆作参照物。参照物与被评估车辆的一些具体经济技术参数见表 6-6。

表 6-6　车辆及参照物的有关经济技术参数

序号	经济技术参数	计量单位	参照物 A	参照物 B	参照物 C	被评估车辆
1	车辆交易价格	元	50000	65000	40000	
2	销售条件		公开市场	公开市场	公开市场	公开市场
3	交易时间		6 个月前	2 个月前	10 个月前	
4	已使用年限	年	5	5	6	5
5	尚可使用年限	年	5	5	4	5
6	成新率	%	60	75	55	70
7	年平均维修费用	元	20000	18000	25000	20000
8	每百公里耗油量	升	25	22	28	24

1. 对被评估车辆与参照物之间的差异进行比较、量化

（1）销售时间的差异。根据搜集到的资料表明，在评估之前到评估基准日之间的一年内，物价指数大约每月上升 0.5%左右。各参照物与被评估车辆由于时间差异所产生的差额为：

1）被评估车辆与参照物 A 相比较晚 6 个月，价格指数上升 3%，其差额为

50000 元×3%=1500 元

2）被评估车辆与参照物 B 相比较晚 2 个月，价格指数上升 1%，其差额为

55000 元×1%=550 元

3）被评估车辆与参照物 C 相比较晚 10 个月，价格指数上升

5%，其差额为

$$40000\text{ 元}\times 5\% = 2000\text{ 元}$$

（2）车辆性能的差异

1）按每日营运 150km、每年平均出车 250 天，计算各参照物与被评估车辆，每年由于燃料消耗的差异所产生的差额。燃料价格按每升 2.2 元计算。

①A 车每年比被评估车辆多消耗的燃料的费用为

$$(25\text{L}-24\text{L})\times 2.2\text{ 元/L}\times\frac{150}{100}\times 250 = 825\text{ 元}$$

②B 车每年比被评估车辆少消耗的燃料的费用为：

$$(24\text{L}-22\text{L})\times 2.2\text{ 元/L}\times\frac{150}{100}\times 250 = 1650\text{ 元}$$

③C 车每年比被评估车辆多消耗的燃料的费用为：

$$(28\text{L}-24\text{L})\times 2.2\text{ 元/L}\times\frac{150}{100}\times 250 = 3300\text{ 元}$$

2）各参照物与被评估车辆每年由于维修费用的差异所产生的差额为：

①A 车与被评估车辆每年维修费用的差额为

$$20000\text{ 元}-20000\text{ 元}=0\text{ 元}$$

②B 车比被评估车辆每年少花费的维修费用为：

$$20000\text{ 元}-18000\text{ 元}=2000\text{ 元}$$

③C 车比被评估车辆每年多花费的维修费用为

$$25000\text{ 元}-20000\text{ 元}=5000\text{ 元}$$

3）由于营运成本不同，各参照物每年与被评估车辆的差异为：

①A 车比被评估车辆每年多花费的营运成本为

$$825\text{ 元}+0=825\text{ 元}$$

②B 车比被评估车辆每年少花费的营运成本为

$$1650\text{ 元}+2000\text{ 元}=3650\text{ 元}$$

③C 车比被评估车辆每年多花费的营运成本为

$$3300\text{ 元}+5000\text{ 元}=8300\text{ 元}$$

4）取所得税率为 33%，则税后各参照物每年比被评估车辆多（或少）花费的营运成本为：

①税后 A 车比被评估车辆每年多花费的营运成本为

825 元×（1－33%）＝552.75 元

②税后 B 车比被评估车辆每年少花费的营运成本为

3650 元×（1－33%）＝2445.5 元

③税后 C 车比被评估车辆每年多花费的营运成本为

8300 元×（1－33%）＝5561 元

5）适用的折现率为 10%，则在剩余的使用年限内，各参照物比被评估车辆多（或少）花费的营运成本为：

①A 车比被评估车辆多花费的营运成本折现累加为

552.75 元×（P/A，10%，5）＝552.75 元×3.7908≈2095 元

②B 车比被评估车辆少花费的营运成本折现累加为

2445.5 元×（P/A，10%，5）＝2445.5 元×3.7908≈9270 元

③C 车比被评估车辆多花费的营运成本折现累加为

5561 元×（P/A，10%，4）＝5561 元×3.1699≈17628 元

(3) 成新率的差异

1）A 车与被评估车辆，由于成新率的差异所产生的差额为

50000 元×（70%－60%）＝5000 元

2）B 车与被评估车辆由于成新率的差异所产生的差额为

65000 元×（70%－75%）＝－3250 元

3）C 车与被评估车辆由于成新率的差异所产生的差额为

40000 元×（70%－55%）＝6000 元

2. 根据被评估车辆与参照物之间差异的量化结果，确定车辆的评估值

(1) 初步确定车辆的评估值

1）与参照物 A 相比分析调整差额，初步评估的结果为

车辆评估值＝50000 元＋1500 元＋2095 元＋5000 元＝58595 元

2）与参照物 B 相比分析调整差额，初步评估的结果为

车辆评估值＝65000 元＋550 元－9270 元－3250 元＝53030 元

3）与参照物 C 相比分析调整差额，初步评估的结果为

车辆评估值＝40000 元＋2000 元＋17628 元＋6000 元＝65628 元

(2) 综合定性分析，确定车辆的评估值。从上述初步估算的结果

可知，按三个不同的参照物进行比较测算，初步评估的结果最多相差12598元（65628元－53030元＝12598元）。其中一部分原因是三个参照物的成新率不同（参照物A为60％、参照物B为75％、参照物C为55％）。另外，在选取有关的经济技术参数时也可能存在误差。为减少误差，结合考虑被评估车辆与参照物的相似程度，决定采用加权平均法确定评估值。参照物B的交易时间离评估基准日较接近（仅隔2个月），且已使用年限、尚可使用年限、成新率等都与被评估车辆最相近。由于它的相似程度比参照物A、C更大，故决定取参照物B的加权系数为60％。参照物A的交易时间、已使用年限、尚可使用年限、成新率等比参照物C的相似程度更大，故决定取参照物A的加权系数为30％。取参照物C的加权系数为10％。加权平均后，车辆的评估值为

车辆评估值＝53030元×60％＋58595元×30％＋65628元×10％
≈55959元

第六节 清算价格法在汽车价格评估中的应用

一、影响清算价格的主要因素

由于采用清算价格进行评估的车辆，通常要在较短的期限内将车辆变现，因此其价格往往低于现行市价，这是快速变现原则决定的。清算价格的高低一般与以下几方面因素有关：

（1）企业的破产形式。如果企业完全丧失车辆的处置权，无法讨价还价，占有主动权的买方必然会尽力压低价格，以从中获益；如果企业尚有讨价还价的余地，则车辆的价格就有可能高些。

（2）车辆的拍卖时限。车辆的拍卖时限越短，车辆的清算价格就可能越低；反之，若拍卖的时限较长，车辆的价格就可能高些。

（3）车辆的现行市价。与被拍卖车辆相同或类似的车辆的现行市价价格越高，被拍卖车辆的清算价格通常也会高些；反之，被拍卖车辆的价格就会低些。

（4）车辆的拍卖方式。若车辆与破产企业的其他资产一起整体拍卖，其拍卖值可能会高于包括车辆在内的各单项资产变现价值之和。

二、确定清算价格的方法

目前，对于清算价格的确定方法，从理论上还难以找到十分有效的依据，但在实践上仍有一些方法可以采用。

(1) 竟价法。拍卖时只提供底价，甚至无底价，谁出的价格高就卖给谁。由此而形成的价格就是清算价格。但对于评估人员而言，要推测这样一个价格是有相当难度的。

(2) 评估价格折扣法。根据被评估车辆的具体情况及所获得的资料，选择重置成本法、收益现值法及现行市价法中的一种方法确定被评估车辆的价格。然后，根据市场调查和快速变现原则，确定一个合适的折扣率。用评估价格乘以折扣率，即为被评估车辆的清算价格。

三、清算价格法评估应用举例

下面试举一例，说明利用清算价格法估算车辆清算价格的具体过程。

例: 某法院欲在近期内将其扣押的一辆轻型载货汽车拍卖出售。至评估基准日止，该汽车已使用了1年6个月，车况与其新旧程度相符。试评估该车的清算价格。

据了解，本次评估的目的属债务清偿，应采用的评估方法为清算价格法。根据被评估车辆的实际情况和所掌握的资料，决定首先利用重置成本法确定车辆在公平市场条件下的评估价格。然后，根据市场调查，按一定的折现率确定汽车的清算价格。

1. 确定车辆的重置成本全价

据市场调查，全新的此型车目前的售价为5.5万元。根据相关规定，购置此型车时，要交纳10%的车辆购置附加费、3%的货运附加费，故被评估车辆的重置成本全价为:

重置成本全价＝55000元×（1＋10%＋3%）＝62150元

2. 确定车辆的成新率

被评估车辆的价值不高，且车辆的技术状况与其新旧程度相符，故决定采用使用年限法确定其成新率。

根据国家规定，被评估车辆的使用年限为10年，折合为120个月。该车已使用年限为1年6个月，折合为18个月。故被评估车辆的成新率为:

$$成新率=\left(1-\frac{18}{120}\right)\times 100\%=85\%$$

3. 确定被评估车辆在公平市场条件下的评估值

根据调查、了解，被评估车辆的功能性损耗及经济性损耗均很小，可忽略不计。故在公平市场条件下，该车的评估值为：

$$62150\text{ 元}\times 85\%\approx 52828\text{ 元}$$

4. 确定折扣率

根据市场调查，折扣率取 75%时，可在清算日内出售车辆，故确定折扣率为 75%。

5. 确定被评估车辆的清算价格

$$车辆的清算价格=52828\text{ 元}\times 75\%=39621\text{ 元}$$

附　录

附录 A　复利系数表

8%

n	$(F/P,i,n)$	$(P/F,i,n)$	$(F/A,i,n)$	$(A/F,i,n)$	$(A/P,i,n)$	$(P/A,i,n)$
1	1.08000	0.92593	1.00000	1.00000	1.08000	0.92593
2	1.16640	0.85734	2.08000	0.48077	0.56077	1.78327
3	1.25971	0.79383	3.24640	0.30803	0.38803	2.57710
4	1.36049	0.73503	4.50611	0.22192	0.30192	3.31213
5	1.46933	0.68058	5.86660	0.17046	0.25046	3.99271
6	1.58687	0.63017	7.33593	0.13632	0.21632	4.62288
7	1.71382	0.58349	8.92281	0.11207	0.19207	5.20637
8	1.85093	0.54027	10.63663	0.09401	0.17401	5.74664
9	1.99901	0.50025	12.48757	0.08008	0.16008	6.24689
10	2.15893	0.46319	14.48657	0.06903	0.14903	6.71008

10%

n	$(F/P,i,n)$	$(P/F,i,n)$	$(F/A,i,n)$	$(A/F,i,n)$	$(A/P,i,n)$	$(P/A,i,n)$
1	1.10000	0.90909	1.00000	1.00000	1.00000	0.90909
2	1.21000	0.82645	2.10000	0.47619	0.57619	1.73554
3	1.33100	0.75131	3.31000	0.30211	0.40211	2.48685
4	1.46410	0.68301	4.64100	0.21547	0.31547	3.16987
5	1.61051	0.62092	6.10510	0.16380	0.26380	3.79079
6	1.77156	0.56447	7.71561	0.12961	0.22961	4.35526
7	1.94872	0.51361	9.498717	0.10541	0.20541	4.86842
8	2.14356	0.46651	11.43589	0.08744	0.18744	5.33493
9	2.35795	0.42410	13.57943	0.07364	0.17364	5.75902
10	2.59374	0.38554	15.93743	0.06275	0.16275	6.14457

12%

n	(F/P,i,n)	(P/F,i,n)	(F/A,i,n)	(A/F,i,n)	(A/P,i,n)	(P/A,i,n)
1	1.12000	0.89286	1.00000	1.00000	1.12000	0.89286
2	1.25440	0.79719	2.12000	0.47170	0.59170	1.69005
3	1.40493	0.71178	3.37440	0.29635	0.41635	2.40183
4	1.57352	0.63552	4.77933	0.20923	0.32923	3.03735
5	1.76234	0.56743	6.35285	0.15741	0.27741	3.60478
6	1.97382	0.50663	8.11519	0.12323	0.24323	4.11141
7	2.21068	0.45235	10.08901	0.09912	0.21912	4.56376
8	2.47596	0.45235	10.08901	0.09912	0.21912	4.96764
9	2.77308	0.39061	14.77566	0.06768	0.18768	5.32825
10	3.10585	0.32197	17.54874	0.05698	0.17698	5.65022

附录 B 国有资产评估管理办法

第一章 总 则

第一条 为了正确体现国有资产的价值量，保护国有资产所有者和经营者、使用者的合法权益，制定本办法。

第二条 国有资产评估，除法律、法规另有规定外，适用本办法。

第三条 国有资产占有单位（以下简称占有单位）有下列情形之一的，应当进行资产评估：

一、资产拍卖、转让；

二、企业兼并、出售、联营、股份经营；

三、与外国公司、企业和其他经济组织或者个人开办中外合资经营企业或者中外合作经营企业；

四、企业清算；

五、依照国家有关规定需要进行资产评估的其他情形。

第四条 占有单位有下列情形之一，当事人认为需要的，可以进行资产评估；

一、资产抵押及其他担保；

二、企业租赁；

三、需要进行资产评估的其他情形。

第五条 全国或者特定行业的国有资产评估，由国务院决定。

第六条 国有资产评估范围包括：固定资产、流动资产、无形资产和其他资产。

第七条 国有资产评估应当遵循真实性、科学性 可行性原则，依照国家规定的标准、程序和方法进行评定和估算。

第二章 组织管理

第八条 国有资产评估工作，按照国有资产管理权限，由国有资产管理行政主管部门负责管理和监督。

国有资产评估组织工作，按照占有单位的隶属关系，由行业主管部门负责。

国有资产管理行政主管部门和行业主管部门不直接从事国有资产评估业务。

第九条 持有国务院或者省、自治区、直辖市人民政府国有资产管理行政主管部门颁发的国有资产评估资格证书的资产评估公司、会计师事务所、审计事务所、财务咨询公司，经国务院或者省、自治区、直辖市人民政府国有资产管理行政主管部门认可的临时评估机构(以下统称资产评估机构)，可以接受占有单位的委托，从事国有资产评估业务。

前款所列资产评估机构的管理办法，由国务院国有资产管理行政主管部门制定。

第十条 占有单位委托资产评估机构进行资产评估时，应当如实提供有关情况和资料。资产评估机构应当对占有单位提供的有关情况和资料保守秘密。

第十一条 资产评估机构进行资产评估，实行有偿服务。资产评估收费办法，由国务院国有资产管理行政主管部门会同财政部门、物价主管部门制定。

第三章 评估程序

第十二条 国有资产评估按照下列程序进行：

一、申请立项；

二、资产清查；

三、评定估算；

四、验证确认。

第十三条 依照本办法第三条、第四条规定进行资产评估的占有单位，经其主管部门审查同意后，应当向同级国有资产管理行政主管部门提交资产评估立项申请书，并附财产目录和有关会计报表等资料。

经国有资产管理行政主管部门授权或者委托，占有单位的主管部门可以审批资产评估立项申请。

第十四条 国有资产管理行政主管部门应当自收到资产评估立项申请书之日起 10 日内进行审核，并作出是否准予资产评估立项的决定，通知申请单位及其主管部门。

第十五条 国务院决定对全国或者特定行业进行国有资产评估的，视为已经准予资产评估立项。

第十六条 申请单位收到准予资产评估立项通知书后，可以委托资产评估机构评估资产。

第十七条 受占有单位委托的资产评估机构应当在对委托单位的资产、债权、债务进行全面清查的基础上，核实资产账面与实际是否相符，经营成果是否真实，据以作出鉴定。

第十八条 受占有单位委托的资产评估机构应当根据本办法的规定，对委托单位被评估资产的价值进行评定和估算，并向委托单位提出资产评估结果报告书。

委托单位收到资产评估机构的资产评估结果报告书后，应当报其主管部门审查；主管部门审查同意后，报同级国有资产管理行政主管部门确认资产评估结果。

经国有资产管理行政主管部门授权或者委托，占有单位的主管部门可以确认资产评估结果。

第十九条 国有资产管理行政主管部门应当自收到占有单位报送的资产评估结果报告书之日起 45 日内组织审核、验证、协商，确认资产评估结果，并下达确认通知书。

第二十条 占有单位对确认通知书有异议的，可以自收到通知书之日起 15 日内向上一级国有资产管理行政主管部门申请复核。上一级国有资产管理行政主管部门应当自收到复核申请之日起 30 日内作出裁定，并下达裁定通知书。

第二十一条 占有单位收到确认通知书或者裁定通知书后，应当根据国家有关财务、会计制度进行账务处理。

第四章 评 估 方 法

第二十二条 国有资产重估价值，根据资产原值、净值、新旧程度、重置成本、获利能力等因素和本办法规定的资产评估方法评定。

第二十三条 国有资产评估方法包括：

一、收益现值法；

二、重置成本法；

三、现行市价法；

四、清算价格法；

五、国务院国有资产管理行政主管部门规定的其他评估方法。

第二十四条 用收益现值法进行资产评估的，应当根据被评估资产合理的预期获利能力和适当的折现率，计算出资产的现值，并以此评定重估价值。

第二十五条 用重置成本法进行资产评估的，应当根据该项资产在全新情况下的重置成本，减去按重置成本计算的已使用年限的累积折旧额，考虑资产功能变化、成新率等因素，评定重估价值；或者根据资产的使用期限，考虑资产功能变化等因素重新确定成新率，评定重估价值。

第二十六条 用现行市价法进行资产评估的，应当参照相同或者类似资产的市场价格，评定重估价值。

第二十七条 用清算价格法进行资产评估的，应当根据企业清算时其资产可变现的价值，评定重估价值。

第二十八条 对流动资产中的原材料、在制品、协作件、库存商品、低值易耗品等进行评估时，应当根据该项资产的现行市场价格、计划价格，考虑购置费用、产品完工程度、损耗等因素，评定重估价值。

第二十九条 对有价证券的评估，参照市场价格评定重估价值；没有市场价格的，考虑票面价值、预期收益等因素，评定重估价值。

第三十条 对占有单位的无形资产，区别下列情况评定重估价值：

一、外购的无形资产，根据购入成本及该项资产具有的获利能力；

二、自创或者自身佣有的无形资产，根据其形成时所需实际成本及该项资产具有的获利能力；

三、自创或者自身拥有的未单独计算成本的无形资产，根据该项资产具有的获利能力。

第五章 法律责任

第三十一条 占有单位违反本办法的规定，提供虚假情况和资料，或者与资产评估机构串通作弊，致使资产评估结果失实的，国有资产管理行政主管部门可以宣布资产评估结果无效，并可以根据情节轻重，单处或者并处下列处罚；

一、通报批评；

二、限期改正，并可以处以相当于评估费用以下的罚款；

三、提请有关部门对单位主管人员和直接责任人员给予行政处分，并可以处以相当于本人 3 个月基本工资以下的罚款。

第三十二条 资产评估机构作弊或者玩忽职守，致使资产评估结果失实的，国有资产管理行政主管部门可以宣布资产评估结果无效，并可以根据情节轻重，对该资产评估机构给予下列处罚；

一、警告；

二、停业整顿；

三、吊销国有资产评估资格证书。

第三十三条 被处罚的单位和个人对依照本办法第三十一条、第三十二条规定作出的处罚决定不服的，可以在收到处罚通知之日起15日内，向上一级国有资产管理行政主管部门申请复议。上一级国有资产管理行政主管部门应当自收到复议申请之日起60日内作出复议决定。申请人对复议决定不服的，可以自收到复议通知之日起15日内，向人民法院提起诉讼。

第三十四条 国有资产管理行政主管部门或者行业主管部门工作人员违反本办法，利用职权谋取私利，或者玩忽职守，造成国有资产损失的，国有资产管理行政主管部门或者行业主管部门可以按照干部管理权限，给予行政处分，并可以处以相当于本人3个月基本工资以下的罚款。

违反本办法，利用职权谋取私利的，由有查处权的部门依法追缴其非法所得。

第三十五条 违反本办法，情节严重，构成犯罪的，由司法机关依法追究刑事责任。

第六章 附 则

第三十六条 境外国有资产的评估，不适用本办法。

第三十七条 有关国有自然资源有偿使用、开采的评估办法，由国务院另行规定。

第三十八条 本办法由国务院国有资产管理行政主管部门负责解释。本办法的施行细则由国务院国有资产管理行政主管部门制定。

第三十九条 本办法自发布之日起施行。

附录C 国家国有资产管理局关于印发《国有资产评估管理办法施行细则》的通知

（国资办发［1992］36号）

各省、自治区、直辖区人民政府，国务院各部委、各直属机构：

根据国务院1991年91号令发布的《国有资产评估管理办法》（以下简称《办法》），现将制定的《国有资产评估管理办法施行细则》发给你们，请依照执行。执行中有什么问题请及时转告我局。

根据《办法》第九条规定，对从事资产评估业务的单位，由国务院或省、自治区、直辖市国有资产管理行政主管部门审批并颁发资产评估资格证书。但我局1990年国资工字30号文件《资产评估机构管理暂行办法》规定，计划单列市也有审批资产评估资格和颁发证书的权限，并已将统一印制并编号的资产评估资格证书发给各计划单列市。为执行国务院1991年91号令并考虑过去的实际情况，经研究决定，在国务院1991年91号令发布［之前各计划单列市已发的资产评估资格证书仍然有效；国务院1991年91号令发布］以后，由省国有资产管理行政主管部门授权计划单列市国有资产管理行政主管部门审查本市所属机构的资产评估资格并颁发证书。各计划单列市将审查和颁发资产评估资格证书的有关文件报省国有资产管理行政主管部门备案。对此，我们已在本细则中做了规定。

我局国资工字［1990］30号文件中有关条款与本细则有抵触的，按本细则规定执行。

附件:《国有资产评估管理办法施行细则》

1992年7月18日

附录D　国有资产评估管理办法施行细则

第一章　总　　则

第一条　根据国务院发布的《国有资产评估管理办法》（以下简称《办法》）第三十八条的规定，制定本施行细则。

第二条　《办法》第二条所说的法律、法规另有规定，是指全国人民代表大会及其常务委员会发布的有关资产评估的法律和国务院发布的有关资产评估的行政法规。

第三条　《办法》所说的国有资产是指国家依据法律取得的，国家以各种形式的投资和投资收益形成的或接受捐赠而取得的固定资产、流动资产、无形资产和其他形态的资产。

第四条　《办法》第三条所说的国有资产占有单位包括:

一、国家机关、军队、社会团体及其他占有国有资产的社会组织；

二、国营企业、事业单位；

三、各种形式的国内联营和股份经营单位；

四、中外合资、合作经营企业；

五、占有国有资产的集体所有制单位；

六、其他占有国有资产的单位。

第五条 《办法》第三条规定的应当进行资产评估，是指发生该条款所说的经济情形时，除经国有资产管理行政主管部门批准可以不予评估外，都必须进行资产评估。

第六条 《办法》第三条所说的情形中：

一、资产转让是指国有资产占有单位有偿转让超过百万元或占全部固定资产原值20%以上的非整体性资产的经济行为。

二、企业兼并是指一个企业以承担债务、购买、股份化和控股等形式有偿接收其他企业的产权，使被兼并方丧失法人资格或改变法人实体。

三、企业出售是指独立核算的企业或企业内部的分厂、车间及其他整体性资产的出售。

四、企业联营是指国内企业、单位之间以固定资产、流动资产、无形资产和其他资产投入组成的各种形式的联合经营。

五、股份经营是指企业实行股份制，包括法人持股企业、内部职工持股企业，向社会公开发行股票（不上市）企业和股票上市交易的企业。

联营、股份经营的企业进行资产评估时，应对联营及合股各方投入的资产进行全面评估。

六、企业清算是指依据中华人民共和国企业破产法的规定，宣告企业破产，并进行清算；或依照国家有关规定对改组、合并、撤销法人资格的企业资产进行的清算；或企业按照合同、契约、协议规定终止经济活动的结业清算。

第七条 《办法》第四条中所说的情形中：

一、抵押是指国有资产占有单位以本单位的资产作为物质保证进行抵押而获得贷款的经济行为。

二、担保是指国有资产占有单位以本单位的资产为其他单位的经济行为担保，并承担连带责任的行为。

三、企业租赁是指资产占有单位或上级主管单位在一定期限内，以收取租金的形式，将企业全部或部分资产的经营使用权转让给其他经营使用者的行为。

第八条《办法》第四条规定可以进行资产评估，是指发生该条款所说的情形时，根据实际情况可以对资产进行评估或者不评估。但属于以下行为必须进行资产评估：

一、企业整体资产的租赁；

二、国有资产租赁给外商或非国营单位；

三、国家行政事业单位占有的非经营性资产转为经营性资产；

四、国有资产管理行政主管部门认为应当评估的其他情形。

第九条 《办法》第四条所说的当事人是指与上述经济情形有关的国有资产占有单位、行业主管部门、国有资产管理行政主管部门以及其他单位。

第十条 对于应当进行资产评估的情形没有进行评估，或者没有按照《办法》及本细则的规定立项、确认，该经济行为无效。

第十一条 依照《办法》第五条规定对全国或者特定行业的国有资产进行评估，其评估办法由国务院另行规定。

第十二条 《办法》第七条所说的国家规定的标准是指国家和地方人民政府以及中央各部门颁布的有关技术、经济标准。

第二章 组织管理

第十三条 《办法》第八条所说的国有资产管理行政主管部门是指各级政府专门负责国有资产管理的职能部门。中央是指国家国有资产管理局，地方是指各级国有资产管理局或国有资产管理专门机构。

第十四条 国家对资产评估工作实行统一领导、分级管理的原则。国家国有资产管理局负责组织、管理、指导和监督全国的资产评估工作。

地方各级国有资产管理行政主管部门按照国家政策法规和上级国有资产管理行政主管部门的规定，负责管理本级的资产评估工作。

上级国有资产管理行政主管部门对下级国有资产管理行政主管部门在资产评估管理工作中不符合《办法》和本细则规定的做法，有权进行纠正。

《办法》第八条第二款所说的国有资产评估组织工作由行业主管部门负责，是指各级政府的行业主管部门对所属单位的资产评估立项和评估结果进行初审、签署意见，并对本行业的资产评估工作负责督促和指导。

第十五条 《办法》第九条所说的资产评估公司、会计师事务所、审计事务所、财务咨询公司等资产评估机构，必须是经工商行政管理部门注册登记，具有法人资格，并持有国务院或省、自治区、直辖市（含计划单列市）国有资产管理行政主管部门颁发的资产评估资格证书的单位。只有同时具备上述条件的单位才能从事国有资产评估业务。

在发生《办法》第三条、第四条和本细则规定的应进行资产评估情形时，必须委托上述具有资产评估资格的评估机构进行评估。当事人自行评估占有的国有资产或者评估对方占有资产的行为，不具有法律效力。

第十六条 凡需从事资产评估业务的单位，必须按隶属关系向国务院或省、自治区、直辖市国有资产管理行政主管部门申请资产评估资格，经审查批准，取得资产评估资格或临时评估资格后方能从事国有资产评估业务，也可以从事非国有资产的评估业务。

计划单列市从事资产评估业务的单位，由省国有资产管理行政主管部门委托计划单列市国有资产管理行政主管部门审核其资产评估资格并颁发资格证书。

一、资产评估资格证书由国家国有资产管理局统一印制、盖章、编号。

二、中央管理的资产评估机构（包括在各地的资产评估机构）的评估资格证书由国家国有资产管理局审核颁发。

三、地方管理的资产评估机构（包括驻外地的资产评估机构）的评估资格证书，由省、自治区、直辖市国有资产管理行政主管部门审核颁发，并报国家国有资产管理局备案。由计划单列市国有资产管理行政主管部门颁发的资产评估资格证书，除报国家国有资产管理局备案外，还要报省国有资产管理行政主管部门备案。

四、国务院和省、自治区、直辖市以及计划单列市国有资产管理行政主管部门负责对已取得资产评估资格的评估机构每年进行一次年检（具体办法另定）。

第十七条 委托评估机构进行资产评估的委托方，一般是国有资产占有单位，也可以是经占有单位同意、与被评估资产有关的其他当事人，原则上由申请立项的一方委托。特殊情况由国有资产管理行政主管部门委托。

委托方被委托方应签订资产评估协议书，协议书的主要内容包括：被评估项目名称、评估内容、评估期限、收费办法和金额、违约责任等。

第十八条 经济行为有关各方对委托资产评估机构有争议时，由国有资产管理行政主管部门指定双方可以接受的资产评估机构进行评估。

凡属重大的亿元以上资产评估项目和经国家计委批准立项的中外合资、合作项目的资产评估（含地方），必要时，国家国有资产管理局可以直接组织资产评估机构进行评估。

第十九条 取得资产评估资格证书的资产评估机构，承担评估业务不受地区和行业限制，既可以承接本地和本行业的资产评估业务，也可以承接外地、境外和其他行业的资产评估业。资产评估机构与被评估单位有直接经济利益关系的，不得委托该评估机构进行评估。

第二十条 凡经批准进行资产评估，资产占有单位必须如实提供评估所需的各种资料。资产评估机构应对所提供的资料保守秘密，不得向外泄露。

对资产评估中涉及的国家机密，有关各方均应严格按照国家保密法规的各项规定执行，必要时由国家国有资产管理局直接组织资产评估机构进行评估。

第二十一条 国有土地使用权价值的评估和国有房产价值的评估，都应纳入《国有资产评估管理办法》的管理范围。

从事国有土地使用权和国有房产价值评估的专业性资产评估机构，要依照《办法》和本细则的规定，向国家国有资产管理局或省、自治区、直辖市国有资产管理行政主管部门申请并取得资产评估资格证书后，才能从事资产评估业务。

第二十二条 按照《办法》第十一条规定，资产评估实行有偿服务。资产评估机构接受委托进行评估时，应依照国家规定的收费办法向委托单位收费，并与委托单位在评估合同中明确具体收费方法。

第二十三条 资产评估机构的评估收费办法，由国家国有资产管理局会同国家物价局另行制定。

第三章 评估程序

第二十四条 国有资产占有单位发生《办法》第三条、第四条所说的经济情形时，应于该经济行为发生之前，按隶属关系申请评估立项。按照统一领导、分级管理的原则，中央管辖的国有资产的评估立项审批，由国家国有资产管理局负责办理；地方各级管辖的国有资产的评估立项审批，原则上由同级国有资产管理行政主管部门负责办理；尚不具备立项审批条件的地、县，可由上级国有资产管理行政主管部门根据《办法》和本细则作出具体规定。

重大的亿元以上资产评估项目和经国家计委批准立项的中外合资、合作项目的评估（含中央、地方国营企业和集体企业占有的国有资产），除报同级国有资产管理行政主管部门立项审批外，还须报国家国有资产管理局备案，必要时由国家国有资产管理局直接审批。

第二十五条 资产评估立项原则上应由被评估国有资产占有单位申报。

第二十六条 国有资产占有单位资产评估立项申请书，应经其主管部门签署意见后，报国有资产管理行政主管部门。在国家和地方计划单列的单位以及没有上级主管部门的单位，资产评估立项申请书直接报同级国有资产管理行政主管部门。

评估立项申请书包括以下内容：

一、资产占有单位名称、隶属关系、所在地址；

二、评估目的；

三、评估资产的范围；

四、申报日期；

五、其他内容。

资产评估立项申请书，应由申请单位和上级主管部门盖章，并附该项经济行为审批机关的批准文件和国有资产管理行政主管部门颁发的产权证明文件。

国有资产管理行政主管部门收到立项申请书后，应在10日内下达是否准予评估立项的通知书，超过10日不批复自动生效，并由国有资产管理行政主管部门补办批准手续。

第二十七条 资产评估机构依据批准的评估立项通知书，接受评估委托，按其规定的范围进行评估。对占有单位整体资产评估时，应在资产占有单位全面进行资产和债权，债务清查的基础上，对其资产、财务和经营状况进行核实。

第二十八条 资产评估机构对委托评估的资产，在核实的基础上，根据不同的评估目的和对象，依照国家的法律、法规和政策规定，考虑影响资产价值的各种因素，运用科学的评估方法，选择适当的评估参数，独立、公正、合理地评估出资产的价值。

第二十九条 资产评估机构在评估后应向委托单位提交资产评估结果报告书，其内容包括正文和附件两部分。

正文的主要内容：

一、评估机构名称；

二、委托单位名称；

三、评估资产的范围、名称和简单说明；

四、评估基准日期；

五、评估原则；

六、评估所依据的法律、法规和政策；

七、评估方法和计价标准；

八、对具体资产评估的说明；

九、评估结论：包括评估价值和有关文字说明；

十、附件名称；

十一、评估起止日期和评估报告提出日期；

十二、评估机构负责人、评估项目负责人签名，并加盖评估机构公章；

十三、其他。

附件：

一、资产评估汇总表、明细表；

二、评估方法说明和计算过程；

三、与评估基准日有关的会计报表；

四、资产评估机构评估资格证明文件复印件；

五、被评估单位占有资产的证明文件复印件；

六、其他与评估有关的文件资料。

第三十条 国有资产占有单位收到资产评估报告书后提出资产评估结果确认申请报告，连同评估报告书及有关资料，经上级主管部门签署意见后，报批准立项的国有资产管理行政主管部门确认。

第三十一条 国有资产管理行政主管部门对评估结果的确认工作，分为审核验证和确认两个步骤，先对资产评估是否独立公正、科学合理进行审核验证，然后提出审核意见，并下达资产评估结果确认通知书。

第三十二条 国有资产管理行政主管部门从以下方面审核验证资产评估报告：

一、资产评估工作过程是否符合政策规定；

二、资产评估机构是否有评估资格；

三、实际评估范围与规定评估范围是否一致，被评估资产有无漏评和重评；

四、影响资产价值的因素是否考虑周全；

五、引用的法律、法规和国家政策是否适当；

六、引用的资料、数据是否真实、合理、可靠；

七、运用的评估方法是否科学；

八、评估价值是否合理；

九、其他。

第三十三条 资产评估报告凡符合本细则第二十九、第三十和第三十二条要求的，应予以确认，由负责审批的国家资产管理行政主管部门下达确认通知书；不符合要求的，分别情况做出修改、重评或不予确认的决定。

经国有资产管理行政主管部门确认的资产评估价值，作为资产经营和产权变动的底价或作价的依据。

第三十四条 资产占有单位对确认通知书有异议，或与经济情形有关的当事人以及资产评估有关各方因评估问题发生纠纷，经同级国有资产管理行政主管部门协调无效，可以向上级国有资产管理行政主管部门申请复议或仲裁。

第三十五条 资产评估的立项审批和评估结果确认一般应按本细则第二十六条、第三十三条规定办理。国有资产管理行政主管部门认为有必要时，也可以委托国有资产占有单位的主管部门或下级国有资产管理行政主管部门进行。被委托的部门应依照《办法》和本细则的规定，办理资产评估的立项审批和结果确认工作，并将办理结果报委托的国有资产管理行政主管部门备案。

第三十六条 经国有资产管理行政主管部门确认的资产评估结果，除国家经济政策发生重大变动或经济行为当事人另有协议规定之外，自评估基准日起 1 年内有效。在有效期内，资产数量发生变化时，根据不同情况可由原评估机构或资产占有单位，按原评估方法做相应调整。

第四章 评估方法

第三十七条 资产评估机构进行资产评估时，应根据不同的评估目的和对象，选用《办法》第二十三条所规定的一种或几种方法进行评定估算。选用几种方法评估，应对各种方法评出的结果进行比较和调整，得出合理的资产重估价值。

第三十八条 收益现值法是将评估对象剩余寿命期间每年（或每月）的预期收益，有适当的折现率折现，累加得出评估基准日的现值，以此估算资产价值的方法。

第三十九条 重置成本法是现时条件下被评估资产全新状态的重置成本减去该项资产的实体性贬值、功能性贬值和经济性贬值，估算资产价值的方法。

实体性贬值是由于使用磨损和自然损耗造成的贬值。功能性贬值是由于技术相对落后造成的贬值。经济性贬值是由于外部经济环境变化引起的贬值。

第四十条 现行市价法是通过市场调查，选择一个或几个与评估对象相同或类似的资产作为比较对象，分析比较对象的成交价格和交易条件，进行对比调整，估算出资产价值的方法。

第四十一条 清算价格法适用于依照中华人民共和国企业破产法规定，经人民法院宣告破产的企业的资产评估。评估时应当根据企业清算时其资产可变现的价值，评定重估价值。

第四十二条 资产评估机构接受委托进行资产评估时，选用的价格标准应遵守国家法律法规，并维护经济行为各方的正当权益。

在资产评估时，应根据不同的评估目的、对象，选用不同的价格标准。可以采用国家计划价，也可以采用国家指导价、国内市场价和国际市场价。

汇率、利率应执行国家规定的牌价。自由外汇或以自由外汇购入的资产也可以用外汇调剂价格。

国内各种形式联营（包括集团公司）、股份经营的资产评估，对联营各方投入的同类资产应该采用同一价格标准评估。

第五章　中外合资、合作资产评估

第四十三条 凡在中华人民共和国境内与外国公司、企业和其他经济组织或个人，开办中外合资、合作经营的企业，对中方投入的资产必须按规定进行评估，以确认的评估价值作为投资作价的基础。对外方投入的资产，必要时经外方同意也可进行评估。

第四十四条 中外合资、合作的评估原则上应在项目建议书批准后可行性研究报告批准前进行，特殊情况下也可以在项目建议书审批以前或正式签订合同、协议前进行。

经国有资产管理行政主管部门确认的资产评估报告，作为计划部门批准可行性研究报告、经贸部门审批合同的必备文件；经国有资产管理行政主管部门确认的资产评估报告和出具的产权登记表（包括变更登记或开办登记）作为工商行政管理部门办理登记注册的必备文件。

第四十五条 已开办的中外合资、合作企业中方投资比例占50%以上（含50%），发生《办法》第三条、第四条和本细则第八条的情形时，必须按规定要求进行资产评估。

第四十六条 开办前的中外合资、合作项目，中方资产的评估，原则上应委托中国有评估资格的资产评估机构评估。特殊情况下，经国有资产管理行政主管部门同意，也可以委托国外评估机构评估或中国评估机构和国外评估机构联合评估，其评估报告，须报同级国有资产管理行政主管部门确认。

第四十七条 国有资产占有单位与香港、澳门、台湾地区进行合资、合作经营，其资产评估比照本细则本章有关规定办理。

第六章 股份制企业资产评估

第四十八条 国有资产占有单位改组为股份制企业（包括法人持股、内部职工持股、向社会发行股票不上市交易和向社会发行股票并上市交易）前，应按《办法》和本细则规定，委托具有资产评估资格的机构进行资产评估。

第四十九条 国有资产占有单位改组为股份制企业的资产评估结果，须按规定报国有资产管理行政主管部门审核确认。未经资产评估或资产评估结果未经确认的单位，政府授权部门不办理股份制企业设立审批手续。

第五十条 国有资产管理行政主管部门确认的净资产价值应作为国有资产折股和确定各方股权比例的依据。

注册会计师对准备实行股份制企业的财务和财产状况进行验证后，其验证结果与国有资产管理行政主管部门确认的资产评估结果不一致需要调整时，必须经原资产评估结果确认机关同意。

国有资产占有单位改组的股份公司发行 B 种股票，若由外方注册会计师查验账目，其查验结果与国有资产管理行政主管部门确认的资产评估结果不一致需要调整时，也要由原资产评估结果确认机关审核同意。

第五十一条 含有国家股权的股份制企业在经营过程中，发生《办法》第三条、第四条和本细则第八条的情形时，应按规定要求进行资产评估。

国家控股的股份制企业的资产评估，应按规定向国有资产管理行政主管部门办理资产评估立项和评估结果确认手续；非国家控股的股份制企业的资产评估，由董事会批准资产评估申报和对评估结果的确认。

第七章　法律责任

第五十二条　违反《办法》第三条和本细则的规定，对应当进行资产评估的情形而未进行评估的，应按《办法》三十一条规定对有关当事人给与处罚，造成国有资产重大损失的，应追究有关当事人的法律责任。

第五十三条　国有资产占有单位、资产评估机构违反《办法》和本细则规定，弄虚作假，造成评估结果失实的，国有资产管理行政主管部门有权宣布资产评估结果无效，并根据失实的程度，责令限期改正或重新进行评估。重新评估的费用由违法单位支付。

第五十四条　资产评估机构应对其评估结果的客观、公正、真实性承担法律责任。

资产评估机构违反《办法》及本细则规定，除按《办法》三十二条规定处罚外，还应没收违法收入，并视违法行为的情节轻重，对单位处以评估费用两倍以内、以个人处以 3 个月基本工资以内的罚款。也可给予通报批评或建议有关单位给予相应的行政处分。以上处罚可以并处。

第五十五条　被处以停止整顿的资产评估机构，在停业整顿期间不得承接资产评估业务。停业整顿期限不得少于 3 个月。停业整顿的资产评估机构经原颁发资产评估资格证书的国有资产管理行政主管部门审查合格后方可重新开展资产评估业务。

被吊销资产评估资格证书的资产评估机构，两年内不得重新发给资产评估资格证书。两年期满后，需按审批程序重新申请。

第五十六条　对国有资产占有单位及其责任人的罚款，由同级国有资产管理行政主管部门执行。对责任人的行政处分由同级国有资产管理行政主管部门提出建议，提请有关单位或其上级主管部门处理。

对资产评估机构的警告、停业整顿、吊销资产评估资格证书以及罚款，由颁发资产评估资格证书的国有资产管理行政主管部门执行。

对直接责任人的处分，由发证机关提出建议，提请有关部门处理。

第五十七条 国有资产管理行政主管部门及受委托的部门对所办理的资产评估立项审批和结果确认负有行政责任。对违反《办法》及本细则规定的工作人员，按《办法》第三十四条规定处理。

第五十八条 国有资产管理行政主管部门收缴的罚款收入按国家有关规定上交国库。单位支付的罚款在企业留利、预算包干结余和预算外资金中列支，个人支付的罚款由本人负担。

附录E 汽车报废标准

（1997年修订）

凡在我国境内注册的民用汽车，属下列情况之一的应当报废：

一、轻、微型载货汽车（含越野型）、矿山作业专用车累计行驶30万公里，重、中型载货汽车（含越野型）累计行驶40万公里，特大、大、中、轻、微型客车（含越野型）、轿车累计行驶50万公里，其他车辆累计行驶45万公里；

二、轻、微型载货汽车（含越野型）、带拖挂的载货汽车、矿山作业专用车及各类出租汽车使用8年，其他车辆使用10年；

三、因各种原因造成车辆严重损坏或技术状况低劣，无法修复的；

四、车型淘汰，已无配件来源的；

五、汽车经长期使用，耗油量超过国家定型车出厂标准规定值百分之十五的；

六、经修理和调整仍达不到国家对机动车运行安全技术条件要求的；

七、经修理和调整或采用排气污染控制技术后，排放污染物仍超过国家规定的汽车排放标准的。

除19座以下出租车和轻、微型载货汽车（含越野型）外，对达到上述使用年限的客、货车辆，经公安车辆管理部门依据国家机动车安全排放有关规定严格检验，性能符合规定的，可延缓报废，但延长期不得超过本标准第二条规定年限的一半。对于吊车、消防车、钻探车等从事专门作业的车辆，还可根据实际使用的检验情况，再延长使用年限。所有延长使用年限的车辆，都需按公安部规定增加检验次数，不符合国家有关汽车安全排放规定的应当强制报废。

八、本标准自发布之日起施行。在本标准发布前已达到本标准规定报废条件的车辆，允许在本标准发布后12个月之内报废。本标准由全国汽车更新领导小组办公室负责解释。

附录F 关于调整轻型载货汽车报废标准的通知

国经贸经［1998］407号

各省、自治区、直辖市、计划单列市经贸委（经委、计经委）、计委、公安厅（局）、环境保护局、汽车更新领导小组办公室：

为了鼓励技术进步、节约资源、保护环境及公平竞争，现决定将《汽车报废标准》（1997年修订）中轻型载货汽车（含越野型）的行驶里程、使用年限及办理延缓的报废标准调整为：

一、累计行驶40万公里；

二、使用10年；

三、达到使用年限，汽车性能仍符合有关规定的，允许办理最长不超过5年的延缓报废。延缓报废的审定工作，按国经贸经［1997］456号文件的有关规定办理。

轻型载货汽车是指厂家最大总质量大于1.8吨、小于等于6吨的载货汽车。

请遵照执行。

一九九八年七月七日

附录G 公安部关于实施《汽车报废标准》有关事项的通知

（公交管［1997］261号）

各省、自治区、直辖市公安厅、局：

为了贯彻执行国家经济贸易委员会等6部委、局于1997年7月15日联合发布的《关于发布〈汽车报废标准〉的通知》（国经贸经［1997］456号），现将有关事项通知如下：

一、各级公安交通管理部门要利用各种形式宣传新的汽车报废标准，并结合机动车定期检验，对达到报废标准的汽车（汽车使用年限从“初次登记日”起计算），通知车主限期办理报废、注销登记。收回汽车号牌和行驶证，开具《汽车报废通知书》，报废汽车的档案保存2年，在计算机机动车档案管理系统中建立《报废汽车档案信息库》，保存5年。

各级公安交通管理部门应按期将已报废汽车的车主、车型等信息通报给当地报废汽车回收的主管部门。

二、对使用年限达到《汽车报废标准》第二条规定的汽车（19座以下出租车和轻、微型载货汽车《含越野型》除外），车主要求继续使用的，要从严掌握。对车况良好，经检验符合国家标准《机动车运行安全技术条件》（GB7258—1997）各项规定的，市（地）公安交管部门可准予延缓报废。

准予延缓报废的期限一般为两年，到期后应即报废；特殊情况需要延长延缓报废期的，可按前款规定批准再延长报废期一至两年。

三、延缓报废汽车的检验次数规定如下：

从事营业性运输的各种客车每年检验4次；吊车、消防车、钻探车等从事专门作业的车辆每年检验1次；其他车辆每年检验2次。

四、对检验合格的延缓报废汽车，核发全国统一的“延缓报废汽车定期检验合格证”，并在机动车行驶证副证上加盖“延缓报废至××年××月有效××（×）”字样的条形章（其尺寸与检验专用章相同），条形章由各省、自治区、直辖市公安厅、局交通管理局、处统一制作编号。

五、各级公安交通管理部门要严格执行《汽车报废标准》，严禁给已报废的汽车办理注册登记。对延缓报废的汽车不准办理过户、转籍登记。对已达到强制报废年限又在限期内不办理报废、注销登记的汽车，要坚决收回牌证，注销车辆档案。

六、从1998年8月1日起，各级公安交通管理部门对逾期不按规定进行定期检验的延缓报废汽车，按《道路交通管理条例》第七十七条第三项的规定进行处罚；对已达到强制报废标准继续在道路上行驶的汽车，应当扣留汽车牌证，转交车籍地公安交通管理部门办理报废、注销登记。

决不允许已报废汽车继续上路行驶。凡发现已办理了报废、注销登记的汽车上路行驶的，一律强制报废，送交报废汽车回收单位解体。

七、对已上牌在用的右置方向盘汽车，必须严格执行新的汽车报废标准，凡符合汽车报废标准有关规定的，一律报废，2000 年 9 月 1 日以后，在我国境内注册的右置方向盘汽车不得在道路上行驶。

八、对依法没收的走私汽车、摩托车办理注册登记时，其“初次注册登记日”的年份，一律按车辆出厂年份登记。

九、《汽车报废标准》第三条“因各种原因造成车辆严重损坏和技术状况低劣，无法修复的”，主要指车辆虽未达到报废年限，但因交通事故或车辆超负荷使用造成发动机和底盘严重损坏，经检验不符合国家标准《机动车运行安全技术条件》（GB7258—1997）有关汽车安全、排放要求的。

十、《汽车报废标准》中所规定的“轻、微型载货汽车”是指总质量 6 吨（含 6 吨）以下的载货汽车；“带拖挂的载货汽车”是指全挂汽车列车。

一九九七年十一月十八日